MANUAL PRÁTICO
DO ESPÍRITA

NEY PRIETO PERES

MANUAL PRÁTICO DO ESPÍRITA

Guia para a realização
do auto-aprimoramento com
base na Doutrina dos Espíritos

Editora
Pensamento
SÃO PAULO

Copyright © 1984 Ney Prieto Peres.
Copyright da edição brasileira © 1984 Editora Pensamento-Cultrix Ltda.
17ª reimpressão da 1ª edição de 1984 – catalogação na fonte 2006.
27ª reimpressão 2023.

Referências sobre o Autor

Engenheiro Consultor Energético, Engenheiro de Segurança Industrial, Administrador de Empresas, Professor em Cursos de Pós-Graduação na FAENQUIL – Fac. de Engª Química de Lorena-S.P., E COPE – Univ. Federal do Rio de Janeiro, Diretor Fundador do I.B.P.P. – Instituto Brasileiro de Pesq. Psicobiofísicas, Fundador do I.P.P.P. – Instituto Pernambucano de Pesq. Psicobiofísicas, Ex-Direito de Estudos da UMESP – União das Mocidades Espíritas de S. Paulo, Ex-Vice-Presidente e Diretor de Departamento da Fed. Espírita do Estado de São Paulo, Fundador e Ex-Membro da Aliança Espírita Evangélica, Fundador e Membro da Fraternidade dos Discípulos de Jesus – Setor III, Diretor de Pesquisas da Assoc. Médico-Espírita do Est. de São Paulo, Presidente da Para-Analytical Society International, S.P., Membro da Association for Past Life Research and Therapy – Califórnia, U.S.A., Membro da Association for Alignment of Past Life Experience – Califórnia, U.S.A, Dirigente da Comissão Permanente do Livro da ABRAJEE – Assoc. Bras. de Jornalistas e Escrit. Espíritas, Ex-Presidente da Comissão Pró-Indicação Francisco Cândido Xavier ao Prêmio Nobel da Paz do Estado de São Paulo, Professor Convidado da Faculdade de Ciências Biopsíquicas do Paraná, Fundador e Colaborador da Folha Espírita, Diretor da Assoc. Paulista de Solidariedade no Desemprego, Presidente do Centro Espírita Guerra Junqueiro, Itapetininga-S.P., Presidente do Centro Espírita para Vivência do Evangelho, Capital-S.P., Expositor Espírita, Autor de trabalhos profissionais, teses em Simpósios e Congressos de Parapsicologia, de teses em Congressos de Jornalistas Espíritas e artigos, relatórios e informativos na Imprensa Espírita.

Dados Internacionais de Catalogação na Publicação (CIP)
(Câmara Brasileira do Livro, SP, Brasil)

Peres, Ney Prieto
  Manual prático do espírita : guia para a realização do auto-aprimoramento com base na doutrina dos espíritos / Ney Prieto Peres – São Paulo : Pensamento, 2006.
  17ª reimpr. da 1ª ed. de 1984.
  ISBN 978-85-315-0410-5

  1. Espiritismo I. Título.

06-7443   CDD-133.9

Índices para catálogo sistemático:
1. Espiritismo 133.9

Direitos reservados
EDITORA PENSAMENTO-CULTRIX LTDA.
Rua Dr. Mário Vicente, 368 – 04270-000 – São Paulo, SP – Fone: (11) 2066-9000
E-mail: atendimento@editorapensamento.com.br
http://www.editorapensamento.com.br
Foi feito o depósito legal.

Dedico os resultados do que foi escrito nesta obra, com todo meu carinho:

a meus pais, D. Francisquinha, que nos transmitiu amor e firmeza, e Sr. Ângelo, nosso exemplo de submissão e serenidade, ambos já nos planos espirituais; à minha esposa, Maria Júlia, e a meus filhos, Ney Fernando, Júlio Fernando, Juliane e Mário Fernando de quem subtraí diversas horas de convívio em favor deste trabalho (serei eternamente agradecido não só por sua compreensão quando a eles tive que me furtar, mas principalmente por sua tolerância com relação ao fato de ainda não ter podido exemplificar tudo que escrevi); à Fraternidade dos Discípulos de Jesus, que, nos seus 30 anos de fundação — completados a 29 de maio de 1982 —, tem preparado muitos seguidores de Jesus; e a todos os meus irmãos de ideal espírita.

O Autor

"O Espiritismo se apresenta sob três aspectos diferentes: o das manifestações, o dos princípios de filosofia e moral que delas decorrem, e o da aplicação desses princípios. Daí as três classes, ou antes, os três graus dos seus adeptos:

1º) os que crêem nas manifestações e se limitam a constatá-las: para eles, é uma ciência de experimentação;

2º) os que compreendem as suas conseqüências morais;

3º) os que praticam ou se esforçam por praticar essa moral."

(Allan Kardec. *O Livro dos Espíritos*. Conclusão, VII)

ÍNDICE

Prefácio — 9
Apresentação — 13

I. AS BASES DO TRANSFORMAR-SE
  1. Allan Kardec Estabelece as Bases — 17
  2. Reforma Íntima em Seis Perguntas — 19
  3. O Conhecimento de Si Mesmo — 21
  4. Como Conhecer-se — 23
  5. O Conhecer-se no Convívio com o Próximo — 25
  6. O Conhecer-se pela Dor — 29
  7. O Conhecer-se pela Auto-análise — 31
  8. Faça sua Avaliação Individual — 33

II. O QUE SE PODE TRANSFORMAR INTIMAMENTE
  9. Os Vícios — 39
  10. Fumar é Suicídio — 46
  11. Os Malefícios do Álcool — 54
  12. Os Malefícios do Jogo — 57
  13. Os Malefícios da Gula — 61
  14. Os Malefícios dos Abusos Sexuais — 65
  15. Os Defeitos — 72
  16. Orgulho e Vaidade — 77
  17. A Inveja, o Ciúme, a Avareza — 81
  18. Ódio, Remorso, Vingança, Agressividade — 85
  19. Personalismo — 99
  20. Maledicência — 102
  21. Intolerância e Impaciência — 107
  22. Negligência e Ociosidade — 110
  23. Reminiscências e Tendências — 114
  24. As Virtudes — 124
  25. Humildade, Modéstia, Sobriedade — 127
  26. Resignação — 129

27. Sensatez, Piedade	131
28. Generosidade, Beneficência	134
29. Afabilidade, Doçura	136
30. Compreensão, Tolerância	138
31. Perdão	140
32. Brandura, Pacificação	141
33. Companheirismo, Renúncia	143
34. Indulgência	148
35. Misericórdia	149
36. Paciência, Mansuetude	151
37. Vigilância, Abnegação	153
38. Dedicação, Devotamento	158

III. OS MEIOS PARA REALIZAR AS TRANSFORMAÇÕES

39. Um Método Prático de Auto-análise	161
40. Como Programar as Transformações	172
41. Como Trabalhar Intimamente	193
42. Como Desenvolver a Vontade	202
43. Transformações pelo Serviço ao Próximo	211
44. Auto-avaliação Periódica	219
45. Escola de Aprendizes do Evangelho: Didática Aplicada na Transformação Íntima	226
46. O Processo de Mudança Interior	233
47. O Mecanismo das Transformações Íntimas	240

IV. ESQUEMA PARA APLICAÇÃO INDIVIDUAL, EM GRUPOS E POR CORRESPONDÊNCIA

IV.1. Aplicação Individual e em Grupos	245
IV.2. Programas de Aplicação	247
IV.3. Grupos de Estudo e Aplicação do Espiritismo – por Correspondência	290

V. CONCLUSÃO

48. Viver Hoje com Jesus	297
49. A Contribuição de Kardec	300
50. O exemplo de Bezerra de Menezes	301
51. O Acréscimo de Emmanuel e André Luiz	302
52. A Fraternidade dos Discípulos de Jesus	304

ROTEIRO DAS CITAÇÕES DE ALLAN KARDEC

I. O Livro dos Espíritos	308
II. O Evangelho Segundo o Espiritismo	311
III. O Céu e o Inferno	313
IV. O Livro dos Médiuns	313

REFERÊNCIAS BIBLIOGRÁFICAS

1. Obras Espíritas — 315
2. Psicologia Aplicada — 318
3. Filosofia, Educação, Teologia — 319
4. Teosofia, Esoterismo — 320
5. Física — 320
6. Saúde — 320

QUESTIONÁRIO – PESQUISA PARA AVALIAÇÃO DO LIVRO — 321

PESQUISA PARA AVALIAÇÃO E PLANEJAMENTO DOS MÉTODOS DE DIVULGAÇÃO DO ESPIRITISMO — 324

PREFÁCIO

Neste livro, escrito sem preocupações literárias, o autor analisa a constituição e as finalidades da Escola de Aprendizes do Evangelho, e os resultados dos ensinamentos ali ministrados àqueles que dão seus primeiros passos no caminho sacrifical do discipulado, visando ao testemunho ativo do Evangelho de Jesus.

Ao se inscreverem nessa Escola, como aprendizes, os alunos já não são inteiramente alheios aos conhecimentos doutrinários, porque já receberam, num Curso Básico anterior, noções teóricas preliminares da Doutrina Espírita; e maiores conhecimentos poderão obter nos contatos que mantiverem com seus trabalhos públicos e privados, tendo, além disso, à sua disposição, as inúmeras obras que formam a rica e variada literatura sobre os três aspectos clássicos da Doutrina, e que constituem seu acervo cultural.

Portanto, não é para adquirir conhecimentos doutrinários teóricos que os candidatos se matriculam nessa Escola, *mas para se evangelizar,* preparando-se para se conhecerem com mais profundidade e para se fazerem capazes de exemplificar os ensinamentos do Divino Mestre, em espírito e verdade, como discípulos.

Porque se, realmente, nos setores científico e filosófico podemos nos satisfazer com conhecimentos teóricos na forma de cultura doutrinária, o mesmo não sucede no setor religioso, que exige especial preparação, transformações morais positivas com base na Reforma Íntima e no desenvolvimento de virtudes cristãs ineludíveis, que não se conquistam sem sacrifícios, perseverança, humildade, desprendimento e amor ao próximo.

Este é o ponto capital da iniciação religiosa, que torna o discípulo um servidor realmente autorizado da Doutrina, na sua finalidade cósmica de redenção espiritual. Disso decorre a importância da Transformação Individual, compulsória, que não pode ser elidida ou substituída por conhecimentos teóricos.

Neste livro, com apreciável lucidez, o autor penetra na intimidade da formação psíquica dos aprendizes, podendo, assim, acompanhar, *pari passu,* as reações que manifestarem durante o aprendizado, face aos novos conhecimentos que vão receber, detalhes de vidas anteriores, compromissos assumidos que serão cumpridos na atual encarnação, como também quanto aos vícios, falhas e defeitos morais a corrigir sem contemporizações, tendo em vista o aproveitamento da atual oportunidade, o que, aliás, quase sempre executam segundo o desejo que os anima de se fazerem homens novos, como Jesus apontou em suas pregações, aptos, enfim, a construir uma vida melhor e mais feliz no futuro e a conquistar novas esperanças para enfrentarem a seleção espiritual dos próximos dias.

Acompanhando essas reações, o autor indica a melhor maneira de ajudar esse encaminhamento benéfico até que atinjam o discipulado, ingressando na Fraternidade dos Discípulos de Jesus, que é o termo final desse período preparatório.

O autor também mostra como, na organização e nos programas da Escola, foram estabelecidos, desde sua fundação em 1950, processos hábeis e eficientes de encaminhamento educacional e psíquico, visando ao aprimoramento espiritual e à purificação íntima, processos esses assemelhados aos atualmente experimentados pela terapêutica psiquiátrica materialista, muito embora diferentes nas finalidades, por se tratar de escola de formação doutrinário-religiosa, para a qual a organização psíquica é matéria conhecida e familiar.

O autor refere-se também ao justo valor a dar aos testes adotados, a saber: interpretação de temas doutrinários, exames espirituais periódicos, caderneta pessoal e outros, que são recursos de fraternização escolar educativa, desenvolvimento intelectual e desembaraço ante o público, além de outras medidas didáticas que apuram a individualidade para o exercício das tarefas árduas do discipulado.

O presente trabalho, a nosso ver, deve ser incluído no rol das obras úteis e de pronta consulta que alunos e trabalhadores em geral devem seguir, visando ao contínuo aprimoramento espiritual pela Reforma Íntima, que é, aliás, o motivo principal desta excelente e oportuna publicação.

São Paulo, junho de 1978.[1]

Edgard Armond

Anexo

No Prefácio de 1978 referíamo-nos a esse livro que hoje se publica com aspecto e condições de uma obra de grande valor, pelos acrescentamentos que lhe foram feitos pelo Autor; enriquecida a matéria nele contida com novos conhecimentos, torna-se ela mais didática, acessível, proveitosa e completa.

Os Quadros Sinóticos e os Resumos Sintéticos que agora oferece são de perfeita objetividade, que torna mais rápida a compreensão dos assuntos tratados.

Pode-se mesmo dizer, que com esta atual apresentação, a matéria, tratada fica esgotada, pelo menos do ponto de vista do Espiritismo Evangélico, que tem, como principal exigência, a transformação moral dos adeptos, como Jesus também exigia nas suas pregações redentoras da Palestina.

As matérias aqui tratadas de forma técnico-didática são examinadas minuciosamente em todas as fases do aprendizado, e os próprios sentimentos humanos são controlados *pari passu*, consideradas as transformações morais que se operam no psiquismo daqueles que executam o meritório esforço da Reforma Íntima.

Tais medidas e cuidados são, aliás, necessários, não só para os de hoje como para os que vêm depois, seguindo a mesma rota iniciática das transformações morais, o que vale dizer, da Reforma Íntima, para o apressamento da evolução individual desejada pelo Plano Maior, para a redenção do maior número possível de espíritos, visando ao advento do 3º Milênio Cristão.

São Paulo, janeiro de 1982.

Edgard Armond

---

[1] Esta publicação teve sua elaboração iniciada em 1977. Embora ainda não estivesse totalmente revisada e lhe faltassem alguns capítulos, posteriormente inseridos, foi apresentada ao estimado criador das Escolas de Aprendizes do Evangelho e da Fraternidade dos Discípulos de Jesus para prefaciá-la, ou, antes, para criticá-la. Assim, justificado está o hiato existente entre a data acima e a da publicação. (N. A.)

APRESENTAÇÃO

> *"Com o espiritismo, a humanidade deve entrar numa fase nova, a do progresso moral, que lhe é conseqüência inevitável."*
>
> (Allan Kardec. *O Livro dos Espíritos*. Conclusão V.)

Estas palavras nos foram ditas pelo emérito Codificador do Espiritismo, no final de *O Livro dos Espíritos*, editado no ano de 1857.

Como nós, espíritas, seguimos hoje os rumos dessa verdade enunciada pelo respeitável mestre lionês?

Continua sendo difícil encarar, com vontade de mudar, a realidade íntima, própria de cada um, e exercer o esforço de conseguir o progresso moral.

Na pergunta 661 desse mesmo livro, relativamente ao perdão de Deus para as nossas faltas[1], respondem os espíritos: "a prece não oculta as faltas" e "o perdão só é obtido mudando de conduta".

Isso é conclusivo, e não requer uma formação escolar muito ampla para realizar-se a transformação interior preconizada.

O meio de se fazer essa Reforma já nos foi ensinado há dois mil anos pelo meigo Rabi da Galiléia. Ele mesmo disse: "Eu sou o Caminho, a Verdade e a Vida, ninguém vai ao Pai senão por Mim".

---

[1] Pergunta 661: Pode-se, eficazmente, pedir a Deus perdão para nossas faltas? Deus sabe discernir o bem e o mal: a prece não oculta as faltas. Aquele que pede a Deus o perdão de suas faltas não o obtém senão mudando de conduta. As boas ações são a melhor prece, porque os atos valem mais do que as palavras.

Ainda é através da passagem pela "porta estreita" e pelo esforço perseverante, pelos testemunhos, que conquistamos os valores do espírito. Abraçar a dificuldade, aceitando-a e utilizando-a como forma de alcançar o progresso moral, essa é a posição a ser tomada.

Temos perdido muito tempo em discussões, dissensões e críticas, mesmo no meio espírita, e o objetivo central, que efetivamente impulsiona o homem a melhorar, esse tem sido de certo modo olvidado, com alegações de que não podemos afugentar os poucos adeptos, ou que a evolução não dá saltos.

Das palavras do texto escrito por Kardec, entendemos que já entramos na "fase nova da humanidade" ou, quando não, estamos no seu limiar. E o que tem o Espiritismo realizado, depois de cento e vinte anos, em termos de progresso moral da humanidade?

Perdoem-me os confrades e os amigos leitores, mas quando penso nisso, vendo o que temos às mãos, oferecido por esta Doutrina, e o que já poderíamos ter avançado, fico angustiado.

Somos responsáveis pelo bem que deixamos de fazer e por todo o mal decorrente desse bem não praticado *(O Livro dos Espíritos,* pergunta 642)[2].

É ainda muito pouco, na dimensão da humanidade planetária, o que a Doutrina dos Espíritos tem realizado. Poder-se-ia ter realizado bem mais, e se isso não foi feito ainda em proporções razoáveis, como articular todos os nossos recursos e potencialidades para a execução desse gigantesco trabalho?

Não podemos encontrar as respostas em poucas palavras, mas a centralização de esforços nesse objetivo poderia unir a família espírita dos quatro cantos da Terra no estudo direcionado, o aprimoramento dos profitentes, de modo prático e eficaz, sem muita perda de tempo, integrando todos no trabalho de exemplificação pelas obras e, ao mesmo tempo, na divulgação do consolo que a Doutrina dá aos apelos dos que sofrem.

Temos constatado, na execução do programa das Escolas de Aprendizes do Evangelho (o que lhe autentica os propósitos), a comprovação da assistência espiritual superior, auxiliando os que buscam triunfar sobre

---

[2] Pergunta 642: Será suficiente não se fazer o mal, para ser agradável a Deus e assegurar uma situação futura?
Não, é preciso fazer o bem, no limite das próprias forças, pois cada um responderá por todo mal que tiver ocorrido por causa do bem que deixou de fazer.

as suas paixões[3] e o incentivo aos caminhos da abnegação, como meio eficaz para combater os vícios e os predomínios da natureza corpórea[4]. Essas escolas, criadas pelo Sr. Edgard Armond em 1940 e iniciadas na Federação Espírita do Estado de São Paulo em 1950, conduzem de forma disciplinar, num programa de quase três anos, o objetivo precípuo da autotransformação, baseada no conhecimento evangélico à luz do Espiritismo e nas oportunidades de servir. É o que temos visto, até hoje, nesses nossos trinta anos de Doutrina Espírita, como trabalho de resultados mais efetivos, exatamente dentro desse sentido prioritário concluído por Kardec, ou seja, o de levar a criatura a realizar o seu progresso moral.

Trazemos nossa despretensiosa colaboração aos Aprendizes do Evangelho e a todos os que buscam realizar a sua transformação interior, aqui reunindo informações e dispondo de elementos que melhor nos conduzam aos ideais colimados, de forma prática e numa linguagem simples.

Estaremos sempre prontos a receber as críticas construtivas e gostaríamos muitíssimo de obter comentários sobre os resultados da aplicação prática do que apresentamos, para aprimorarmos progressivamente o conteúdo desse trabalho.

O nosso muito obrigado.

Ney Prieto Peres

---

[3] Pergunta 910: O homem pode encontrar nos Espíritos uma ajuda eficaz para superar as paixões?
Se orar a Deus e ao seu bom gênio com sinceridade, os bons espíritos virão certamente em seu auxílio, porque essa é a sua missão.

[4] Pergunta 912: Qual o meio mais eficaz de se combater a predominância da natureza corpórea?
Abnegar-se.

(Allan Kardec. *O Livro dos Espíritos.*)

I.

AS BASES DO TRANSFORMAR-SE

1 ALLAN KARDEC ESTABELECE AS BASES

> "A moral dos Espíritos superiores se resume, como a do Cristo, nesta máxima evangélica:
> 'Fazer aos outros o que quereríamos que os outros nos fizessem', ou seja, fazer o bem e não fazer o mal. O homem encontra nesse princípio a regra universal de conduta, mesmo para as menores ações."
>
> (Allan Kardec. *O Livro dos Espíritos*. Introdução VI. Resumo da Doutrina dos Espíritos.)

Naquela Introdução ao Estudo da Doutrina Espírita, resumindo as suas bases fundamentais, o codificador, no final do item VI, expõe que os Espíritos "nos ensinam que o egoísmo, o orgulho, a sensualidade são paixões que nos aproximam da natureza animal, prendendo-nos à matéria; que o homem que, desde este mundo, se liberta da matéria, pelo desprezo para com as futilidades mundanas e o cultivo do amor ao próximo, se aproxima da natureza espiritual. E que cada um de nós deve tornar-se útil, segundo as faculdades e os meios que Deus nos colocou nas mãos para nos provar; que o Forte e o Poderoso devem apoio e proteção ao Fraco, porque aquele que abusa da sua força e do seu poder, para oprimir o seu semelhante, viola a lei de Deus". Eles ensinam, enfim, "que no mundo dos Espíritos, nada podendo estar escondido, o hipócrita será desmascarado e todas as suas torpezas reveladas; que a presença inevitável e em todos os instantes daqueles que prejudicamos é um dos castigos a nós reservados; que aos estados de inferioridade e de superioridade dos Espíritos correspondem penas e alegrias que nos são desconhecidas na terra".

Mas eles nos ensinam também "que não há faltas irremissíveis que não possam ser apagadas pela expiação. O homem encontra o meio necessário, nas diferentes existências, que lhe permite avançar, segundo o seu desejo e os seus esforços, na via do progresso, em direção à perfeição, que é o seu objetivo final".

O que depreendemos dessa importante síntese constitui precisamente o roteiro deste opúsculo. De início procuramos evidenciar, trazendo aos níveis do consciente, as manifestações características da nossa natureza animal: os vícios e os defeitos que denotam a predominância corpórea. Depois, o conhecimento das virtudes que nos libertam, pelo seu cultivo, das futilidades mundanas, e nos predispõem a exercer o amor ao próximo, desenvolvendo, assim, a nossa natureza espiritual. Os meios práticos para exercitarmos as nossas faculdades, nos esforços que nos permitam progredir em direção à perfeição, é o que indicamos. A necessidade imperiosa de nos tornarmos úteis em todos os sentidos, levando a nossa contribuição ao próximo, cultivando o verdadeiro espírito da caridade desinteressada, está igualmente inserida.

São exatamente "os meios necessários" que desejamos colocar à disposição dos amigos interessados em realizar o seu desenvolvimento moral, entendendo que o mundo em que vivemos, longe da perfeição, está muito mais envolvido nos erros. Erros que são importantes, pois nos levam a distinguir a verdade, nas lições da experiência humana, e que nos permitem fazer as nossas escolhas, propiciando-nos o adiantamento progressivo na senda do espírito. Errar menos, ou ainda, evitar a repetição de erros anteriores, é uma preocupação que pode conduzir-nos a recuperar muito tempo já perdido. Esse também é um enfoque prioritário a objetivar, pois encontramo-nos todos na condição de ajustar nossos débitos, somando méritos, no avanço que carecemos. Na realidade, não é grande o esforço que precisamos desenvolver. Até com pouco trabalho poderemos vencer as nossas más tendências, mas o que nos falta é a vontade. Porém, essa vontade também podemos cultivar. E um dos métodos para isso é o da auto-sugestão, como veremos adiante.

As bases da Transformação Íntima estão com Kardec, que eleva e dá cumprimento à moral de Jesus no "fazer aos outros o que quereríamos que os outros nos fizessem". Regra universal de conduta, até mesmo para as menores ações, que nos deve pautar em nosso relacionamento.

Os questionários de avaliação individual nos levam a refletir, trazendo à consciência os defeitos mais evidentes a serem corrigidos. A maioria destes defeitos é comum, e quase sempre acham-se ocultos sob a forma de torpezas inconscientemente sepultadas.

A auto-avaliação progressiva nos faz ver, periodicamente, o amadurecimento conquistado pelo próprio esforço em melhorar, proporcionando-nos o estímulo em continuar na remodelação de nós mesmos.

Vencidas as primeiras dificuldades, a misericórdia do nosso Divino Criador já nos faz colher os primeiros frutos do nosso trabalho, nas manifestações das alegrias reconfortadoras do espírito.

Quem vem a se interessar pelo Espiritismo como curiosidade, e fica na constatação do intercâmbio e das manifestações dos espíritos, flutua na sua superfície; e quem se sente atraído pelas suas interpelações e busca no estudo informações sobre sua contribuição ao conhecimento da origem, natureza e destinação dos nossos espíritos, penetra nas camadas de suas bases; no entanto, aqueles, pelo que já sofreram e na ansiedade de preencher o espírito ávido de perfeição, sentindo em profundidade os seus ensinamentos, oferecem terreno sólido para a edificação progressiva da Doutrina dos Espíritos dentro de si mesmos, porque neles as transformações íntimas serão realizadas e neles o Espiritismo cumpre o seu verdadeiro papel de redentor da humanidade.

Portanto, se ainda não nos sentimos tocados em profundidade, e se nas nossas inquietações não estamos trazendo o conhecimento espírita para o terreno das mudanças no nosso comportamento, não estaremos aplicando a Doutrina em benefício da nossa própria evolução, e não poderemos, a rigor, ser reconhecidos como espíritas. Poderemos ser profundos conhecedores da sua filosofia ou meticulosos pesquisadores da sua ciência, o que nos conferirá apenas a condição de teóricos.

Vivência, aplicação, exemplificação, transformação, eis as características do espírita autêntico; eis a base estabelecida por Allan Kardec.

2 REFORMA ÍNTIMA EM SEIS PERGUNTAS[1]

1. **O que é a Reforma Íntima?**
A Reforma Íntima é um processo contínuo de autoconhecimento, de conhecimento da nossa intimidade espiritual, modelando-nos progressivamente na vivência evangélica, em todos os sentidos da nossa existência. É a transformação do homem velho, carre-

---

[1] Artigo publicado pelo autor. Jornal *O Trevo*. N? 11, janeiro/75.

gado de tendências e erros seculares, no homem novo, atuante na implantação dos ensinamentos do Divino Mestre, dentro e fora de si.

2. **Por que a Reforma Íntima?**
Porque é o meio de nos libertarmos das imperfeições e de fazermos objetivamente o trabalho de burilamento dentro de nós, conduzindo-nos compativelmente com as aspirações que nos levam ao aprimoramento do nosso espírito.

3. **Para que a Reforma Íntima?**
Para transformar o homem e a partir dele, toda a humanidade, ainda tão distante das vivências evangélicas. Urge enfileirarmo-nos ao lado dos batalhadores das últimas horas, pelos nossos testemunhos, respondendo aos apelos do Plano Espiritual e integrando-nos na preparação cíclica do Terceiro Milênio.

4. **Onde fazer a Reforma Íntima?**
Primeiramente dentro de nós mesmos, cujas transformações se refletirão depois em todos os campos de nossa existência, no nosso relacionamento com familiares, colegas de trabalho, amigos e inimigos e, ainda, nos meios em que colaborarmos desinteressadamente com serviços ao próximo.

5. **Quando fazer a Reforma Íntima?**
O momento é agora e já; não há mais o que esperar. O tempo passa e todos os minutos são preciosos para as conquistas que precisamos fazer no nosso íntimo.

6. **Como fazer a Reforma Íntima?**
Ao decidirmos iniciar o trabalho de melhorar a nós mesmos, um dos meios mais efetivos é o ingresso numa Escola de Aprendizes do Evangelho, cujo objetivo central é exatamente esse. Com a orientação dos dirigentes, num regime disciplinar, apoiados pelo próprio grupo e pela cobertura do Plano Espiritual, conseguimos vencer as naturais dificuldades de tão nobre empreendimento, e transpomos as nossas barreiras. Daí em diante o trabalho continua de modo

progressivo, porém com mais entusiasmo e maior disposição. Mas, também, até sozinhos podemos fazer nossa Reforma Íntima, desde que nos empenhemos com afinco e denodo, vivendo coerentemente com os ensinamentos de Jesus.

3 O CONHECIMENTO DE SI MESMO

"Qual o meio prático mais eficaz para se melhorar nesta vida e resistir ao arrebatamento do mal? Um sábio da antigüidade vos disse: 'CONHECE-TE A TI MESMO'."

(Allan Kardec. *O Livro dos Espíritos.* Pergunta 919.)

De modo geral, vivemos todos em função dos impulsos inconscientes que se agitam no nosso mundo interior. Manifestamos, sem controle e sem conhecimento próprio, nossos desejos mais recônditos, ignorando suas raízes e origens.

O campo íntimo, onde os desejos são despertados nas mais variadas formas, encontra-se ainda muito vedado diante de um olhar mais profundo.

Refletimos inconscientemente um sem número de emoções, pensamentos, atrações, repulsas, simpatias, antipatias, aspirações e repressões. Somos um complexo indefinido de sentimentos e idéias que, na maioria das vezes, brotam dentro de nós sem sabermos como e por quê.

Somos todos vítimas dos nossos próprios desejos mal conduzidos. Se sentimos dentro de nós uma atração forte e alimentamos um desejo de posse, não nos perguntamos se temos o direito de adquirir ou de concretizar aquela aspiração. Sentimos como se fôssemos donos do que queremos, desrespeitando os direitos do próximo. Queremos e isso basta, custe o que custar, contrariando ou não a liberdade dos outros. O nosso desejo é mais forte e nada pode obstá-lo, esta é a maneira habitual de reagirmos internamente.

Agindo desse modo, interferimos na vontade dos que nos cercam e contrariamos, na maioria das vezes, os desejos daqueles que não se subordinam aos nossos caprichos. Provocamos reações, violências de parte a parte, agressões, discussões, desajustes, conflitos, ansiedades, tormentos, mal-estares, infelicidades.

Vemos constantemente os erros e defeitos dos que nos rodeiam e somos incapazes de perceber nossos próprios erros, tão ou mais acentuados que os dos estranhos. As nossas faltas são sempre justificadas por nós mesmos, com razões claras ao nosso limitado entendimento. Colocamo-nos sempre como vítimas. Os outros nos causam contrariedades e desrespeitos, somos isentos de culpa e apenas defendemos nossos direitos e nossa integridade própria.

Esse comportamento é típico nos seres humanos e confirma o desconhecimento de nós mesmos, das reações e manifestações que habitam a intimidade do nosso eu, sede da alma.

A grande maioria das criaturas humanas ainda se compraz na manifestação das suas paixões e não encontra motivos para delas abdicar em benefício de alguém; são os imediatistas, de necessidades mais elementares, com predominância das funções animais, como reprodução, conservação, defesa. Dentro dessa maioria, compreendemos claramente como hábitos mais evidentes e comuns a sensualidade, a gula, a agressividade, que, no ser racional, muitas vezes ultrapassam os limites das reações primitivas animais nos requintes de expressão, decorrentes daqueles três hábitos: ciúme, vingança, ódio, luxúria, violência. Podemos dizer que há, nesses tipos de indivíduos, a predominância da natureza animal, orgânica ou corpórea.

Uma pequena minoria da humanidade compreende a sua natureza espiritual, e como tal reflete um comportamento mais racional e menos impulsivo, isto é, suas necessidades já denotam aspirações do sentimento, algum esforço em conquistar virtudes e, assim, libertar-se dos defeitos derivados do egoísmo.

Estamos todos, possivelmente, numa categoria intermediária, numa fase de transição de espíritos imperfeitos para espíritos bons e, portanto, ora nos comprazemos dos impulsos característicos do primeiro, ora buscamos alimentar o nosso espírito nas realizações do coração, na caridade, na solidariedade, no esforço de auto-aprimoramento. Vamos, assim, de modo lento, nas múltiplas existências, realizando o nosso progresso individual, elevando-nos na escala que vai do ser animal ao ser espiritual, alicerçando interiormente os valores morais.

Na resposta à pergunta 919-a, feita por Kardec aos Espíritos (*O Livro dos Espíritos*. Livro terceiro, capítulo XII. Da Perfeição Moral.), Santo Agostinho afirma: "O Conhecimento de Si Mesmo é, portanto, a chave do progresso individual".

Todo esforço individual no sentido de melhorar nesta vida e resistir ao arrebatamento do mal só pode ser realizado conscientemente, por disposição própria, distinguindo-se claramente os impulsos íntimos e optando-se por disposições que nos levam às mudanças de comportamento. Desse modo, "conhecer-se a si mesmo" é a condição indispensável para nos levar a assumir deliberadamente o combate à predominância da natureza corpórea.

E por quais razões o conhecimento próprio é o meio prático mais eficaz? Na Grécia, 400 anos antes de Cristo, Sócrates já assim ensinava. Essa sabedoria milenar ainda hoje é sobretudo evidente, e constitui o meio para evoluirmos. Não é compreensível que ao nos conhecermos estaremos a um passo de melhorar? Não se torna mais fácil, sabendo os perigos a que estamos sujeitos, afastarmo-nos deles e evitá-los?

4 COMO CONHECER-SE

"Reconhece-se o verdadeiro espírita pela sua transformação moral e pelo esforço que empreende no domínio das más inclinações."

(Allan Kardec. *O Evangelho Segundo o Espiritismo*. Capítulo XVII. Sede Perfeitos. Os Bons Espiritistas.)

A disposição de conhecer-se a si mesmo pode surgir naturalmente como fruto do amadurecimento de cada um, de forma espontânea, nata, resultante da própria condição espiritual do indivíduo, ou poderá ser provocada pela ação do sofrimento renovador que, sensibilizando a criatura, desperta-a para valores novos do espírito. Uns chegam pela compreensão natural, outros, pela dor, que também é um meio de despertar a nossa compreensão.

Um grande número de indivíduos são levados, devido a desequilíbrios emocionais, a gabinetes psiquiátricos ou psicoterápicos para tratamentos específicos. Através desses tratamentos vêm a conhecer as origens de seus distúrbios, aprendendo a identificá-los e a controlá-los, normalizando, até certo ponto, a sua conduta. Porém, isso ocorre dentro de uma motivação de comportamento compatível com os padrões de algumas escolas psicológicas, quase todas materialistas.

Na Doutrina Espírita, como Cristianismo Redivivo, igualmente buscamos o conhecimento de nós mesmos, embora dentro de um sentido muito mais amplo, segundo o qual entendemos que a fração eterna e indissolúvel de nosso ser só caminha efetivamente na sua direção evolutiva quando pautando-se nos ensinamentos evangélicos, únicos padrões condizentes com a realidade espiritual nos dois planos da nossa existência.

É preciso, então, despertar em nós a necessidade de conhecer o nosso íntimo, objetivando nossa transformação dentro do sentido cristão original, ensinado e exemplificado pelo Divino Mestre Jesus.

Conhecer exclusivamente as causas e as origens de nossos traumas e recalques, de nossas distonias emocionais nos quadros da presente existência é limitar os motivos dos nossos conflitos, olvidando a realidade das nossas existências anteriores, os delitos transgressores do ontem, que nos vinculam aos processos reequilibradores e aos reencontros conciliatórios do hoje.

As motivações que nos induzem a desenvolver nossa remodelação de comportamento projetam-se igualmente para o futuro da nossa eternidade espiritual, onde os valores ponderáveis são exatamente aqueles obtidos nas conquistas nobilitantes do coração.

Percebendo o passado longínquo de erros, trabalhamos livremente no presente, preparando um futuro existencial mais suave e edificante. Esse é o amplo contexto da nossa realidade espiritual, à qual almejamos nos integrar atuantes e produtivos.

O emérito professor Allan Kardec, em sua obra *O Céu e o Inferno* 1ª parte, capítulo VII, mostra, nos itens 16º do Código Penal da Vida Futura, que no caminho para a regeneração não basta ao homem o arrependimento. São necessárias a expiação e a reparação, afirmando que "A reparação consiste em fazer o bem àqueles a quem se havia feito o mal", e também "praticando o bem em compensação ao mal praticado, isto é, tornando-se humilde se tem sido orgulhoso, amável se foi rude, caridoso se foi egoísta, benigno se perverso, laborioso se ocioso, útil se foi inútil, frugal se intemperante, exemplar se não o foi".

Como podemos nos reabilitar, dentro dessa visão panorâmica da nossa realidade espiritual, infinitamente ampla, é o que pretendemos, à luz do Espiritismo, abordar neste trabalho de aplicação prática.

Reabilitar-se exige modificar-se, transformar o comportamento, a maneira de ser, de agir; é reformar-se moralmente, começando pelo conhecimento de si mesmo.

Múltiplas são as formas pelas quais vamos conhecendo a nós mesmos, nossas reações, nosso temperamento, o que imprime as nossas ações ao meio em que vivemos, aquilo que é a maneira como respondemos emocionalmente, como reagimos aos inúmeros impulsos externos no relacionamento social.

Podemos concluir que a nossa existência é todo um processo contínuo de reformulação de nossos próprios sentimentos e de nossa compreensão dos porquês, como eles surgem e nos levam a agir.

Quando não procuramos deliberadamente nos conhecer, alargando os campos da nossa consciência, dirigindo-a rumo ao nosso eu, buscando identificar o porquê e a causa de tantas reações desconhecidas, somos igualmente levados a nos conhecer, exatamente nos entrechoques com aqueles do nosso convívio, no seio familiar, no meio social, nos setores de trabalho, nos transportes coletivos, nos locais públicos, nos clubes recreativos, nos meios religiosos, enfim, em tudo o que compreende os contatos de pessoa a pessoa.

Nos capítulos seguintes veremos "o conhecer-se no convívio com o próximo", "o conhecer-se pela dor", "o conhecer-se pela auto-análise" e alguns meios práticos para realizarmos individualmente e em grupos a transformação que se inicia com a prática do conhecimento de nós mesmos.

5 O CONHECER-SE NO CONVÍVIO COM O PRÓXIMO

> *"Amar ao próximo como a si mesmo, fazer aos outros o que quereríamos que os outros nos fizessem, é a mais completa expressão da caridade, pois que resume todos os deveres para com o próximo."*
>
> (**Allan Kardec.** *O Evangelho Segundo o Espiritismo.* Capítulo XI. Amar ao Próximo como a Si Mesmo.)

No relacionamento entre os seres humanos, as experiências vividas ensinam constantemente lições novas. Aprendemos muito na convivência social, através de nossas reações com o meio e das manifestações que o meio nos provoca.

O campo das relações humanas, já pesquisado amplamente, talvez seja a área de experiências mais significativa para a evolução moral do homem.

O tempo vai realizando progressivamente o amadurecimento de cada criatura, na medida em que aprendemos, no convívio com o próximo, a identificar nossas reações de comportamento e a discipliná-las.

O relacionamento mais direto acha-se no meio familiar, onde desde criança brotam espontaneamente nossos impulsos e reações. Nessa fase gravam-se impressões em nosso campo emocional que repercutirão durante toda nossa existência. Quantos quadros ficam plasmados na alma sensível de uma criança, quadros esses que podem levá-la a inconformações, angústias profundas, desejos recalcados, traumas, caracterizando comportamentos e disposições na fase da adolescência e na adulta.

Guardamos, do relacionamento com os pais, irmãos, tios, primos e avós, os reflexos que mais nos marcaram.

Começamos, então, numa busca tranqüila, a conhecer como reagimos e por que reagimos, na infância e na adolescência, aos apelos, agressões, contendas, choques de interesses. Essas reações emocionais, que normalmente não se registram com clareza nos níveis da consciência, deixam, entretanto, suas marcas indeléveis nas profundidades do inconsciente.

Importantes são as suaves e doces experiências daqueles primeiros períodos da nossa vida, quando os corações amorosos de uma mãe, de um pai, de um irmão, de uma professora, pelas expressões de carinho e de compreensão, aquecem nossa alma em formação e nela gravam o conforto emocional que tantos benefícios nos fizeram, predispondo-nos às coisas boas, às expressões de amor, que, por termos conhecido e recebido, aprendemos a dar e a proporcionar aos outros. Essas ternas experiências constituem necessários pontos de apoio ao nosso espírito, para que possamos prosseguir e ampliar nossas obras nas expressões do coração[2].

No convívio escolar, iniciamos as primeiras experiências com o meio social fora dos limites familiares. As reações já não são tão espontâneas. Retraímo-nos às vezes; a timidez e o acanhamento refletem de início a

---

[2] Numa conversa em grupo com Chico Xavier (em Pedro Leopoldo, no dia 15 de novembro de 1980) ele nos falou que as impressões de carinho ou agressividade que a criança recebe dos pais na primeira infância, até os dois anos, deixam marcas que vão influir enormemente no seu caráter quando adolescente e adulto. Acontece que naquele período ocorre o alicerçamento dos valores morais, que são absorvidos dos pais pelo espírito sensível em desenvolvimento.

falta de confiança nas professoras e nos colegas de turma. Aprendemos paulatinamente a nos comportar na sociedade, com reservas. Sufocamos, por vezes, desejos e expressões interiores, e até mesmo defendemos com violência nossos interesses, mesmo que ainda infantis. E também brigamos com aqueles que caçoam de alguma particularidade nossa. Quase sempre retribuímos com bondade aos que são bondosos conosco. E devolvemos insultos aos que nos agridem. Sem dúvida são reações naturais, embora ainda bem primárias.

Vamos assim caminhando para a adolescência, fase em que nossos desejos se acentuam. O querer começa a surgir, a auto-afirmação emerge naturalmente, a nossa personalidade se configura. Aparecem as primeiras desilusões, as amizades não correspondidas, os sonhos frustrados, as primeiras experiências mais profundas no campo sentimental. De modo particular, cada um reage de forma diferente aos mesmos aspectos do relacionamento com os outros: uns aceitam e resignam-se com os desejos não alcançados; outros, inconformados, reagem com irritação e violência e, por isso mesmo, sofrem mais. E o sofrimento é maior porque é necessário maior peso para dobrar a inflexibilidade do coração mais endurecido, como ensina a lei física aplicada à nossa rigidez de temperamento. Os mais dóceis e flexíveis sofrem menos, porque menor é a carga que lhes atinge o íntimo. Esses não oferecem resistência ao que não podem possuir.

A resignação é o meio de modelação da nossa alma, característica do desprendimento e da mansuetude que precisamos cultivar.

Inúmeros aspectos desconhecidos da nossa personalidade abrem-se para a nossa consciência exatamente quando conseguimos identificar, nos entrechoques sociais, aquilo que nos atinge emocionalmente.

As reações observadas nos outros que mais nos incomodam são precisamente aquelas que estão mais profundamente marcadas dentro de nós. As explosões de gênio, os repentes que facilmente notamos nos outros e comentamos atribuindo-lhes razões particulares, espelham a nossa própria maneira de ser, inconscientemente atribuída a outrem e dificilmente aceita como nossa. É o mecanismo de projeção que se manifesta psicologicamente.

Poucas vezes entendemos claramente as manifestações de nossos sentimentos em situações específicas, principalmente quando alguém nos critica ou comenta nossos defeitos. Normalmente reagimos: não aceitamos esses defeitos e procuramos justificá-los. Nesse momento passam a funcionar os nossos mecanismos de defesa, naturais e presentes em qualquer criatura.

No convívio com o próximo, desde a nossa infância, no lar, na escola, no trabalho, agimos e reagimos emocionalmente, atingindo os domínios dos outros e sendo atingidos nos nossos. Vamos, assim, nos aperfeiçoando, arredondando as facetas pontiagudas do nosso ser ainda embrutecido, à semelhança das pedras rudes colocadas num grande tambor que, ao girar continuamente, as modela em esferas polidas pela ação do atrito de parte a parte.

É interessante notar que as pedras de constituição menos dura modelam-se mais rapidamente, enquanto aquelas de maior dureza sofrem, no mesmo espaço de tempo, menor desgaste, demorando mais, portanto, para perderem a sua forma original bruta.

Esse aperfeiçoamento progressivo, no entanto, vem se realizando lentamente nas múltiplas existências corpóreas como processo de melhoramento contínuo da humanidade.

As vidas corpóreas constituem-se, para o espírito imortal, no campo experimental, no laboratório de testes onde os resultados das experiências se vão acumulando. "A cada nova existência, o espírito dá um passo na senda do progresso; quando se despojou de todas as suas impurezas, não precisa mais das provas da vida corpórea." (**Allan Kardec**. *O Livro dos Espíritos*. Capítulo IV. Pluralidade das Existências. Pergunta 168.)

Instruirmo-nos através das lutas e tribulações da vida corporal é a condição natural que a Justiça Divina a todos impõe, para que obtenhamos os méritos, com esforço próprio, no trabalho, no convívio com o próximo.

O conhecer-se implica em tomarmos consciência de nossa destinação como participantes na obra da Criação. Dela somos parte e nela agimos, sendo solicitados a colaborar na sua evolução global; Deus assim legislou.

O limitado alcance de nossa percepção e de nossa vivência em profundidade, no íntimo do nosso espírito, dessa condição de co-participantes da Criação Universal é decorrente de nossa mínima sensibilidade espiritual, o que só podemos ampliar através das conquistas realizadas nas sucessivas reencarnações.

Parece claro que caminhamos ainda hoje aos tropeços, caindo aqui, levantando acolá, nos meandros sinuosos da estrada evolutiva que ainda não delineamos firmemente. Constantemente alteramos os rumos que poderiam nos levar mais rapidamente ao alvo. Os erros nos comprometem e nos levam às correções, por isso retardamos os passos e repetimos experiências até que delas colhamos bons resultados, para daí avançarmos.

O conhecer-se é o próprio processo de autoconscientização, de reconhecimento de nossas limitações e dos perigos a que estamos sujeitos no campo das experiências corpóreas. É ponderar sempre, é refletir sobre os riscos que podem comprometer a nossa caminhada ascensional e tomar decisões, definir rumos, dar testemunhos.

É precisamente no convívio com o próximo que expressamos a nossa condição real, *como ainda estamos* — não *o que somos,* pois entendemos que, embora ainda ignorantes e imperfeitos, somos obra da Criação e contamos com todas as potencialidades para chegarmos a ser perfeitos. Estamos todos em condições de evoluir. Basta querermos e dirigirmos nossos esforços para esse mister.

Uma das melhores diretrizes para chegarmos a isso nos é oferecida pelo educador Allan Kardec *(O Evangelho Segundo o Espiritismo.* Capítulo XVII. Sede Perfeitos. O Dever):

"O dever começa precisamente no momento em que ameaçais a felicidade e a tranqüilidade do vosso próximo, e termina no limite que quereríeis alcançar para vós mesmos".

6 O CONHECER-SE PELA DOR

"Todos quantos sejam feridos no coração por reveses e decepções da vida, consultem serenamente a sua consciência, remontem pouco a pouco à causa dos males que os afligem, e verão, se as mais das vezes, não poderão confessar: se eu tivesse feito, ou se não tivesse feito tal coisa, não estaria nesta situação."

(**Allan Kardec.** *O Evangelho Segundo o Espiritismo.* Capítulo V. Bem-Aventurados os Aflitos.)

A transgressão aos limites da nossa liberdade de ação, dentro do equilíbrio natural que rege as existências, é quase sempre por nós reconhecida somente através das conseqüências colhidas através dos efeitos das reações que nos atingem. A semeadura é livre, a colheita é obrigatória. "Quem semeia ventos, colhe tempestades."

Pela dor retificamos as nossas mazelas do ontem longínquo ou próximo: de outras existências ou da presente vida. Indubitavelmente, os processos de sofrimento, nas suas mais variadas formas, provocam, na nossa alma, o despertar da consciência e a ampliação do nosso grau de sensibilidade, para percebermos os aspectos edificantes que o coração, nas suas manifestações mais nobres, pode realizar.

Quando enfermos, vítimas do nosso próprio desequilíbrio, sofremos os males físicos das doenças contraídas pela falta de vigilância, que abre nossas defesas vibratórias às investidas bacterianas no campo orgânico. É no tratamento e no restabelecimento da saúde que somos naturalmente levados a meditar sobre as origens e os motivos da doença. Se estamos conformados e obedecemos as orientações médicas, mais rapidamente nos recompomos; se, porém, somos inflexíveis e descremos da necessidade de mudar nossos hábitos, mais lentamente nos restabeleceremos. Quem passa por um período de tratamento, sente e sabe o que sofreu e, nem que seja apenas por autodefesa, toma certos cuidados, como mudar seus costumes, transformar sua conduta, para que não venha a ter uma recaída e, assim, sofrer as mesmas dores, repetir as experiências desagradáveis.

Realiza-se, desse modo, um processo de autoconhecimento com relação a alguns aspectos de nosso comportamento, de nossa forma de vida.

Nessas ocasiões em que adoecemos, muitas vezes somos obrigados a permanecer imóveis num leito, semiconscientes ou sentindo dores dilacerantes, à beira do desespero, por vários dias. E quando recebemos o alívio confortador de uma vibração suave, transmitida por um coração amigo que nos cuida ou nos visita, como ficamos agradecidos! Como reconhecemos os valores aparentemente insignificantes dessas expressões de carinho! E quem recebe desperta em si o desejo de proporcionar a outros o mesmo alívio, o mesmo bálsamo. Amplia-se, assim, a nossa sensibilidade ao sofrimento do próximo, além do fortalecimento da fé na bondade do Criador e dos próprios corações humanos. Quantas criaturas não se transformam radicalmente depois de uma grave enfermidade? Quantos não descobrem dentro de si os valores eternos do espírito, após terem sofrido longos períodos de tratamento ou perdas irreparáveis de entes queridos, após padecerem com dores morais, desilusões de caráter afetivo ou dificuldades materiais, que nos ensinam a valorizar as coisas simples da vida? Quantos que, estando à beira da morte, hoje valorizam a vida, praticando caridades e distribuindo carinho ao próximo?

As dores, sob qualquer forma, ensinam-nos profundamente a nos conhecer, a nos transformar, e, por mais que soframos, precisamos ter a disposição íntima de agradecer, porque no mundo de facilidades e de atrativos para os impulsos do ser imediatista e físico que ainda abrigamos, são as oportunidades que a dor nos proporciona, algumas das maneiras mais eficazes de transformação desse homem animalizado e insensível. Valorizemos a nossa dor, tomemos a nossa cruz e com ela caminhemos para a nossa redenção.

7 O CONHECER-SE PELA AUTO-ANÁLISE

> *"Compreendemos toda a sabedoria dessa máxima (Conhece-te a ti mesmo) mas a dificuldade está precisamente em se conhecer a si próprio. Qual o meio de chegar a isso?"*
>
> **(Allan Kardec.** *O Livro dos Espíritos.* Pergunta 919 A.)

À pergunta formulada por Allan Kardec, responde Santo Agostinho, oferecendo o resultado de sua própria experiência:

" — Fazei o que eu fazia quando vivi na Terra: ao fim de cada dia interrogava a minha consciência, passava em revista o que havia feito e me perguntava a mim mesmo se não tinha faltado ao cumprimento de algum dever, se ninguém teria motivo para se queixar de mim. Foi assim que cheguei a me conhecer e ver o que em mim necessitava de reforma".

Ainda ensina Santo Agostinho, perante a dúvida de como julgar-se a si mesmo:

"Quando estais indeciso quanto ao valor de vossas ações, perguntai como as qualificaríeis se tivessem sido praticadas por outra pessoa. Se as censurardes em outros, essa censura não poderia ser mais legítima para vós, porque Deus não usa de duas medidas para a justiça".

Insiste, depois, aconselhando:

"Formulai, portanto, perguntas claras e precisas, e não temais multiplicá-las".

Através desse processo viremos a nos conhecer, procurando deliberadamente realizar o trabalho de auto-análise, e não apenas nos deixando seguir ao sabor do tempo, reagindo e respondendo nas ocorrências do cotidiano, quando atingidos formos na nossa sensibilidade, ou, ainda, pela ação lapidadora da dor, que por algumas vezes sacode a nossa consciência.

A auto-análise é um processo sistemático e permanente de efeitos diários e contínuos, pois vamos ao encontro de nós mesmos para explorar o nosso terreno íntimo, cultivando-o, preparando-o para produzir bons frutos.

Santo Agostinho interrogava a sua própria consciência e diariamente examinava os seus atos, conhecendo o que precisava melhorar e desenvolvendo a força interior de aperfeiçoar-se.

A consciência é o campo a ser explorado e cultivado, dela extirpando as más tendências com o esforço da nossa vontade.

A consciência reside na mente, que se constitui, conforme nos esclarece André Luiz[3], de modo semelhante a um edifício de três pavimentos. No andar inferior está o inconsciente, com todo o acervo de experiências do passado, guardando imagens, quadros onde as emoções vividas ligam-se igualmente. Nas camadas mais profundas do inconsciente arquivam-se as histórias de nossas existências anteriores, a refletirem-se hoje através das reminiscências. No pavimento intermediário está o nosso consciente, o presente vivo, a faculdade pensante, a reflexão, a memória. No andar superior, o superconsciente, a esfera dos ideais, dos propósitos nobres e das disposições divinas, a chama impulsionadora do nosso progresso espiritual, alimentada pelos Planos Superiores da Criação.

O consciente pode, quando robustecido e treinado, penetrar nos domínios do inconsciente, remontar os registros de nossa história, recordar as experiências vividas para que as analisemos sob novos ângulos, e modificar aquelas disposições antigas, com a visão ampliada de hoje. Ao mesmo tempo o consciente conjuga, ao receber do superconsciente os rumos delineadores da nossa evolução, os dados do passado, do presente e do futuro, e, computando-os com os recursos da inteligência, apresenta os resultados sob forma de impulsos que nos levam a resoluções, a novos procedimentos. É um surpreendente mecanismo que nos faz avançar sempre ou, quando não, ao menos estacionar, mas nunca regredir.

É importante que deliberemos acelerar o nosso avanço, potencializando o nosso consciente pela auto-análise, o seu alcance e o seu domínio sobre nós mesmos, e exercendo constantes e progressivas mutações individuais.

O processo de auto-análise pode e deve ser utilizado mais intensamente pelo homem, como meio de auto-educação permanente e ordenada.

---

[3] *No Mundo Maior*. Capítulo III. A Casa Mental.

Precisamos sair da condição de indivíduos conduzidos pelos envolvimentos do meio, reagindo e mudando, para passarmos à categoria de condutores de nós mesmos, com amplo conhecimento das nossas potencialidades em desenvolvimento.

É um trabalho de superar a densidade da nossa animalidade, o peso da inércia aos impulsos espiritualizantes, alcançando esferas vibratórias mais elevadas, que passam a modificar a constituição sutil dos envoltórios espiritual e mental.

Apontamos, adiante, meios eficazes para progressivamente enveredarmos nessa senda, utilizando-se a prática da auto-análise e desenvolvendo a nossa vontade no combate aos vícios e aos defeitos.

8   FAÇA SUA AVALIAÇÃO INDIVIDUAL

I.   O CONHECIMENTO DE SI MESMO

Medite, preencha e analise os resultados:

1. Acha que o conhecimento de si mesmo é a chave do melhoramento individual?
   Sim ( )   Não ( )   Sem idéia formada ( )

2. Acredita ser conhecedor de si mesmo, em profundidade suficiente, podendo assim identificar os seus próprios impulsos?
   Sim ( )   Não ( )   Superficialmente ( )

3. Já se preocupou em descobrir os porquês de suas principais manifestações impulsivas no terreno das emoções?
   Sim ( )   Não ( )   Raramente ( )

4. Refletir sobre si mesmo e auto-analisar-se é difícil?
   Sim ( )   Não ( )   Sem experiência ( )

5. Como reage quando sente que ofendeu alguém?
   Fica penalizado ( )   Sente-se inquieto ( )
   Reage com indiferença ( )   Pede desculpas ( )
                                      Pratica autopunição ( )

6. Entristece-se ao constatar no seu íntimo, por vezes, sentimentos fortes que não consegue dominar?
Sim ( ) Não ( ) Indiferente ( )

7. Já tentou relacionar os seus principais defeitos?
Sim ( ) Não ( ) Não vê razões para o fazer ( )

8. Diante de algum erro ou falha sua, como se sente?
Indiferente ( ) Deprimido ( ) Procura corrigir-se ( )

9. Já sofreu alguma dor profunda ou passou por período de doença que lhe tenha feito mudar os seus hábitos ou corrigir algum defeito?
Sim ( ) Não ( )

10. Acha que se sentiria mais feliz e alegre compreendendo e controlando melhor as suas reações desagradáveis?
Sim ( ) Não ( ) Indiferente ( )

Pondere e procure decidir-se

O que foi abordado até aqui teve como objetivo levar o leitor a refletir sobre a importância do Conhecimento de Si Mesmo, que é a chave do melhoramento individual.

Analise agora as suas respostas, dadas a esse pequeno teste, e conclua por você mesmo como se encontra diante desse trabalho de exploração da sua consciência. É evidente que muito pouco sabemos sobre nós mesmos, mas chegaremos, agora ou depois, cedo ou tarde, à conclusão de que um dia desejaremos ser conduzidos pela própria vontade no caminho do bem. Então, o primeiro passo é exatamente esse: Conhecer-se a Si Mesmo.

Convidamos você a tomar agora a decisão de realizar esse trabalho, caso ainda não o tenha feito ou, se quiser, seguir a leitura abaixo indicada, para maiores reflexões. Os próximos capítulos lhe farão conhecer o campo de batalha a ser enfrentado dentro de você mesmo.

Leia para alicerçar seus propósitos

Allan Kardec.   *O Livro dos Espíritos.*   a) Conhecimento de Si Mesmo. Perguntas 919 e 919a.

b) Pluralidade das Existências. Perguntas 166 a 170.

O Evangelho Segundo o Espiritismo. a) Capítulo XVII. Sede Perfeitos. Itens 3, 4 e 7. b) Capítulo XI. Amar ao Próximo como a Si mesmo. Itens 1, 2, 3, 4 e 8. c) Capítulo V. Bem-Aventurados os aflitos. Itens 1, 2, 3 e 4.

O Céu e o Inferno. a) 1ª parte. Capítulo VII. As Penas Futuras Segundo o Espiritismo: Código Penal da Vida Futura.

André Luiz.   *No Mundo Maior.* Capítulo III. A Casa Mental.

Emmanuel.   *Rumo Certo.* Capítulo XXIII. Auto-Aprimoramento.

II. O QUE SE PODE TRANSFORMAR INTIMAMENTE

Esta parte foi desenvolvida sobre três temas básicos, a saber:
- os vícios;
- os defeitos;
- as virtudes.

Os primeiros abrangem aqueles considerados mais comuns, tidos até mesmo como costumes sociais, mas que acarretam, pelos malefícios provocados, sérios danos à nossa constituição orgânica e psíquica. Pela ordem, são eles:
- o fumo;
- o álcool;
- o jogo;
- a gula;
- os abusos sexuais.

Os defeitos já incluem a maior parte dos problemas classificados como impulsos grosseiros, expressões de caráter, reações condenáveis, falhas de comportamento, e que nem sabemos claramente como a eles nos temos habituado.

Finalmente, as virtudes que se colocam como metas a serem alcançadas em substituição aos defeitos.

Assim, o esquema geral desta 2ª parte pode ser apresentado como segue:

OS VÍCIOS
- Fumar é Suicídio
- Os Malefícios do Álcool
- Os Malefícios do Jogo
- Os Malefícios da Gula
- Os Malefícios dos Abusos Sexuais

OS DEFEITOS
- Orgulho e Vaidade
- A Inveja, o Ciúme, a Avareza
- Ódio, Remorso, Vingança, Agressividade
- Personalismo
- Maledicência
- Intolerância e Impaciência
- Negligência e Ociosidade
- Reminiscências e Tendências

AS VIRTUDES
- Humildade, Modéstia, Sobriedade
- Resignação
- Sensatez, Piedade
- Generosidade, Beneficência
- Afabilidade, Doçura
- Compreensão, Tolerância
- Perdão
- Brandura, Pacificação
- Companheirismo, Renúncia
- Indulgência
- Misericórdia
- Paciência, Mansuetude
- Vigilância, Abnegação
- Dedicação, Devotamento

VIRTUDES

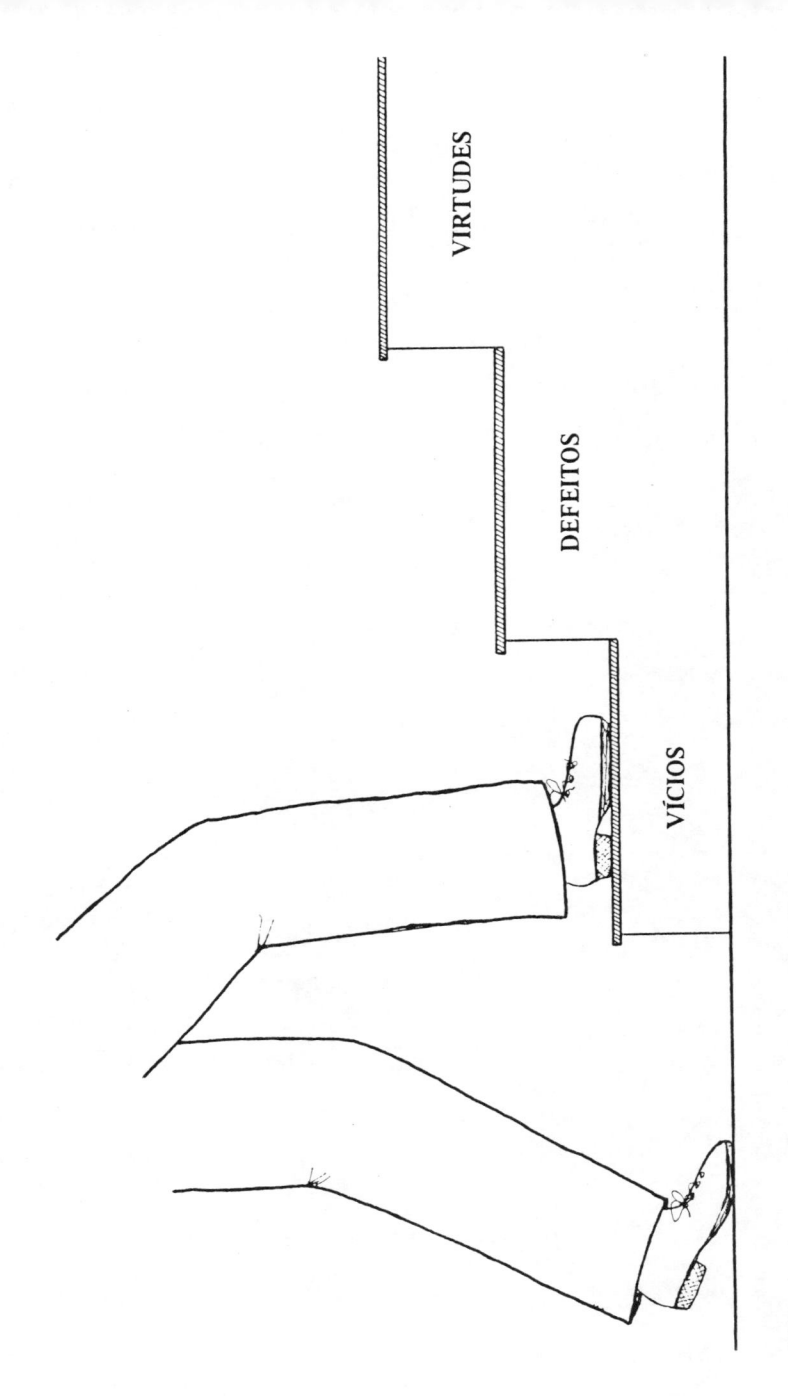

DEFEITOS

VÍCIOS

II.

O QUE SE PODE TRANSFORMAR INTIMAMENTE

9 OS VÍCIOS

"Entre os vícios, qual o que podemos considerar radical?
— Já o dissemos muitas vezes: o egoísmo. Dele se deriva todo o mal. Estudai todos os vícios e vereis que no fundo de todos existe egoísmo. Por mais que luteis contra eles, não chegareis a extirpá-los enquanto não os atacardes pela raiz, enquanto não lhes houverdes destruído a causa. Que todos os vossos esforços tendam para esse fim, porque nele se encontra a verdadeira chaga da sociedade. Quem nesta vida quiser se aproximar da perfeição moral, deve extirpar do seu coração todo sentimento de egoísmo, porque o egoísmo é incompatível com a justiça, o amor e a caridade: ele neutraliza todas as outras qualidades."

(Allan Kardec. *O Livro dos Espíritos.* Livro Terceiro. Capítulo XII. Perfeição Moral. Pergunta 913.)

Vamos ao encontro de alguns dos condicionamentos e dependências que os seres humanos apresentam mais comumente.

Certamente o conhecimento desses vícios nos colocará em confronto com eles e nos dará ensejo a uma aferição de como estamos situados entre os homens em geral.

Ninguém, na nossa sociedade, é criticado, ou rejeitado, pelo fato de fumar, beber, jogar, comer bem ou ter suas aventuras sexuais. Tudo isso já foi até mesmo consagrado como natural e, portanto, aceito amplamente como "costumes da época".

Estamos alheios aos perigos e às conseqüências que os citados hábitos nos acarretam. Além disso, os meios de comunicação estão abertos, sem restrições, à propaganda envolvente e maciça que induz a humanidade ao fumo, ao álcool, ao jogo, à gula e ao sexo. É inacreditável como a sociedade parece se deixar mansamente conduzir, sem a menor reação coletiva, a tão perniciosos incentivos, difundidos por todos os meios.

Em alguns países já há restrições à propaganda de bebidas alcoólicas e de marcas de cigarros, o que representa alguma reação a esses produtos de consumo. No entanto, são igualmente produtos de consumo as revistas e os filmes que exploram o uso indiscriminado das funções sexuais e estimulam o erotismo, produtos esses que se constituem em agentes contaminadores do comportamento moral do homem, que nos induzem ao viciamento das idéias pelo desejo de satisfações ilusórias, fragmentando a resistência ao prazer inconsistente e enfraquecendo os laços das uniões conjugais bem formadas.

Os chamados "hotéis de alta rotatividade" multiplicam-se nos arredores das capitais brasileiras, comprovando a crescente onda da "liberdade sexual", resultado da enganosa suposição de que todas as nossas insatisfações possam ser solucionadas apenas por atos sexuais.

Deixamos de abordar aqui o problema dos tóxicos, que são disseminados principalmente entre os jovens, levando-os às mais trágicas e dolorosas experiências, enquanto enriquecem as secretas organizações que manipulam o submundo dos traficantes. Explorados são os moços, precisamente no que diz respeito aos seus desajustes e carências, iludidos por aqueles aproveitadores que os enganam, oferecendo soluções fáceis, acorrentando-os em processos difíceis de recuperação.

Outro entorpecente e agente enganoso do homem é o jogo. O que se tem arrecadado das loterias demonstra o nível de preocupação do nosso trabalhador, que busca fora de si a sorte e o enriquecimento rápido. Ficam a imaginar em detalhes o que seria feito com o dinheiro ganho, centralizando nele a razão principal do que se pode pretender na vida. Mais sonhos e quimeras que apenas alimentam as consciências inadvertidas, desconhecedoras de que as dificuldades existem para desenvolver as potencialidades do nosso espírito, a capacidade de lutar e vencer com esforço próprio.

Raramente encontramos campanhas ou propagandas esclarecedoras dos malefícios do fumo, do álcool, do jogo, da gula, dos abusos do sexo e dos prejuízos do tóxico.

Condicionada como está a tantos vícios, de que modo entrará a humanidade na nova fase do progresso moral preceituada por Kardec? É impraticável conciliar aquele ensinamento com a enorme propagação dos vícios, que envolve cada vez mais as criaturas de todas as idades, incentivando os prazeres individuais sem qualquer senso de responsabilidade e nenhuma preocupação com suas conseqüências. Parece-nos sensato que deveríamos esperar exatamente o contrário, isto é, a crescente valorização dos homens pelos exemplos no bem e nas atitudes nobres, compatíveis com um clima de respeito ao próximo, de solidariedade humana, de zelo ao patrimônio orgânico e ao manancial de energias procriadoras que detemos.

Numa análise realista, para mudar os rumos da humanidade nesses dias em que pouco se entende da natureza espiritual do homem e da sua destinação além-túmulo, é de se esperar grandes transformações. Mas de que forma? Será que esse desejado progresso moral cairá dos céus sem qualquer esforço nosso? É evidente que será edificado pelos homens de boa vontade, pelos trabalhadores das últimas horas, pelos poucos escolhidos dos que possam restar dos muitos já chamados, pelos Aprendizes do Evangelho que resistirem ao mal e souberem enfrentar não mais as feras e as fogueiras dos circos romanos, porém as feras dos próprios instintos animais e o fogo da agressividade que precisamos atenuar, controlar e transformar.

E para superarmos os defeitos mais enraizados no nosso espírito precisamos fortalecer a nossa vontade, iniciando com a luta por eliminar os vícios mais comuns. Ninguém conseguirá vencer essa batalha se não estiver se preparando para enfrentá-la. Essa condição, no entanto, não se consegue sem trabalho, sem testemunho da vontade aplicada. É, sem dúvida, conquista individual que se pode progressivamente cultivar.

A IMAGINAÇÃO NOS VÍCIOS

A criatividade representa, no ser inteligente, um dos seus mais importantes atributos. Pela imaginação penetramos nos mais insondáveis terrenos das idéias. Dirigimos vôos ao infinito, descobrimos os véus no mundo da Física, da Química, da Anatomia, da Fisiologia, fazemos evoluir as

Ciências, criamos as invenções, desenvolvemos as artes e constatamos o espírito.

Essa imaginação, por outro lado, tem sido mal conduzida pelo homem, tanto de modo consciente quanto por desejos inconscientes, levando-o a muitos dissabores, contrariedades, sofrimentos e outras conseqüências graves.

A capacidade mental do homem está condicionada ao alcance da sua imaginação e ao uso que dela faz no seu mundo íntimo. A faculdade de pensar apresenta uma característica dinâmica, que nos proporciona, pelas experiências acumuladas, a percepção sempre mais ampla da nossa realidade interior e do mundo que nos cerca, num crescente evoluir. Desse modo, as nossas experiências, em todas as áreas, servem de referência para novas e constantes mudanças. Nunca regredimos. Quando muito, momentaneamente estacionamos em alguns aspectos particulares, mas nos demais campos de aprendizagem realizamos avanços. É como num ziguezague mais ou menos tortuoso que vamos caminhando na nossa trajetória evolutiva, porém sempre na direção do tempo, que jamais se altera no sentido do seu avanço.

O homem, pela sua imaginação, cria as suas carências, envolve-se nos prazeres, absorve-se nas sensações e perde-se pelos torvelinhos do interesse pessoal. Cristaliza-se, por tempos, nos vícios que a sua própria inteligência criou, necessidades da sua condição inferior, que ainda se compraz nos instintos, reflexos da animalidade atuante em todos nós encarnados. O ser pensante sabe os males que lhe causam o fumo, o álcool, o jogo, a gula, os abusos do sexo, os entorpecentes, embora proporcionem instantes de fictício prazer e preenchimento daquelas necessidades que a sua mente plasmou.

Tornam-se, então, hábitos repetitivos, condicionamentos que comodamente aceitamos muitas vezes sem quaisquer reações contrárias. Quem conseguiria justificar com razões evidentes as necessidades de fumar, de beber, de jogar, de comer demasiado, e da prática livre do sexo?

O organismo humano se adapta às cargas dos tóxicos ingeridos e o psiquismo fixa-se nas sensações. Na falta delas, o próprio organismo passa a exigir, em forma de dependências, as doses tóxicas ou as cargas emocionais às quais se habituara, e a criatura não consegue mais libertar-se; fica viciada. Sente-se, então, incapaz de agir e prossegue sem esforço, contaminando o corpo e a alma, escravizando-se inapelavelmente aos horrores do desequilíbrio e da enfermidade.

Transfere da vida presente para a subseqüente certos reflexos ou impregnações magnéticas que o perispírito guarda pelas imantações recebidas do próprio corpo físico e do campo mental que lhe são peculiares. As predisposições e as tendências se transportam, de alguma forma, para a nova experiência corpórea e, nessas oportunidades de libertação que nos são oferecidas, muitas vezes sucumbimos aos mesmos vícios do passado distante. Admitimos, à luz do Espiritismo, um componente reencarnatório nos vícios, o que de certa forma esclarece os casos crônicos e patológicos provocados pelo fumo, álcool, gula, jogo e pelas aberrações sexuais. Raramente estamos sozinhos nos vícios. Contamos também com as companhias daqueles que se servem dos mesmos males, tanto encarnados como desencarnados, em maior ou menor intensidade de sintonia, funcionando como fator de indução à prática dos vícios que ambos usufruem. Muitas vezes podemos querer deixar tal ou qual vício, mas aquelas companhias nos sugestionam, persuadem e induzem. Como "amigos" do nosso convívio, apelam diretamente, convencendo-nos e arrastando-nos. Como entidades espirituais, agem hipnoticamente no campo da imaginação, transmitindo as ondas magnéticas envolventes das sensações e desejos que juntos alimentamos.

Desse modo, ao iniciar o trabalho de extirpar os vícios, podemos estar dentro de um processo em que os três componentes abordados se verifiquem, ou seja: a própria imaginação e o organismo condicionados, a tendência reencarnatória e a persuasão das companhias visíveis e invisíveis.

A TENTAÇÃO NOS VÍCIOS

A somatória dos três componentes citados apresenta-se ao nosso íntimo sob a forma de tentações. Interpretamos as tentações como sendo as manifestações de desejos veementes, de impulsos incontidos, a busca desesperada de prazeres ou necessidades que sabemos serem prejudiciais, mas que não estamos suficientemente fortes para conter.

As tentações podem surgir em algumas circunstâncias como pela primeira vez, e podem repetir-se por muitas vezes, naqueles estados de ansiedade em que somos irresistivelmente impulsionados a cometer enganos para satisfazer desejos. As primeiras tentações estão, quase sempre, mescladas com a curiosidade, com o desejo de experimentar o desconhecido. Nesses casos, a influência dos já experimentados é, na maioria das vezes, o meio desencadeante dos vícios. Alguém nos leva a praticá-los pela primeira vez quando assim cedemos às primeiras tentações. Esse procedimento é comum nos fumantes, nos alcoólatras, nos jogadores de azar, nos drogados, nos masturbadores. É a imitação que dá origem ao hábito, costume ou vício.

Devemos considerar que todos nós somos tentados aos vícios e a muitos outros comprometimentos morais. Podemos ceder às tentações, mas a partir dos primeiros resultados colhidos nas experiências praticadas podemos nos firmar no propósito de não repeti-las e de não chegarmos à condição de viciados. Há também incontáveis ocasiões em que as tentações nem chegam a nos provocar, porque simplesmente não encontram eco dentro de nós. Isto é, já atingimos um nível de amadurecimento ou de consciência em que já não nos sintonizamos mais com aquelas categorias de envolvimentos ou de atrações. Não sentimos necessidade de experimentar o que possam nos sugerir; já nos libertamos, de alguma forma.

QUAL O NOSSO OBJETIVO?

Indiscutivelmente, todos nós colhemos, no sofrimento, os frutos amargos dos vícios, cedo ou tarde. Aí, na maioria, as criaturas despertam e começam a luta pela sua própria libertação. Não precisamos, porém, chegar às últimas conseqüências dos vícios para iniciar o trabalho de autodescondicionamento. Podemos ganhar um tempo precioso e deliberadamente propormo-nos o esforço de extirpá-los de nós mesmos. É uma questão de ponderar com inteligência e colocar a imaginação a serviço da construção de nós mesmos.

Esse é o nosso objetivo: compreender razoavelmente as características dos vícios e buscar os meios para eliminá-los.

Perguntamos: O que o amigo leitor acha que é fundamental em qualquer processo de conquista individual? É o querer? É a vontade posta em prática? É a ação concretizando o ideal?

Primeiro, perguntemos a nós mesmos se queremos deixar mesmo de fumar, de beber, de jogar, e se desejamos controlar a gula, o sexo.

E por quê? Temos razões para isso? O que nos motiva a iniciar esse combate? Será apenas para sermos bonzinhos? Ou teremos razões mais profundas? É claro que sabemos as respostas. O que ainda nos impede de assumirmos novas posições é o apego às coisas materiais, aos interesses pessoais, que visam a satisfazer os nossos sentidos físicos, digamos periféricos, ainda grosseiros e animais, indicativos de imperfeições. É uma questão de opção pessoal, livre e disposta a mudanças. A vontade própria poderá ser desenvolvida, até com pouco esforço; não será esse o problema para a nossa escolha. A questão é decidir e comprometer-se consigo mesmo a ir em frente.

Comecemos, então, por eliminar os vícios mais comuns, aqueles já citados, de conhecimento amplo e de uso social, que apresentaremos detalhadamente nos capítulos seguintes. Coloquemo-nos em posição de renunciar aos enganosos prazeres que os mesmos possam estar nos oferecendo e lutemos! Lutemos com todo o nosso empenho e não voltemos atrás!

FAÇA SUA AVALIAÇÃO INDIVIDUAL

1. Sente-se irresistivelmente condicionado a algum vício?

2. Sofre as conseqüências maléficas que os mesmos provocam?

3. Já tentou libertar-se voluntariamente de algum desses vícios?

4. Analise como começou neles e conclua:
   — Por livre desejo?
   — Por sugestão de alguém?

5. Quando tentado a experimentar algum dos vícios sociais, cede facilmente?

6. Percebe, por vezes, a sua imaginação articulando sensações que o satisfazem ao alimentá-las?

7. Já pensou que esse tipo de imaginação nos predispõe a cometê-las?

8. Tem dificuldades em afastar da mente os devaneios e os pensamentos ligados a prazeres íntimos?

9. Já chegou a compreender a necessidade de eliminar os vícios?

10. Acha que poderá com o próprio esforço deles se libertar?

10 FUMAR É SUICÍDIO[4]

*"Quando o homem está mergulhado, de qualquer maneira, na atmosfera do vício, o mal não se torna para ele um arrastamento quase irresistível?
— Arrastamento, sim; irresistível, não. Porque no meio dessa atmosfera de vícios encontra, às vezes, grandes virtudes. São Espíritos que tiveram a força de resistir, e que tiveram, ao mesmo tempo, a missão de exercer uma boa influência sobre os seus semelhantes."*

(**Allan Kardec.** *O Livro dos Espíritos.* Livro Terceiro. Capítulo I. A Lei Divina ou Natural. Pergunta 645.)

Procuramos, aqui, tecer algumas considerações sobre o vício do fumo, hábito puramente imitativo e que não tem qualquer justificativa

---

[4] Revisão do artigo publicado pelo autor no jornal *Folha Espírita*. Nº 29, ano III, agosto/ 1976.

racional, mostrando, também, certas conseqüências físicas e espirituais. Encaramos a posição do espírita, que chega à evidência clara e conclusiva de ser auto-suicídio o hábito de fumar.

Enveredando pela dinâmica que a Doutrina Espírita leva aos seus praticantes, é impositivo, no trabalho de transformação íntima, largar o fumo. Não só para prevenir enfermidades, mas também como treinamento importante para o fortalecimento das potencialidades do espírito e o domínio de nossas tendências seculares.

Cabe, aqui — dentro da problemática psicológica dos fumantes, que profundamente respeitamos em seu aspecto humano —, exaltar com veemência que ainda é com Jesus que encontramos o caminho, aceitando aquele convite inolvidável: "Aquele que quiser Me seguir tome a sua cruz e ande".

O FUMAR, COMO COMEÇOU?

O costume herdado dos animais de farejar, cheirar e provar o gosto, certamente levou o homem, em épocas muito distantes a experimentar o gosto da fumaça. Provavelmente, alguns homens pré-históricos mais astutos resolveram enrolar algumas folhinhas secas e provar sua fumaça. Através dos tempos, devem ter experimentado muitas delas, não as aprovando pelo seu gosto amargo. No entanto, aquela folha larga e amarelada, depois batizada de *Nicotiana Tabacum,* deve ter provocado algo de estranho no experimentador pela ação ativa do alcalóide que ela contém (bastam apenas 40 a 60 miligramas dele para matar um homem).

Historicamente, consta que em 1560 o embaixador francês João Nicot enviou à rainha Catarina de Medicis as primeiras remessas daquele vegetal, cultivado em seus jardins em Lisboa, porque o julgava uma erva perfumada e dotada de propriedades terapêuticas. A rainha patrocinou a difusão do fumo como medicamento, utilizando-o em pílulas, pomadas, xaropes, infusões, banhos, etc. Porém, desses usos surgiram — o que a rainha encobriu — inúmeros envenenamentos, intoxicações e mortes.

O idealista Nicot, que deu seu nome ao alcalóide *nicotina,* enquadrado entre os "venenos eufóricos", deve ter experimentado no Plano Espiritual os arrependimentos de sua triste iniciativa, acompanhando os casos mórbidos que suas perfumadas folhinhas provocaram.

O FALSO PRAZER — UMA ILUSÃO

O hábito de fumar começa, em geral, na infância ou na adolescência, incentivado pelos mais velhos e tendo exemplos até mesmo dentro de casa. São os garotos provocados pelos coleguinhas que fumam e que, na sua imaginação, já se sentem homens feitos (como se o fumar fosse uma condição de ser adulto). A tentativa é feita, provoca tosse e tonturas, mas dizem eles — são os sacrifícios do noviciado. O melhor vem depois: dá charme, auto-segurança, estímulo cerebral, é bacana, as menininhas gostam. Enfim, atende a tudo aquilo que o adolescente deseja: auto-afirmação, prestígio entre os amiguinhos, pose de artista, companhias a qualquer hora, namoradinhas, e, nesse contexto, a ilusão do prazer de ser querido e estar realizado. Faz parte do grupo. Quem não fuma, não entra na "patota".

Entretanto, ninguém conta nem fala das desvantagens e dos males do fumo. Ninguém vê e nem pode examinar os tóxicos que a fumacinha leva ao organismo. Hoje já se fala, até na televisão, sobre o alcatrão e a nicotina que o cigarro contém, mas o que é mesmo isso? Ah, isso ninguém conhece. E ninguém conhece porque não é divulgado, porque não interessa divulgar. O que interessa é vender. E os nossos amiguinhos caem como patinhos, levados também pelas exuberantes propagandas dos fabricantes, sem saberem nada sobre os venenos que ingerem, sobre as doenças que provocam, as mortes que causam. E sem saberem que as estatísticas médicas provam que, dentre oito fumantes, um certamente sofrerá de câncer, e ainda que cada cigarro encurta a vida do homem em quatorze minutos. Falem dessas verdades aos garotos que queiram ensinar outros a fumar.

O QUE SOFRE O ORGANISMO HUMANO?

A quantidade de nicotina absorvida varia de 2,5 a 3,5 miligramas por cigarro. Ao ser tragada, a fumaça entra pelos pulmões carregando vários gases voláteis, que se condensam no alcatrão, passando à corrente sanguínea juntamente com a nicotina. Esta é tóxica, venenosa; o alcatrão é cancerígeno.

Esses componentes agem na intimidade celular, principalmente nas células do sistema nervoso central, modificando o seu metabolismo, ou seja, as transformações físico-químicas que lhes permitem realizar os trabalhos de assimilação e desassimilação das substâncias necessárias à sua função. Essas alterações provocam no fumante a sensação momentânea de bem-estar, com supressão dos estados de ansiedade, medo, culpa. É o efeito de uma ação tóxica e mórbida levada ao sistema nervoso central. Aos instantes iniciais de estímulos segue-se um retardo da atividade cerebral e, em seguida, depressão, apatia, angústia.

Esses elementos químicos tóxicos, além desses efeitos, agravam as doenças cardíacas, como a angina, o enfarte, a hipertensão, a arteriosclerose. As vias respiratórias se irritam e, progressivamente, intoxicam-se, dando origem a traqueítes, bronquites crônicas, enfisemas pulmonares, insuficiência respiratória, além dos casos de câncer bucal, da faringe, da laringe, do pulmão e do esôfago.

A mulher é ainda mais sensível aos efeitos da nicotina, principalmente na gravidez, quando a nicotina atravessa a placenta, ocasionando danos ao feto, contamina o leite materno e pode também provocar abortos, natimortos e prematuros. Há também casos de esterilidade acarretada pelo fumo.

Em trabalhos recentes, ficou comprovada a diminuição da capacidade visual dos fumantes de 26% ou mais.

A ação tóxica afeta também as glândulas, dificultando as funções orgânicas. Numa universidade norte-americana, uma pesquisa provou que os índices de reprovação são bem maiores entre os fumantes do que entre os não-fumantes.

Porém, o que melhor retrata esse quadro é o fato de um fumante que absorve dois maços por dia, durante 30 anos, ter sua vida diminuída em 8 ou 10 anos. Portanto, esta é, indubitavelmente, uma forma de suicídio.

O PERISPÍRITO FICA IMPREGNADO

Os efeitos nocivos do fumo transpõem os níveis puramente físicos, atingindo o envoltório sutil e vibratório que modela, vivifica e abastece o organismo humano, denominado perispírito ou corpo espiritual.

O perispírito, na região correspondente ao sistema respiratório, fica, graças ao fumo, impregnado e saturado de partículas semimateriais nocivas que absorvem vitalidade, prejudicando o fluxo normal das energias espirituais sustentadoras, as quais, através dele, se condensam para abastecer o corpo físico.

O fumo não só introduz impurezas no perispírito — que são visíveis aos médiuns videntes, à semelhança de manchas, formadas de pigmentos escuros, envolvendo os órgãos mais atingidos, como os pulmões —, mas também amortece as vibrações mais delicadas, bloqueando-as, tornando o homem até certo ponto insensível aos envolvimentos espirituais de entidades amigas e protetoras.

Após o desencarne, os resultados do vício do fumo são desastrosos, pois provocam uma espécie de paralisia e insensibilidade aos trabalhos dos espíritos socorristas por longo período, como se permanecesse num estado de inconsciência e incomunicabilidade, ficando o desencarnado prejudicado no recebimento do auxílio espiritual.

Numa entrevista dada ao jornalista Fernando Worm (publicada na *Folha Espírita,* agosto de 1978, ano V, nº 53), Emmanuel, através de Chico Xavier, responde às seguintes perguntas:

F.W.   A ação negativa do cigarro sobre o perispírito do fumante prossegue após a morte do corpo físico? Até quando?

Emmanuel   O problema da dependência continua até que a impregnação dos agentes tóxicos nos tecidos sutis do corpo espiritual ceda lugar à normalidade do envoltório perispiritual, o que, na maioria das vezes, tem a duração do tempo em que o hábito perdurou na existência física do fumante. Quando a vontade do interessado não está suficientemente desenvolvida para arredar de si o costume inconveniente, o tratamento dele, no Mundo Espiritual, ainda exige quotas diárias de sucedâneos dos cigarros comuns, com ingredientes análogos aos dos cigarros terrestres, cuja administração ao paciente diminui gradativamente, até que ele consiga viver sem qualquer dependência do fumo.

F.W.   Como descreveria a ação dos componentes do cigarro no perispírito de quem fuma?

Emmanuel   As sensações do fumante inveterado, no Mais Além, são naturalmente as da angustiosa sede de recursos tóxicos a que se habituou no Plano Físico, de tal modo obcecante que as melhores lições e surpresas da Vida Maior lhe passam quase que inteiramente despercebidas, até que se lhe normalizem as percepções. O assunto, no entanto, com relação à saúde corpórea, deveria ser estudado na Terra mais atentamente, já que a resistência orgânica decresce consideravelmente com o hábito de fumar, favorecendo a instalação de moléstias que poderiam ser claramente evitáveis. A necrópsia do corpo cadaverizado de um fumante em confronto com o de uma pessoa sem esse hábito estabelece clara diferença.

O fumante também alimenta o vício de entidades vampirizantes que a ele se apegam para usufruir das mesmas inalações inebriantes. E com isso, através de processos de simbiose a níveis vibratórios, o fumante pode coletar em seu prejuízo as impregnações fluídicas maléficas daqueles que deixam o enfermiço triste, grosseiro, infeliz, preso à vontade de entidades inferiores, sem o domínio e a consciência dos seus verdadeiros desejos. Dentro desse processo de impregnação fluídica mórbida, o vício do fumo reflete-se nas reencarnações posteriores, principalmente na predisposição às enfermidades típicas do aparelho respiratório.

DEIXAR DE FUMAR: UM TRABALHO DE REFORMA ÍNTIMA

O esclarecimento trazido pelo Espiritismo vem aduzir maior número de razões, e com maior profundidade, àqueles defendidos pela Medicina e Saúde Pública.

Dentro de um propósito transformista, que a vivência doutrinária nos evidencia, é indispensável abandonar o fumo, principalmente os que se dedicam aos trabalhos de assistência espiritual, que veiculam energias vitalizantes, transmitidas nos serviços de passes.

O zelo e o respeito ao organismo, que nos é legado na presente existência, devem nos levar a compreender que não temos o direito de comprometê-lo com a carga de toxinas que o fumo acrescenta, alertando-nos com relação a esse problema.

A necessidade de cada vez mais nos capacitarmos espiritualmente não pode dispensar a libertação de vícios, dentre eles o fumo. Encontramos inúmeras razões que justificam o deixar de fumar e não conseguimos enumerar uma apenas que, objetivamente, justifique o vício.

A VONTADE É A FERRAMENTA FUNDAMENTAL

Há vários métodos que ensinam como deixar de fumar, porém todos partem de um pressuposto: *A Vontade*.

A vontade pode ser fraca ou forte, e ela diz muito do propósito e da capacidade de decisão que imprimimos à nossa vida. A vontade, como vimos, pode ser fortalecida por afirmações repetidas por nós mesmos, como forças desencadeadoras de nossas potencialidades psíquicas, pensando e até dizendo: "eu quero deixar de fumar", "eu não tenho necessidade do fumo", "eu vou deixar de fumar".

Assim, vamos fortalecendo a vontade e, ao largarmos o cigarro, devemos fazê-lo de uma só vez, pois não é aconselhável deixar aos poucos. O acompanhamento médico, porém, é recomendado em qualquer caso.

Resistir de todos os modos aos impulsos que naturalmente vão surgir: dessa forma, no decorrer dos dias, a autoconfiança aumenta. Com isso desenvolvemos um treinamento de grande valor com relação ao domínio e ao controle da vontade, conduzindo-a em direção ao aperfeiçoamento interior, trabalho esse do qual sempre nos afastamos, levados por envolvimentos de toda sorte.

Nada se conquista sem trabalho. E, vencendo o fumo, capacitamo-nos a superar outros condicionamentos que nos prejudicam igualmente na caminhada evolutiva.

FAÇA SUA AVALIAÇÃO INDIVIDUAL

1. O fumo constitui um hábito para você?
   _____
   _____

2. Já refletiu sobre as doenças que o fumo provoca?
   _____

3. Sofreu alguma conseqüência doentia do fumo?
   _____
   _____

4. Analise as suas reações ao tentar dominar o impulso de fumar. O que sente?

   a) Inquietação
   b) Desespero
   c) Tremor
   d) Irritação

5. A que atribui a predominante reação verificada acima?

   a) Vontade fraca
   b) Organismo habituado
   c) Necessidade de prazer

6. Acha-se incapaz de dominar o desejo incontido de fumar? Já tentou fazê-lo?

   _____
   _____

7. Admite poder fortalecer a sua vontade pela auto-sugestão?

   _____
   _____

8. Tendo concluído que o fumo é nocivo ao corpo e ao espírito, sente alguma vontade de deixá-lo?

   _____
   _____

9. Aceita o desafio de não se deixar levar pelo vício de fumar? Prove quem é mais forte, você ou o fumo.

   _____
   _____

10. Já pensou que o fumo não passa de algumas folhinhas picadas e queimadas, transformadas em fumaça? E isso pode lhe dominar?

    _____
    _____

11 OS MALEFÍCIOS DO ÁLCOOL[5]

> *"O meio em que certos homens se encontram não é para eles o motivo principal de muitos vícios e crimes?*
>
> *— Sim, mas ainda nisso há uma prova escolhida pelo Espírito, no estado de liberdade; ele quis se expor à tentação, para ter o mérito da resistência."*
>
> (Allan Kardec. *O Livro dos Espíritos.* Livro Terceiro. Capítulo I — A. Lei Divina ou Natural. Pergunta 644.)

> *"A alteração das faculdades intelectuais pela embriaguez desculpa os atos repreensíveis?*
>
> *— Não, pois o ébrio voluntariamente se priva da razão para satisfazer paixões brutais: em lugar de uma falta, comete duas."*
>
> (Allan Kardec. *O Livro dos Espíritos.* Livro Terceiro. Capítulo X. Lei da Liberdade. Pergunta 848.)

O álcool (palavra de origem árabe: al = a, cohol = coisa sutil) não é alimento nem remédio. É tóxico. Chegando ao seio da substância nervosa, excita-a e diminui sua energia e resistência, e deprime os centros nervosos fazendo surgir lesões mais graves: paralisias, delírios *(delirium tremens).* Como tóxico, atinge de preferência o aparelho digestivo: o indivíduo perde o apetite, o estômago se inflama e a ulceração da sua mucosa logo se manifesta. A isto se juntam as afecções dos órgãos vizinhos, quase sempre incuráveis. Uma delas (terrível) é a *cirrose hepática,* que se alastra progressivamente no fígado, onde as células vão morrendo por inatividade, até atingir completamente esse órgão, de funções tão importantes e delicadas no aparelho digestivo.

---
[5] Revisão do artigo publicado pelo autor no jornal *O Trevo.* N⁰ 12, fevereiro / 1975.

O que se vê nos hospitais durante a autópsia do cadáver de um alcoólatra crônico é algo horripilante. O panorama interno do cadáver pode ser comparado ao de uma cidade completamente destruída por um bombardeio atômico.

Além das catástrofes provocadas no organismo físico, quantos males e acidentes desastrosos são ocasionados pela embriaguez! Os jornais, todos os dias, enchem as suas páginas com tristes casos de crimes e desatinos ocorridos com indivíduos e mesmo famílias inteiras, provocados por criaturas alcoolizadas.

A embriaguez é hábito que se observa difundido em todas as camadas sociais. Mudam-se os tipos de bebidas: das mais populares, ao alcance do trabalhor braçal, às mais sofisticadas, para os homens de "status". No entanto, o costume é o mesmo, os prejuízos, iguais. Em geral, a tendência para beber vem de uma perturbação da afetividade que pode ser originada na infância. Os problemas infantis gerados nos desequilíbrios familiares, pela falta de carinho dos pais ou por outros conflitos — são comumente as raízes desse estado íntimo propício ao alcoolismo.

O alcoolismo deve ser encarado, nos casos profundos, como uma doença orgânica, como o é, por exemplo, o diabetes. Deve ser evitado radicalmente, sob pena de se sofrer amargamente as suas conseqüências nos processos de recuperação em clínicas especializadas.

Há indivíduos que buscam na bebida um estado de liberação das suas tensões recônditas, ou então o esquecimento momentâneo de suas mágoas ou aflições, o que denota uma necessidade de refletir corajosamente sobre essas causas, buscando novos rumos para o seu próprio esclarecimento. A bebida só leva à autodestruição, e nada de construtivo oferece às suas vítimas.

As alterações das faculdades intelectuais causadas pela embriaguez, principalmente da autocensura, que priva a criatura da razão, tem levado homens probos a cometer desatinos, crimes passionais e tragédias.

Na embriaguez, o domínio sobre a nossa vontade é facilmente realizado pelas entidades tenebrosas, conduzindo-nos aos atos de brutalidade.

O viciado em álcool quase sempre tem a seu lado entidades inferiores que o induzem à bebida, nele exercendo grande domínio e dele usufruindo as mesmas sensações etílicas. Cria-se, desse modo, dupla dependência: uma por parte da bebida propriamente dita, com toda a carga psicológica que a motivou; outra por parte das entidades invisíveis que hipnoticamente exercem sua influência, conduzindo, por sugestão, o indivíduo à ingestão de álcool.

O processo que se recomenda para a libertação da bebida é ter em mente, sempre que o desejo se apresentar, a idéia dolorosa das conseqüências funestas do álcool. Nessas horas, devem ser reprimidos os impulsos com a lembrança de tudo aquilo de repugnante e desagradável que o álcool provoca. Em particular, os espíritas conhecem — e são fortalecidos com as idéias relativas às conseqüências espirituais, principalmente no sofrimento dos suicidas após o desencarne. O álcool reduz a resistência física, diminui o tempo de vida e, por isso, o seu praticante é considerado um suicida.

Nesses momentos de tentação à bebida, quando estamos imbuídos do desejo de libertação, o auxílio do Plano Espiritual vem a nosso favor, mas necessário se faz o apoio na nossa própria vontade para surtirem os efeitos esperados.

É freqüente a alegação, por parte dos viciados, de que a bebida para eles é necessária, e que a sua vontade nada pode conter. Quando alguém assim afirma, demonstra que não tem nenhuma vontade de deixar de beber, e nesses casos pouco se pode fazer. O importante, mesmo, é que primeiro seja despertada a vontade de largar o álcool e, a partir disso, seja assumido voluntariamente o propósito de não mais se deixar levar pela imaginação, pelas idéias induzidas às vezes obsessivamente, ou mesmo pelos convites de "amigos" que façam companhia nas bebericagens.

A sede, o sabor, a oportunidade social, as comemorações, a obrigatoriedade em aceitar um drinque oferecido por alguém visitado são as muitas desculpas que temos para ingerir as doses de álcool. Precisamos, porém, estar atentos para não cometer exageros, abusos, e não resvalar por esse hábito social, que pode terminar por nos condicionar a ele.

FAÇA SUA AVALIAÇÃO INDIVIDUAL

1. Acha que a eventual ingestão de bebidas alcoólicas pode levá-lo ao vício?
   _____
   _____

2. Sabe conter-se nas ocasiões sociais em que lhe são oferecidas bebidas alcoólicas?
   _____
   _____

3. Sente necessidade incontrolável de tomar bebidas alcoólicas nas refeições ou quando tem sede?

4. Sente-se mais extrovertido ou mais à vontade, em grupos de pessoas, quando toma alguma bebida alcoólica?

5. No caso de todos à sua volta estarem bebendo, sente-se igualmente obrigado a fazê-lo? Por quê?

6. Já se sentiu completamente embriagado?

7. Já experimentou as conseqüências digestivas ou neurológicas que a bebida provoca?

8. Sendo um inveterado na bebida, já sentiu vontade de libertar-se dela? Conseguiu algo?

9. Tem dificuldades em não se deixar levar pelo desejo de tomar um drinque?

10. As bebidas alcoólicas fazem algum bem à saúde?

12 OS MALEFÍCIOS DO JOGO[6]

"Por que Deus concedeu a uns a riqueza e o poder, e a outros a miséria?

---

[6] Revisão do artigo publicado pelo autor no jornal *O Trevo*. N? 15, maio/1975.

— *Para provar a cada um de uma maneira diferente. Aliás, vós o sabeis, essas provas são escolhidas pelos próprios Espíritos, que muitas vezes sucumbem ao realizá-las."*

(**Allan Kardec.** *O Livro dos Espíritos.* Livro Terceiro. Capítulo IX. Lei de Igualdade. Pergunta 814.)

"Qual dessas provas é a mais perigosa para o homem, a da desgraça ou a da riqueza?
— Tanto uma quanto a outra o são. A miséria provoca a murmuração contra a Providência; a riqueza leva a todos os excessos."

(**Allan Kardec.** *O Livro dos Espíritos.* Livro Terceiro. Capítulo IX. Lei de Igualdade. Pergunta 815.)

"Como explicar a sorte que favorece certas pessoas em circunstâncias que não dependem da vontade nem da inteligência, como no jogo, por exemplo?
— Certos Espíritos escolheram antecipadamente determinadas espécies de prazer, e a sorte que os favorece é uma tentação. Aquele que ganha como homem, perde como Espírito: é uma prova para o seu orgulho e a sua cupidez."

(**Allan Kardec.** *O Livro dos Espíritos.* Livro Terceiro. Capítulo X. Lei de Liberdade. Pergunta 865.)

O vício do jogo, pelas suas características e efeitos psíquicos sobre a personalidade do jogador, pode ser considerado como uma verdadeira neurose.

O estado emocional durante o jogo, praticado nas suas mais variadas formas, leva o condicionado ao descontrole mental, às tensões psíquicas, às cargas desequilibradoras.

Quando, de um lado, trabalhamos para serenar as nossas emoções, desenvolvendo o equilíbrio espiritual, no jogo destruímos, em poucas horas, o que podemos ter construído interiormente em alguns meses.

O tempo que se desperdiça numa diversão ociosa como o jogo, que consome horas irrecuperáveis, poderia muito bem ser aplicado em algo útil, proveitoso ao nosso espírito e ao próximo.

Sacrificam-se, muitas vezes, famílias inteiras nas apostas feitas, onde alguns valores e propriedades são levianamente perdidos, levando-as, não raro, à miséria total. Na ânsia de recuperar num lance o que já perdeu, o jogador num gesto de desespero, aumenta o valor das apostas, afundando-se cada vez mais pelo descontrole da sua vontade.

As emoções fortes que dominam os jogadores fazem-nos presas fáceis dos espíritos inferiores, que os conduzem aos maiores desastres. A aceitação sem resistência dos convites de parceiros não deixa sequer o viciado pensar, dominado como está pelo desejo doentio de ganhar, fruto da ambição desmedida.

Muitos podem justificar os encontros de grupos amigos que se reúnem sistematicamente para jogar como oportunidades sociais de diversões, ou até de "confraternização". No entanto, se consultarmos honestamente o que nos impulsiona a essas reuniões, certamente identificaremos a ânsia de preencher um vazio indecifrável, resultante do fato de não termos algo mais produtivo com que nos ocupar, e segue-se, assim, com o tempo, o condicionamento ocioso.

Para libertar-se do jogo, o mecanismo utilizado é o mesmo: fortificar a vontade com razões seguras, amplamente encontradas na necessidade de equilíbrio emocional e de libertação das influências negativas, no desperdício de tempo útil, nas desgraças de que poderá ser vítima e de tantas outras razões. E no momento em que o desejo se manifestar ou o convite ao jogo for feito, busquemos com toda força as idéias positivas em nossa mente, reagindo, assim, às tentações. À proporção que formos reagindo, mais forte vai-se tornando a nossa vontade, e mais facilmente iremos controlando nossos desejos.

A vontade de adquirir pelo jogo uma boa soma de dinheiro, que venha preencher algumas necessidades ou realizar ambições materiais, denota completa falta de fé nos desígnios Divinos, que conhecem todas as nossas necessidades. É também uma forma de rebeldia e inconformação com as limitadas condições financeiras da nossa existência. É exatamente pela humildade, que cultivamos através do ganho material reduzido, que vamos retificando os abusos do pretérito. Estamos, então, contrariando o programa por nós mesmos escolhido na Espiritualidade, dando asas às mesmas ambições que hoje ocultamente agem, refletindo as tendências enganosas em que já estivemos vivendo no ontem distante.

Observemos um pouco, indaguemos tranqüilamente se a pressa de enriquecimento que desejamos, ao comprar bilhetes de loteria ou fazer apostas na loteria esportiva, nos fará realmente dignos em usufruir o que não ganhamos pelo nosso próprio esforço, obtido do nosso trabalho. Analisemos as promessas e barganhas que articulamos na nossa imaginação, prometendo-nos dar tal ou qual parcela para essa ou aquela obra de caridade, e confrontemos com o que entendemos como caridade desinteressada, realizada com o coração, sem espera de qualquer recompensa. Indubitavelmente, um dinheiro assim ganho não nos fará felizes, nem nos ajudará a crescer espiritualmente.

Só, e unicamente, nos serve e nos poderá pertencer provisoriamente aquilo que adquirimos com o nosso trabalho, com o nosso esforço. Aqueles contemplados pela sorte certamente assumem encargos sérios pelos bens recebidos, na condição de empréstimos, que podem levá-los ao precipício na sua escalada evolutiva, por não estarem preparados para bem administrar aqueles valores, comprometendo-se a existências futuras de extrema pobreza.

O melhor é sermos obedientes, resignados, confiantes e trabalhadores, porque o nosso Pai, justo e bom, tudo sabe a nosso respeito e nos proporcionará, quando merecermos e estivermos em condições de saber distribuir, os bens materiais almejados.

Abolir os impulsos do jogo, sob qualquer forma que se apresente, é também exercício respaldado na fé e na valorização das oportunidades de trabalho, disciplinadoras das nossas ambições. É essa a atitude mais sensata do Aprendiz do Evangelho.

FAÇA SUA AVALIAÇÃO INDIVIDUAL

1. Sente-se irresistivelmente impulsionado ao jogo?

2. O que pretende, arriscando-se no jogo?

3. Espera obter enriquecimento rápido através do jogo?

4. Admite que a riqueza obtida pelo jogo poderá levá-lo a muitos excessos, cujas conseqüências são graves?

5. As somas que já perdeu no jogo não lhe têm feito falta?

6. Já pensou que as horas perdidas em jogatinas poderiam ser-lhe úteis no lar e no trabalho?

7. Analise o que sente quando reage aos impulsos de jogar:
   a) Inquietação
   b) Desespero
   c) Angústia indefinida
   d) Nervosismo

8. Já tentou libertar-se do jogo? O que conseguiu?

9. Acha que joga por que não sabe dizer "não" aos "amigos" que lhe convidam?

10. Admite a possibilidade de vencer os arrastamentos ao jogo? Quer mesmo superá-los?

13 OS MALEFÍCIOS DA GULA[7]

"A natureza não traçou o limite do necessário em nossa própria organização?
— Sim, mas o homem é insaciável.
A natureza traçou o limite de suas necessidades na sua organização, mas os vícios alteraram a sua constituição e criaram para ele necessidades artificiais."
(Allan Kardec. *O Livro dos Espíritos*. Livro Terceiro. Capítulo V. Lei de Conservação. Pergunta 716.)

---

[7] Revisão do artigo publicado pelo autor no jornal *O Trevo*. N? 13, março/1975.

"A alimentação animal, para o homem, é contrária à lei natural?

– Na vossa constituição física, a carne nutre a carne, pois do contrário o homem perece. A lei de conservação impõe ao homem o dever de conservar as suas energias e a sua saúde, para poder cumprir a lei do trabalho. Ele deve alimentar-se, portanto, segundo o exige a sua organização."

(**Allan Kardec**. *O Livro dos Espíritos*. Livro terceiro. Capítulo V. Lei de Conservação. Pergunta 723.)

O excesso na alimentação é vício igualmente nocivo ao nosso organismo. Imaginemos a sobrecarga de trabalho que os nossos órgãos são obrigados a desenvolver desnecessariamente, apenas para satisfazer o exagerado prazer da gustação. Todo excesso de trabalho leva ao desgaste prematuro, quer de uma máquina, quer dos órgãos físicos, ou do corpo somático na sua generalidade.

O desenvolvimento avantajado e antiestético dos órgãos responsáveis pela digestão caracteriza o glutão.

A gula também é uma manifestação de egoísmo. A porção alimentar que poderia sustentar mais uma ou duas pessoas é totalmente digerida por apenas uma, com visível prejuízo para a coletividade.

A quantidade necessária de proteínas, gorduras, sais minerais, etc., para manter o corpo físico, é mais ou menos a metade ou a terça parte daquilo que nós normalmente ingerimos. A nossa alimentação diária já é excessiva. Todos nós normalmente ingerimos mais do que o necessário; somos, em alguma proporção, glutões. As pessoas gordas vivem, de um modo geral, muito menos que as magras e, além disso, estão sujeitas a enfermidades com mais freqüência. Grandes quantidades de alimentos deglutidos não significa ter boa saúde.

Teoricamente, a energia alimentar contida numa amêndoa seria suficiente para nos nutrir o dia inteiro, caso soubéssemos e estivéssemos em condições próprias para absorvê-las por completo. Para aproveitar as energias e os valores alimentícios durante as refeições, é necessário que tenhamos a mente tranqüilizada e as emoções acalmadas, além de estarmos concentrados na absorção dos mesmos. Quando nas refeições ocorrem discussões e contrariedades, ingerimos mal, provocando perturbações estomacais e impregnamos os alimentos mastigados de vibrações negativas altamente perniciosas ao nosso espírito.

Embora consideremos as proteínas de origem animal importantes à nossa subsistência, a preferência pelos produtos naturais, como cereais, verduras, frutas, ovos, mel, leite e seus derivados, é no nosso entender mais condizente com a natureza da criatura que busca ascender espiritualmente. Porém, sejamos realistas e não nos fanatizemos seguindo a alimentação frugal como objetivo de ascensão espiritual, pois não é o que entra pela boca que nos faz melhores, mas o esforço que empreendemos em fazer com que através dela saiam apenas palavras confortadoras, dóceis, construtivas.

As gorduras que se acumulam no nosso organismo em forma de triglicérides e colesterol, prejudiciais ao nosso sistema circulatório, devem ser minoradas, até como recomendação médica geral.

O comer exagerado é um vício, quando não, um costume que criamos para satisfazer nosso próprio orgulho e o prazer de saborear incontidamente os deliciosos quitutes. É realmente atraente o prazer de comer bem. Quem faz os alimentos se esmera para ser elogiado, agrada-o bem servir socialmente. Quem aproveita os alimentos não se contém; o sabor não estabelece limites, mais e mais vai sendo engolido. O processo sugestivo é também um meio para se libertar, porém a orientação alimentar para as pessoas excessivamente gordas ou descontroladas nesse sentido deve ser dada por médico especialista, pois o controle alimentar por conta própria pode provocar um desbalanceamento, com graves conseqüências.

O processo sugestivo entra como meio de reação ao vício. Quando o desejo e os estímulos exagerados do apetite, diante de suculentos pratos e bonitas travessas, nos impulsionam a comer desmedidamente, podemos reagir pensando nos futuros prejuízos ao nosso corpo e nas conseqüências nocivas ao nosso espírito. Procuremos sempre reagir aos excessos alimentares, contendo os impulsos da gula, principalmente aos domingos, quando procuramos descansar o corpo físico das sobrecargas semanais. Há um preceito que ensina: "devemos terminar as refeições com fome".

Assim fazendo, naturalmente aprenderemos a comer menos, absorvendo melhor as energias alimentícias através de uma atitude tranqüila e de uma mentalização positiva nas qualidades substanciosas dos mesmos. Comendo pouco nos alimentamos muito: essa é a chave para adquirir o equilíbrio alimentar e vencer a gula.

FAÇA SUA AVALIAÇÃO INDIVIDUAL

1. Quando você se alimenta, sente necessidade incontida de comer muito?

2. Acha que, de alguma forma, se excede na alimentação?

3. Cria na imaginação as oportunidades de saborear deliciosos pratos?

4. Fica tenso, nervoso ou contrariado quando tem que comer menos para dividir com outros?

5. Acha que reage com ganância e preocupação de não satisfazer a fome nas refeições conjuntas?

6. Consegue conter naturalmente o desejo exagerado de comer?

7. Quando se alimenta, procura mentalizar a absorção tranquila dos valores nutritivos?

8. Evita discussões e contrariedades nas horas das refeições?

9. Acha que necessita fazer regime alimentar?

10. Às vezes o comer muito reflete um desequilíbrio emocional ou psicológico. Acha que seria esse o seu caso? Em caso afirmativo, procure já um médico.

14 OS MALEFÍCIOS DOS ABUSOS SEXUAIS[8]

> *"O aborto provocado é um crime, qualquer que seja a época da concepção?*
> *— Há sempre crime, no momento em que se transgride a lei de Deus. A mãe, ou qualquer outro, cometerá sempre um crime ao tirar a vida à criança antes do seu nascimento, porque isso é impedir a alma de passar pelas provas de que o corpo devia ser o instrumento."*
>
> (**Allan Kardec.** *O Livro dos Espíritos.* Capítulo VII. Retorno à Vida Corporal. Pergunta 358.)

Também pelos abusos sexuais comprometemos o nosso corpo físico e o nosso equilíbrio emocional, dispersando as energias vitais procriadoras e enfraquecendo a nossa mente com imagens eróticas e perniciosas. Como todo ato natural, a união sexual representa uma manifestação divina quando as condições espirituais e os reais objetivos são seguidos. Da união sexual decorre a continuidade da espécie, possibilitando aos espíritos em processo de encarnação a oportunidade para seu desenvolvimento.

No ato sexual, além das atividades propriamente geradoras, importante permuta de hormônios e princípios magnéticos ativos processam-se entre o homem e a mulher. Além do aspecto biológico, há também, na união sexual, a permuta de vibrações sutis e de elementos espirituais vitalizantes de que ambos se abastecem no equilíbrio necessário das uniões afetivas dignas.

Desse modo, não nos cabe deturpar uma manifestação divina dos nossos espíritos como através dos tempos vem sendo feito. Dirigimo-nos em particular aos jovens que, na fase de sua formação física e moral, possam estar desperdiçando as suas energias procriadoras, tão importantes no fortalecimento do sistema cerebral e de todos os seus órgãos do corpo. Devemos canalizar o seu dinamismo energético na prática sadia de atividades produtivas, nos estudos, nos esportes, nas artes, na música, além das oportunidades de ajuda ao próximo que oferece a Assistência Social e o trabalho junto às crianças faveladas nos serviços de Moral Cristã.

---

[8] Revisão do artigo publicado pelo autor no jornal *O Trevo*. N.º 14, abril/1975.

Nosso esforço em reformular os conceitos e as manifestações desavisadas do sexo é indispensável, improrrogável. Convém controlar os impulsos sexuais, moderá-los com justificativas cristãs, coerentes com a pureza em que se devem manter o corpo e o espírito. Mudar a nossa imaginação viciada no que se relaciona ao sexo e às suas manifestações. Orientar definitivamente os desejos de prazer procurados nas expressões animalizadoras, esforçando-se no trabalho de se espiritualizar em todos os sentidos, dentro de princípios renovadores.

A corrente tendenciosa, nos nossos dias, de dar livre expansão aos impulsos sexuais incorre numa completa distorção dos sentimentos de afeição e respeito. Sexo exige, antes de tudo, responsabilidade por parte de quem o pratica. E digam as consciências que propagam o "amor livre" até onde estão dispostas a assumir, em nome desse "amor", as conseqüências dos seus atos livres! União de corpos pressupõe união de almas, afeto, compromisso de um para com o outro num propósito sério.

As grandes provas de amor são dadas exatamente na medida da capacidade de renúncia e de sacrifício, em respeito e zelo pela criatura amada, e, como decorrência, em assumir a vida daqueles seres gerados por esse mesmo amor.

O sexo exerce enorme influência em nossa vida, o seu potencial de realização pode ser comparado a uma grande represa que armazena e controla vultuosa massa de água, canalizando-a e transportando-a por condutos, fazendo-a movimentar potentes turbinas, geradoras de energia elétrica, distribuída em incontáveis benefícios. Conter, disciplinar, canalizar todo o nosso potencial de energias sexuais que está sediado na alma, utilizando-o nas realizações proveitosas em que colocamos o nosso entusiasmo, o nosso dinamismo, o nosso coração, é obra divina, digna e edificante.

Os abusos e as distorções do sexo levam, à semelhança de um dique rompido, às inundações desastrosas, ao desequilíbrio emocional, ao envolvimento nas teias grosseiras da nossa animalidade, ao embotamento dos nossos valores criadores e ao viciamento da nossa imaginação.

"A união permanente de dois seres é um progresso na marcha da humanidade." (**Allan Kardec**. *O Livro dos Espíritos*. Pergunta 695.) "A abolição do casamento é o retorno à vida dos animais." (*Id., ibid.* Pergunta 696.)

Resumimos, com Emmanuel (**Emmanuel**. *Vida e Sexo*. Introdução.), todas as considerações úteis relativas ao sexo nas seguintes normas:

"Não proibição, mas educação. Não abstinência imposta, mas emprego digno, com o devido respeito aos outros e a si mesmo. Não indisciplina, mas controle. Não impulso livre, mas responsabilidade".

Aos Aprendizes do Evangelho é feito um convite à ponderação e ao posicionamento com relação a esse importante problema que a Humanidade enfrenta, e que, cada um, na tentativa de realizar a sublimação pessoal, tantas vezes já recomeçou nas oportunidades reencarnatórias, ou seja, o aprendizado na aplicação do sexo à luz do amor e da vida.

UM ROTEIRO PARA AUTO-ANÁLISE

No campo das afeições, ao analisarmos a gradação dos nossos impulsos de sentimentos em relação a outrem, parece ficar evidente a seqüência que vai da simples simpatia à união propriamente dita, num processo crescente de aproximação e envolvimento de almas.

Com o intuito de facilitar a nossa reflexão quanto aos aspectos das manifestações afetivas, indicamos, a nosso ver, a seqüência natural e crescente que estamos sujeitos a passar, nas ligações do coração.

Enumeramos nessa seqüência três fases naturais: 1ª aproximação; 2ª contato; 3ª ligação.

Aproximação: Esta fase se inicia na "simpatia", prossegue na "admiração", estabelece-se na "amizade". Até esse ponto o nível de aproximação é o mais comum entre as criaturas, e não ultrapassou os limites de um relacionamento social. Das "amizades" podem surgir as expressões ou impulsos de "carinho", que são os primeiros sintomas de afeição mais profunda. A partir dessa etapa podemos ou não atingir a segunda fase.

Contato: Esta fase tem seu começo na "atração" entre pessoas, quando já penetramos no terreno emocional. Da "atração" surge o "desejo" e logo após o contato na forma de "carícias". O nível de aprofundamento a que se pode chegar nesse estágio leva, conseqüentemente, à ligação.

Ligação: Nesta etapa, o contato atinge certos níveis de "sensações" mútuas, chegando irresistivelmente ao seu clímax no relacionamento sexual. Ao chegar nesse ponto, subentende-se uma aceitação de parte a parte, que pressupõe ter sido completada a terceira fase, e que, para existir, implica na "responsabilidade" de ambos em assumir, um para o outro, uma vida em comum, numa "união" de propósitos. Laços mais estreitos foram tecidos e agora, num relacionamento conjugal, espera-se concretizar todo um conjunto de ideais.

Em resumo:

1ª fase — **Aproximação**
- simpatia
- admiração
- amizade
- carinho

2ª fase — **Contato**
- atração
- desejo
- carícia

3ª fase — **Ligação**
- sensação
- relação sexual
- responsabilidade
- união

Onde encontramos os desequilíbrios?

Quando não nos é permitido transgredir de uma fase a outra. Senão, vejamos: ao nos aproximarmos de alguém e ao sentirmos "carinho", além de "simpatia", "admiração" e "amizade", estamos começando a entrar na fase de "contato". Portanto, caso não possamos ultrapassar uma simples "amizade", a atitude coerente é não passar dos sentimentos de "carinho".

Quando há um encaminhamento para o "contato" pela "atração" e "desejo", torna-se mais difícil impedir o aprofundamento, que poderá marchar para uma "ligação". É o que ninguém quer fazer, ou seja, parar na hora certa, impedir que os envolvimentos progridam. Quando não reagimos adequadamente e estabelecemos as "ligações" ilícitas, cometemos adultério, colhemos os dissabores, perturbamos os compromissos assumidos anteriormente, destruímos laços afetivos, comprometemos nossa consciência que fugiu às responsabilidades.

Nas transgressões, ao passarmos de uma das etapas à seguinte, encontramos os desequilíbrios afetivos e os enganos do coração, que devemos evitar.

Vamos assim realizando a nossa auto-análise e nos posicionando prudentemente dentro desse esquema apresentado. Levemos em conta que as ligações afetivas ilícitas constituem o terreno das provas mais difíceis de serem superadas, e que por elas nos comprometemos a pesados encargos nesta e em vidas futuras.

Analisemos o que nos diz Mateus e o que esclarece Allan Kardec, relativamente ao adultério. Embora a nossa maioria social esteja embriagada nas manifestações desenfreadas do sexo, não acreditamos que essas verdades a seguir colocadas tenham sido superadas nos atuais dias controvertidos.

> *"Ouvistes o que foi dito aos Antigos: Não cometereis adultério. Porém, eu vos digo que todo aquele que olhar para uma mulher com mau desejo para com ela, já em seu coração adulterou com ela."*
>
> **(Mateus, 5 : 27—28.)**

> *"É necessário fazer uma distinção importante. À medida que a alma que está no caminho errado adianta-se na vida espiritual, instrui-se e, pouco a pouco, despe-se das imperfeições conforme sua vontade seja mais ou menos forte, em virtude do livre-arbítrio. Todo pensamento menos puro é resultante da pouca evolução da alma, mas, de acordo com o desejo que alimenta de aprimorar-se, mesmo esse pensamento menos puro se lhe propicia uma oportunidade de adiantar-se, porque ela o repele com energia. É indício do esforço despendido para apagar uma mancha e não ceder, se surgir uma nova oportunidade de satisfazer a um desejo menos digno, e, após ter resistido, sentir-se-á mais robustecido e alegre pela vitória conquistada. Ao contrário, a alma que não teve boas resoluções procura uma ocasião de praticar o erro e, se não o efetiva, não é por virtude de sua vontade, mas por falta de oportunidade. É, pois, tão culpada quanto o seria se o tivesse cometido.*
> *Em resumo, o progresso está realizado na pessoa que nem ao menos concebe um pensamento*

> *menos puro, o progresso está em vias de realização na que tem um pensamento dessa natureza e o repele, e, naquela que ao surgir tal pensamento nele se compraz, o mal está em todo seu vigor. Numa o trabalho está feito, na outra, por fazer. E Deus, que é justo, leva em consideração todos esses fatores na responsabilidade dos atos e pensamentos dos homens."*
>
> (**Allan Kardec**. O Evangelho Segundo o Espiritismo. Capítulo VIII. Bem-aventurados os Puros de Coração. Pecado por Pensamentos. Adultério.)

ALGUMAS AUTO-AFIRMAÇÕES PARA DOMINAR DESEJOS SEXUAIS

Para superar as eventuais fraquezas e a pouca firmeza nos propósitos de dominar os impulsos eróticos e os pensamentos de prazer sexual, sugerimos repetir com freqüência as afirmações que seguem, procurando sentir o mais profundamente possível o seu conteúdo:

"QUERO TRANQÜILAMENTE SUPERAR OS ENVOLVIMENTOS ERÓTICOS E COMPREENDER AS ATRAÇÕES SEXUAIS COMO IMPULSOS DINÂMICOS DA ALMA E EXPRESSÕES DE AMOR EM VIAS DE SUBLIMAÇÃO".

"BUSCO ADQUIRIR EQUILÍBRIO, BEM-ESTAR, SAÚDE E APLICAR AS ENERGIAS SEXUAIS DA ALMA EM TRABALHO PRODUTIVO".

"DESPERDIÇAR ENERGIAS PROCRIADORAS É AUMENTAR TENSÕES, COMPROMETER O EQUILÍBRIO PSÍQUICO E DESGASTAR OS RECURSOS ORGÂNICOS".

"TENHO VONTADE E ENERGIA SUFICIENTES PARA REPELIR OS DESEJOS SEXUAIS QUE AINDA POSSAM ME ATORMENTAR".

"EVITAREI, CALMA E FIRMEMENTE, PENSAMENTOS OU IMAGENS QUE DESPERTEM SENSAÇÕES E DESEJOS SEXUAIS".

FAÇA SUA AVALIAÇÃO INDIVIDUAL

ABUSOS SEXUAIS

1. No seu entender, a função sexual no ser humano existe com que finalidade?

2. Acha que o impulso sexual é resultante de uma necessidade humana que não se deve controlar? Segue, portanto, os impulsos ou os procura conter?

3. Percebe que os impulsos ou desejos de praticar o sexo surgem da imaginação? Você é conduzido por ela?

4. O envolvimento dos desejos sexuais segue um processo de indução crescente, iniciando-se na mente e dela partindo à procura dos meios para satisfazê-los. Quando quer, como consegue evitá-los?

5. A satisfação dos impulsos sexuais, como realização de uma função reprodutora do homem, é concluída com a sensação do prazer; a Criação Divina assim deliberou. O abuso da função, pela busca do prazer exclusivamente, não constitui transgressão às leis de reprodução? É a sensação de prazer que lhe provoca o desejo?

6. Acha que, contendo de início os pensamentos eróticos, evitará chegar a estados íntimos de inquietação sexual? Consegue afastá-los?

7. Na sua opinião, o sexo é um impulso da alma ou do corpo?
   _____
   _____

8. Educar, portanto, a imaginação, conduzindo-a para o equilíbrio e empregando-a para o nosso progresso espiritual, no que se refere ao sexo, pode ser aceito como esforço digno a desenvolver? Está disposto a fazê-lo? Como?
   _____
   _____
   _____

9. Acha que o nosso potencial de energias dinâmicas da alma, onde o manancial procriador reside, pode ser canalizado para realizações proveitosas? Sugira algumas no seu caso:
   _____
   _____
   _____

10. Sexo é Amor? Amor é Sexo? Qual a diferença?
    _____
    _____
    _____
    _____

15 OS DEFEITOS

> *"Como definir o limite em que as paixões deixam de ser boas ou más?*
> *— As paixões são como um cavalo, que é útil quando governado e perigoso quando governa. Reconhecei, pois, que uma paixão se torna perniciosa no momento em que a deixais de governar, e quando resulta num prejuízo qualquer para vós ou para outro."*

(**Allan Kardec.** *O Livro dos Espíritos.* Pergunta 908.)

Procuremos focalizar neste capítulo os principais defeitos que têm sido para o homem os grandes impedimentos ao seu progresso moral.

A nossa preocupação obviamente é esclarecer e colaborar de alguma forma, com o diagnóstico que, pessoalmente, cada um pode fazer dos defeitos que se acham mais acentuadamente incrustados no próprio íntimo. Muitos deles, às vezes, constituem verdadeiro obstáculo para nosso avanço evolutivo.

Sabemos que, conhecendo as características peculiares de cada um desses defeitos, será mais fácil identificá-los e combatê-los. Devido aos envolvimentos que obstruem a nossa consciência, temos, às vezes, reais dificuldades em decifrar as artimanhas e tramas inconscientes, muitas delas até sugeridas hipnoticamente pelos irmãos invisíveis, que se apóiam nas nossas fraquezas. E então, titubeamos, nos deixamos levar e nos desequilibramos.

Conhecendo nitidamente como se manifestam em nós o orgulho e a vaidade, a inveja e a avareza, o ódio e a vingança, o personalismo, a agressividade e a maledicência, a intolerância e a impaciência, podemos registrar mais rapidamente as ações de cada um deles e iniciar de imediato a luta interior para controlá-los, podando as suas interferências, bloqueando a sua propagação e diminuindo as suas conseqüências desastrosas.

É condição de sucesso, numa batalha, conhecer o melhor possível os nossos inimigos, suas tendências e modos de agir, para não sermos tomados de surpresa e não sucumbirmos aos seus ataques.

"O preço da liberdade é a eterna vigilância", antigo ditado militar, aplica-se inteiramente à batalha que realizamos nos campos da luta íntima. Para estarmos libertos das investidas dos nossos próprios defeitos é imperioso que nos vigiemos sempre, conhecendo os perigos a que estamos sujeitos nas oportunidades em que cedemos terreno, abrindo brechas à sua livre ação.

Vamos conhecer melhor esses nossos defeitos, retratando bem as suas particularidades, localizando em nós as ocasiões em que estamos vulneráveis a eles e, assim, nos afastando dos momentos propícios às suas manifestações, para não sermos mais envolvidos pelos seus tentáculos, nem cairmos nas suas perigosas teias.

Evidentemente, para vencermos nossas más tendências e nossos defeitos, necessitamos daquela ferramenta muito importante: "a vontade". Já refletimos um pouco sobre a vontade e vimos que ela é a tradução do nosso "querer" diante de algum propósito. Quando queremos ou desejamos algo, movimentamos interiormente o impulso da vontade, que se caracteriza numa disposição de conseguir, de obter. Segue-se, então, o esforço que desenvolvemos nesse trabalho de conquistar o que idealizamos.

Verificamos, no entanto, que o nosso "querer", principalmente no terreno dos ideais transformadores, quase sempre não passa de impulsos fugazes, passageiros, fracos e indecisos. Diante dos primeiros impedimentos, que são importantes testes para pormos em prova a nossa vontade, abandonamos a luta, largamos aquela ferramenta e caímos nos mesmos erros. Mas a queda está no início do aprendizado de qualquer um. Comparando-se a base de apoio dos seres humanos, bípedes, com a dos animais, quadrúpedes, vemos que, ao nos tornarmos eretos, humanos e racionais, a insegurança, até mesmo do equilíbrio físico, é uma condição própria do homem. O homem cai quando começa a andar, quando ensaia os primeiros passos ao erguer-se sobre si mesmo, evoluindo da fase do engatinhar, imitação do quadrúpede, com pouca mobilidade e relativo domínio de si mesmo.

O nosso processo de transformação progressiva é igualmente semelhante. Quando nos dispomos a ser melhores e a crescer espiritualmente, precisamos contar com as quedas, pois elas são parte da nossa experiência. São elas que nos fortalecem a vontade, ensinando-nos a ter "persistência". São as quedas responsáveis pela continuidade da luta por realizar algo. Somos aquilo que realizamos e não o que apenas prometemos realizar. E é imprescindível, para nossa firmeza e segurança, aprender a cair, saber os riscos e perigos que corremos, conhecer as ameaças ao nosso equilíbrio, conviver conscientemente com aquilo que pode nos derrubar, pois, desse modo, tornamo-nos capazes de nos afastar de áreas movediças.

Somos, ainda, biologicamente frágeis e espiritualmente imperfeitos. Somos todos aspirantes ao equilíbrio, e o conhecimento é o meio de atingirmos nosso objetivo. Pedro de Camargo (Vinícios), em seu livro *O Mestre na Educação*, nos mostra, no capítulo 20 — "Querer é Poder?" — que: "Há muita gente que procura com afinco realizar seu 'querer', por este ou aquele meio, desprezando precisamente o processo seguro de êxito: o saber. Daí os fracassos, o desânimo, a descrença e o pessimismo de muitos".

E no final conclui:

"Saber é poder, repetimos. Aquele que sabe, pode. Aquele que quer, e ignora a maneira de realizar seu 'querer', não pode coisa alguma".

O que objetivamos é precisamente indicar a maneira de como realizar o combate aos nossos defeitos, superando-os consciente e tranqüilamente, com conhecimento de causa.

Vamos, nos próximos capítulos, analisar as características de cada um daqueles defeitos mais evidentes, na tentativa de melhor identificá-los nas ocasiões em que se manifestam em nós, em matizes e intensidades variados, aplicando sempre os meios que já vimos até aqui, para progressivamente transformá-los dentro de nós mesmos.

FAÇA SUA AVALIAÇÃO INDIVIDUAL

1. Já refletiu sobre os defeitos que se acham mais acentuadamente incrustados no seu íntimo?
   _____
   _____

2. Já identificou particularmente algum, dentre outros defeitos, que constitua verdadeiro empecilho? Qual é?
   _____
   _____

3. Acha que muitos dos seus defeitos não foram ainda conscientemente identificados?
   _____
   _____

4. Quando algum defeito seu é manifestado, como consegue identificá-lo?
   a) conscientemente
   b) pelos males causados a si próprio
   c) pelos males causados a alguém
   d) por outro meio, além desses

5. Diante de uma atitude ou reação errada cometida por você mesmo, como se sente?
   a) triste
   b) com autopunição
   c) indiferente
   d) procura redimir-se

6. Já pensou se quer mesmo combater e superar os seus defeitos? Em caso afirmativo, descreva os seus motivos.
   _____
   _____
   _____

7. Entende que as "quedas" são oportunidades valiosas de progresso interior? Pode lembrar de algumas experiências próprias que lhe confirmem esse entendimento? Descreva-as, pois isso lhe será útil.
   _____
   _____
   _____

8. Como considera o esforço próprio que tem desenvolvido para vencer as suas más tendências?
   a) nulo
   b) fraco
   c) razoável
   d) persistente

9. Entende que a paixão propriamente dita é perniciosa no excesso e nas conseqüências maléficas que provoca, e não na sua causa e no seu princípio humano? Reflita melhor sobre isso, você é um espírito condicionado a um corpo humano.
   _____
   _____
   _____

10. Das suas respostas dadas às perguntas acima, que conclusão pode tirar relativamente a você mesmo, a seus propósitos de transformação moral, a seu esforço por consegui-los e a suas conquistas nesse campo?
    _____
    _____
    _____

LEIA PARA ALICERÇAR SEUS PROPÓSITOS

Allan Kardec. *O Livro dos Espíritos.* Capítulo XII. Perfeição Moral. Perguntas de 907 a 912. Das Paixões.

Pedro de Camargo (Vinícios). *O Mestre na Educação* – FEB. Capítulos 6, 7, 20, 22.

PRATIQUE PARA SE AUTO–EDUCAR

Emmanuel. *Calma.* Capítulo 46. Relacionamento.
André Luiz. *Conduta Espírita.* Capítulo 9. Na Sociedade.

16 ORGULHO E VAIDADE[9]

Procuremos, agora, ilustrar, entre os defeitos que mais comumente manifestam-se em nós, o orgulho e a vaidade. Busquemos tranqüilamente conhecê-los, tão profundamente quanto possível, sem mascarar os seus impulsos dentro de nós mesmos. Entendamos que a tolerância começa de nós para nós mesmos. Assim, o nosso trabalho de prospecção interior é suave, e não podemos nos maldizer ou nos martirizar pelos defeitos que ainda temos. Vamos, então, trazer aos níveis de nossa consciência aquelas manifestações impulsivas que nos dominam de certo modo, e que, progressivamente, desejamos controlar.

Vejamos, então, como identificar em nós o orgulho e a vaidade.

ORGULHO

"Aquele que não encontra a felicidade senão na satisfação do orgulho e dos apetites grosseiros é infeliz quando não os pode satisfazer, enquanto que aquele que não se interessa pelo supérfluo se sente feliz com aquilo que, para os outros, constituiria infortúnio."

(**Allan Kardec.** *O Livro dos Espíritos.* Livro Quarto. Capítulo I. Penas e Gozos Terrenos. Parte dos comentários à resposta da pergunta 933.)

"O orgulho vos induz a julgardes mais do que sois, a não aceitar uma comparação que vos possa rebaixar, e a vos considerardes, ao contrário, tão acima dos vossos irmãos, quer em espírito, quer em posição social, quer mesmo em vantagens pessoais, que o menor paralelo vos irrita e aborrece. E o que acontece, então? Entregai-vos à cólera."

(**Allan Kardec.** *O Evangelho Segundo o Espiritismo.* Capítulo IX. Bem-aventurados os Brandos e Pacíficos. A Cólera.)

---

[9] Revisão do artigo publicado pelo autor no jornal *O Trevo*. Nº 16, junho/1975.

As principais reações e características do tipo predominantemente orgulhoso são:

a) Amor-próprio muito acentuado: contraria-se por pequenos motivos;

b) Reage explosivamente a quaisquer observações ou críticas de outrem em relação ao seu comportamento;

c) Necessita ser o centro de atenções e fazer prevalecer sempre as suas próprias idéias;

d) Não aceita a possibilidade de seus erros, mantendo-se num estado de consciência fechado ao diálogo construtivo;

e) Menospreza as idéias do próximo;

f) Ao ser elogiado por quaisquer motivos, enche-se de uma satisfação presunçosa, como que se reafirmando na sua importância pessoal;

g) Preocupa-se muito com a sua aparência exterior, seus gestos são estudados, dá demasiada importância à sua posição social e ao prestígio pessoal;

h) Acha que todos os seus circundantes (familiares e amigos) devem girar em torno de si;

i) Não admite se humilhar diante de ninguém, achando essa atitude um traço de fraqueza e falta de personalidade;

j) Usa da ironia e do deboche para com o próximo nas ocasiões de contendas.

Compreendemos que o orgulhoso vive numa atmosfera ilusória, de destaque social ou intelectual, criando, assim, barreiras muito densas para penetrar na realidade do seu próprio interior. Na maioria dos casos o orgulho é um mecanismo de defesa para encobrir algum aspecto não aceito de ordem familiar, limitações da sua formação escolar-educacional, ou mesmo o resultado do seu próprio posicionamento diante da sociedade, da imagem que escolheu para si mesmo, do papel que deseja desempenhar na vida de "status".

É preferível nos olharmos de frente, corajosamente, e lutar por nossa melhora, não naquilo que a sociedade estabeleceu, dentro dos limites transitórios dos bens materiais, mas nas aquisições interiores: os tesouros eternos que "a traça não come nem a ferrugem corrói!".

VAIDADE

> *"O homem, pois, em grande número de casos, é o causador de seus próprios infortúnios; mas, em vez de reconhecê-lo, acha mais simples, menos humilhante para a sua vaidade, acusar a sorte, a Providência, a má fortuna, a má estrela, ao passo que a má estrela é apenas a sua incúria."*
>
> **(Allan Kardec.** *O Evangelho Segundo o Espiritismo.* Capítulo V. Bem-aventurados os Aflitos. Causas Atuais das Aflições.)

A vaidade é decorrente do orgulho, e dele anda próxima. Destacamos adiante as suas facetas mais comuns:

a) Apresentação pessoal exuberante (no vestir, nos adornos usados, nos gestos afetados, no falar demasiado);

b) Evidência de qualidades intelectuais, não poupando referências à própria pessoa, ou a algo que realiza;

c) Esforço em realçar dotes físicos, culturais ou sociais com notória antipatia provocada aos demais;

d) Intolerância para com aqueles cuja condição social ou intelectual é mais humilde, não evitando a eles referências desairosas;

e) Aspiração a cargos ou posições de destaque que acentuem as referências respeitosas ou elogiosas à sua pessoa;

f) Não reconhecimento de sua própria culpabilidade nas situações de descontentamento diante de infortúnios por que passa;

g) Obstrução mental na capacidade de se auto-analisar, não aceitando suas possíveis falhas ou erros, culpando vagamente a sorte, a infelicidade imerecida, o azar.

A vaidade, sorrateiramente, está quase sempre presente dentro de nós. Dela os espíritos inferiores se servem para abrir caminhos às perturbações entre os próprios amigos e familiares. É muito sutil a manifestação da vaidade no nosso íntimo e não é pequeno o esforço que devemos desenvolver na vigilância, para não sermos vítimas daquelas influências que encontram apoio nesse nosso defeito. De alguma forma e de variada intensidade, contamos todos com uma parcela de vaidade, que pode estar se manifestando nas nossas motivações de algo a realizar, o que é certamente válido, até certo ponto. O perigo, no entanto, reside nos excessos e no desconhecimento das fronteiras entre os impulsos de idealismo, por amor a uma causa nobre, e os ímpetos de destaque pessoal, característicos da vaidade.

A vaidade, nas suas formas de apresentação, quer pela postura física, gestos estudados, retórica no falar, atitudes intempestivas, reações arrogantes, reflete, quase sempre, uma deformação de colocação do indivíduo, face aos valores pessoais que a sociedade estabeleceu. Isto é, a aparência, os gestos, o palavreado, quanto mais artificiais e exuberantes, mais chamam a atenção, e isso agrada o intérprete, satisfaz a sua necessidade pessoal de ser observado, comentado, "badalado". No íntimo, o protagonista reflete, naquela aparência toda, grande insegurança e acentuada carência de afeto que nele residem, oriundas de muitos fatores desencadeados na infância e na adolescência. Fixações de imagens que, quando criança, identificou em algumas pessoas aparentemente felizes, bem sucedidas, comentadas, admiradas, cujos gestos e maneiras de apresentação foram tomados como modelo a seguir.

O vaidoso o é, muitas vezes, sem perceber, e vive desempenhando um personagem que escolheu. No seu íntimo é sempre bem diferente daquele que aparenta, e, de alguma forma, essa dualidade lhe causa conflitos, pois sofre com tudo isso, sente necessidade de encontrar-se a si mesmo, embora às vezes sem saber como.

O mais prejudicial nisso tudo é que as fixações mentais nos personagens selecionados podem estabelecer e conduzir a enormes bloqueios do sentimento, levando as criaturas a assumirem um caráter endurecido, insensível, de atitudes frias e grosseiras. O Aprendiz do Evangelho terá aí um extraordinário campo de reflexão, de análise tranqüila, para aprofundar-se até as raízes que geraram aquelas deformações, ao mesmo tempo que precisa identificar suas características autênticas, o seu verdadeiro modo de ser, para então despir a roupagem teatral que utilizava e colocar-se amadurecidamente, assumindo todo o seu íntimo, com disposição de melhorar sempre.

17 A INVEJA, O CIÚME, A AVAREZA[10]

INVEJA

> "— Invejais os prazeres dos que vos parecem os felizes do mundo. Mas sabeis, por acaso, o que lhes está reservado? Se não gozam senão para si mesmos, são egoístas e terão de sofrer o reverso. Lamentai-os, antes de invejá-los! Deus às vezes permite que o mau prospere, mas essa felicidade não é para se invejar, porque a pagará com lágrimas amargas. Se o justo é infeliz é porque passa por uma prova que lhe será levada em conta, desde que a saiba suportar com coragem. Lembrai-vos das palavras de Jesus: 'Bem-aventurados os que sofrem, porque serão consolados'."
>
> (Allan Kardec. *O Livro dos Espíritos*. Livro Quarto. Capítulo I. Penas e Gozos Terrenos. Parte da resposta à pergunta 926.)

Com um pouco de observação de nós mesmos, facilmente reconheceremos as manifestações de inveja que, até mesmo de forma sutil, podem limitar o necessário esforço que devemos desenvolver para elevar o padrão dos nossos sentimentos. A inveja reflete a fragilidade em que o nosso espírito ainda vive, deixando-se consumir em desejos inconsistentes, até mesmo ilusórios, principalmente de ordem material, em lugar de lutar pelas conquistas dos valores eternos que enobrecem o espírito.

É ela resultante da nossa limitada compreensão da lei de causa e efeito, aplicada a nós mesmos, segundo a qual as atuais condições da nossa existência, escolhidas e programadas na Espiritualidade, são as que melhores resultados nos podem proporcionar no resgate dos desacertos do passado. Então, às vezes, momentaneamente enfraquecidos, esquecidos da luta que selecionamos ao programarmos essa existência, caímos nas teias dos desejos mais recônditos, refletindo as reminiscências de vidas que tivemos em existências anteriores.

---

[10] Revisão do artigo publicado pelo autor no jornal *O Trevo*. Nº 18, agosto/1975.

Interessante é que, ao constatarmos nos outros algo que desejaríamos possuir, manifestamos uma vibração de ódio gratuito para com eles, como se fossem os culpados da nossa condição precária, da remuneração baixa no trabalho material, ou de qualquer outro aspecto limitante dentro das dificuldades em que vivemos.

Vivemos no permanente erro de sempre culpar alguém pelos males que sofremos, como fuga a um olhar corajoso para dentro de nós mesmos, onde encontraríamos as causas, remotas ou próximas, dos tormentos de hoje.

Vejamos as características mais comuns da inveja:

a) Desejo manifestado dentro de nós de possuir algo que vemos em alguém ou na propriedade de alguém;

b) Crítica a alguém que pouco faz e muito possui, comparando sua posição com os sacrifícios que a vida nos apresenta;

c) Estados de depressão, causando tristeza, sofrimento, inconformação e revolta com a própria sorte;

d) Sentimento penetrante e corrosivo que emitimos quando assim olhamos para outrem, nos deixando entregues a ódios infundados, por deterem o que ambicionamos;

e) Sentimento destruidor da resignação, da tolerância, da conformação e da fé, que devemos alimentar em nossos corações nas ocasiões de penúria material;

f) Resultado do apego, ainda presente em nós, aos valores transitórios da existência, tais como: posição social, objetos de uso pessoal, bens materiais, recursos financeiros.

O próprio conhecimento popular já definiu o conceito de "mau olhado", que, ao ser dirigido por determinadas criaturas, a tantos causa prejuízos em seus bens materiais, quando não o mal-estar e a indisposição. É a vibração que o invejoso emite de tão forte envolvimento negativo, que, ao atingir alguém desprotegido e desprevenido, realmente pode provocar vários males.

Muito cuidado, portanto, com os sentimentos de inveja que venhamos a emitir para quem quer que seja, lembrando sempre que colheremos, para nós mesmos, todo o mal que aos outros provocarmos.

CIÚME

> *"— Inveja e ciúme! Felizes os que não conhecem esses dois vermes vorazes. Com a inveja e o ciúme não há calma, não há repouso possível. Para aquele que sofre desses males, os objetos da sua cobiça, do seu ódio e do seu despeito se erguem diante dele como fantasmas que não o deixam em paz e o perseguem até no sono. O invejoso e o ciumento vivem num estado de febre contínua. É essa uma situação desejável? Não compreendeis que, com essas paixões, o homem cria para si mesmo suplícios voluntários, e que a terra se transforma para ele num verdadeiro inferno?"*
>
> (**Allan Kardec**. *O Livro dos Espíritos*. Livro Quarto. Capítulo I. Penas e Gozos Terrenos. Parte da resposta à pergunta 933.)

O nosso apego aos objetos e às pessoas tem, no ciúme, uma das suas formas de manifestação. O zelo demasiado, o cuidado excessivo, a valorização descabida aos nossos pertences chegam às raias da preocupação, do desequilíbrio, do desassossego, nas reações do indisfarçável ciúme. É mesmo um estado febril de intranqüilidade, que pode nos tirar o sono muitas vezes.

O ciúme anda próximo da inveja. Ambos são expressões da cobiça, e se manifestam no nosso desejo de posse ou na nossa condição possessiva, ambiciosa, egoísta.

Quando o ciúme se refere às pessoas do nosso relacionamento, é indício da paixão, do amor ainda condicionante, dominante, restritivo, exclusivista. Ninguém em verdade pertence a outrem. Alguns pares, no entanto, podem desenvolver laços afetivos que os liguem a compromissos ou a tarefas comuns, como entre cônjuges, por exemplo, assumindo responsabilidades a dois, num desejável clima de compreensão, tolerância e respeito mútuo.

Os suplícios ou tormentos muitas vezes são criados voluntariamente, quando começamos a exigir, a cobrar do outro, o que achamos ser de sua obrigação: o ciúme impõe condições. É assim que quase sempre se origina a inconformação, o desespero, o desentendimento entre casais. Respeito e liberdade, de ambas as partes, na confiança que edifica e fortalece, aprofunda a amizade para muito além dos limites de uma paixão, tudo isso pela admiração construtiva, mútua, que estimula o bem proceder e amplia o reconhecimento dos valores individuais dos dois. Quantos ciúmes doentios não geram desconfianças e desarmonias desnecessárias?

Por que vamos, então, transformar nossa vida num verdadeiro inferno? Procuremos serenamente indagar o porquê dos nossos ciúmes. Com que sentido nos deixamos envolver por eles? Será por carência, ou por insegurança? Por apego ou desespero? Localizemos as causas do aparecimento desse fantasma que é o ciúme. Fantasma criado pela nossa imaginação, que pode estar mal informada ou até deformada, e que precisa ser realimentada com a confiança, a fé, o otimismo, a esperança, a alegria, a dedicação e o desprendimento, para sermos felizes em profundidade, gerando felicidade e bem-estar em volta de nós.

AVAREZA

"Aquele que acumula sem cessar, e sem beneficiar ninguém, terá uma desculpa válida ao dizer que ajunta para deixar aos herdeiros?
— É um compromisso com a consciência má."

(Allan Kardec. *O Livro dos Espíritos.* Livro Terceiro. Capítulo XII. Perfeição Moral. Pergunta 900.)

"Rico, dá do que te sobra; faze mais; dá um pouco do que te é necessário, porquanto o de que necessitas ainda é supérfluo, mas dá com sabedoria."

(Allan Kardec. *O Evangelho Segundo o Espiritismo.* Capítulo XVI. Não se Pode Servir a Deus e a Mamom. Emprego da Riqueza — Cheverus.)

A avareza diz respeito igualmente ao apego específico ao dinheiro e aos objetos materiais que possuímos. O homem avaro é o egoísta que nega o auxílio pecuniário a quem lhe bate à porta, desprezando as oportunidades de servir, e até mesmo de ouvir quem lhe venha pedir socorro.

O avaro centraliza sua preocupação na aquisição do dinheiro ou nas diversas formas de enriquecimento. Para ele, o objetivo principal da existência é o dinheiro e o que ele lhe proporciona para usufruto.

A atmosfera vibratória do avaro é certamente obscura, densa. Ele tem grande dificuldade em sentir a inspiração que vem de mais alto, em captar sugestões mais nobres com relação ao seu proceder.

É exatamente a eles que a ironia do destino causa os maiores impactos quando a desventura os atinge. A queda é grande e o sofrimento, profundo, pois retira o que lhes é mais valioso: o dinheiro. Guardamos, em diferentes gradações, as manifestações de avareza, que também se refletem nas nossas preocupações diárias, com maior ou menor intensidade. A importância que damos aos nossos pertences e as inquietações que tantas vezes nos desequilibram, pelo fato de termos perdido esse ou aquele objeto de maior estima, representam nosso apego a eles.

O zelo demasiado quando relutamos em emprestar algumas das nossas quinquilharias, com receio de perdê-las ou desgastá-las, é igualmente uma forma de avareza, como também um aspecto do ciúme.

A mania de guardar por tempo indeterminado, até mesmo sem usar, jóias, roupas ou outros pertences pessoais, reagindo em dar a alguém que mais necessite, sem justificativas, caracteriza também o avaro.

Nenhum benefício real, dentro dos valores eternos que os Aprendizes do Evangelho já conheceram, pode resultar da avareza e, por isso mesmo, precisa ser identificada e combatida.

Como exemplo de desprendimento dos valores materiais, lembremos um episódio da vida do estimado benfeitor espiritual, Dr. Bezerra de Menezes. Certo dia, ao consultar em seu gabinete médico uma senhora de parcas posses, entregando-lhe o receituário, ouviu suas lamentações, pois ela não contava com numerário suficiente para a compra dos remédios. Então, o magnânimo médico, não encontrando em seus bolsos o correspondente em moeda corrente, entregou à senhora o seu anel de formatura, para que com ele obtivesse dinheiro que lhe permitisse medicar a criança doente que trazia ao colo.

18 ÓDIO, REMORSO, VINGANÇA, AGRESSIVIDADE

ÓDIO

> *"Em suma, a cólera não exclui certas qualidades do coração; mas impede de fazer muito bem e pode levar à prática de muito mal. Isto deve ser suficiente para induzir o homem a esforçar-se para*

> dominá-la. O espírita é concitado a isso ainda por outro motivo: o de que a cólera é contrária à caridade e à humildade cristãs."
>
> (Allan Kardec. *O Evangelho Segundo o Espiritismo*. Capítulo IX. Bem-aventurados os Brandos e Pacíficos. A Cólera.)

— O que é o ódio?

— O ódio é uma manifestação dos mais primitivos sentimentos do homem animal, que ainda guarda no espírito em evolução os resquícios do instinto de conservação, sob as formas de defesa, de amor-próprio.

— Quais os vários modos pelos quais o ódio se manifesta em nós?

— Desde os aspectos mais sutis, dissimulado na hipocrisia social e nas formas de antipatias, aos atos mais cruéis e brutais de violência.

— Como o ódio se apresenta dentro de nós?

— Como um sentimento, uma emoção incontida, um impulso que, ao nos dominar, expressamos através de palavras ofensivas, quando contraímos o coração, cerramos os maxilares, fechamos os punhos e soltamos faíscas vibratórias de baixo padrão, sintonizados com as entidades malévolas, que assim podem nos envolver, instigando-nos até ao crime.

— E até que limites pode o ódio nos levar?

— Nesses momentos, podemos ser levados a cometer os atos mais indignos de violência, de agressividade, causando dissensões e até mortes, contraindo, muitas vezes, as mais penosas dívidas em nossa existência.

— Quais os motivos que nos levariam a odiar alguém?

— Em geral, os ódios são despertados pelas humilhações sofridas, ou quando injustiçados, maltratados, traídos no afeto, na confiança ou quando ofendidos. Encontramos, igualmente, em muitas antipatias indecifráveis que possamos sentir por alguém, os ódios recônditos de outras existências, quase sempre frutos de nossas paixões.

— As manifestações de ódio são sempre instiladas pelos espíritos inferiores?

— Podemos realmente deixar campo aberto para as infiltrações das entidades maldosas, que estão quase sempre à espreita para nos levar aos cometimentos do ódio. Entretanto, esses auxiliares que nos ajudam no nosso fortalecimento no bem, pelos testes que nos proporcionam, só conseguem nos atingir quando descemos aos níveis vibratórios ao alcance deles. Está, realmente, em cada um de nós, as origens das manifestações de ódio.

— Quais os sentimentos decorrentes do ódio?

— Junto ao ódio encontramos o rancor, que é a permanência dele, nas promessas feitas a nós mesmos de revide. A vingança é sua decorrência. A agressividade às vezes externa um estado íntimo também decorrente das nossas manifestações de ódio, rancor, de cólera. Invejas, cobiças, ciúmes, inconformações, ressentimentos podem gerar ódios.

— É o ódio a ausência de amor?

— Amor e ódio são sentimentos opostos. Um pode dar lugar ao outro em frações de segundos, dentro de nossas reações íntimas. Muitos ódios refletem expressões de um amor ainda possessivo, em criaturas que foram preteridas nos seus afetos mais profundos. Os arrependimentos copiosos por males antes nutridos em ódios distantes são os primeiros lampejos de um amor despertado, fazendo finalmente vibrar as fibras sensíveis do coração, que assim quebra a casca endurecida que o envolve.

Aquele que odeia está a reclamar direitos. Aquele que ama dá de si sem esperar recompensa.

— Como podemos combater o ódio?

— Perdoando aos que nos ofendem. E o nosso Divino Mestre já nos deu a fórmula: "não apenas sete vezes, mas setenta vezes sete", ou seja, infinita e plenamente.

— O que fazer quando o ódio nos invade a alma?

— O primeiro passo é segurá-lo de todos os modos, não deixá-lo expor-se à vontade. Calemos a boca, contemos até dez ou até cem, caso seja preciso. Logo em seguida, procuremos um local onde possamos nos recolher: aí iremos nos acalmando e mentalmente trabalharemos para serenar nosso ânimo exaltado. Então, analisemos as origens dos nossos impulsos de violência e, progressivamente, dosemos e amorteçamos os nossos sentimentos com as luzes reconfortantes do Evangelho. Tomemos uma página esclarecedora de um livro ao nosso dispor e meditemos recorrendo ao Amigo Protetor. Não demorará muito e já nos reequilibraremos, vendo a fogueira que conseguimos ultrapassar.

Mágoas, Ressentimentos, Inconformações

É muito comum ouvirmos algumas pessoas dizerem: "Ah! Eu perdoei fulano, mas não esqueço o que ele me fez!"

Nesse caso, perguntamos, será que houve mesmo o perdão?

Houve um começo, uma parte digamos, um entendimento racional da necessidade de perdoar. Em outras palavras, mentalmente o indivíduo se dispôs a não alimentar rancor ou idéias de vingança. Está, por ele mesmo, convencido de não odiar.

No campo emocional, no entanto, ainda ficaram impregnados os resquícios daqueles sentimentos, que, embora não identificados como impulsos de cólera, manifestam-se sutilmente em forma de mágoas, ressentimentos, inconformações, desgostos, amarguras e descontentamentos.

Acautelemo-nos quando esses sentimentos, ou esses lampejos de impressões, estiverem ainda presentes em nossas emoções, nos nossos solilóquios, curtidos no silêncio, ao flutuar vagamente a nossa imaginação.

Não nos deixemos levar ou iludir por essas manifestações desavisadas. Elas são ainda modos de expressão do ódio que está ali nos corroendo e desagregando a nossa resistência.

Guardar ou manter em nós os ressentimentos, as mágoas, as inconformações é nos deixar envolver, ainda, pelas teias da cólera; é não termos realmente perdoado. Isso é enganoso e muito grave no nosso comportamento. São as maneiras de não aceitação das ofensas recebidas. Atingidos em nosso orgulho, sentimo-nos assim e permanecemos, então, ruminando inconformações, amarguras. É o amor-próprio ferido, os direitos que exigimos, a retratação de quem nos feriu.

Renunciemos corajosamente a esses direitos e inconformações, mesmo cobertos de razões, e deixemos que o tempo e o amadurecimento natural realizem as transformações naqueles que julgamos terem errado conosco. Façamos a nossa parte, perdoemos incondicionalmente, sem quaisquer restrições.

VINGANÇA

> *"Vingar-se é, bem o sabeis, tão contrário àquela prescrição do Cristo: 'Perdoai aos vossos inimigos', que aquele que se nega a perdoar não somente não é espírita, como também não é cristão. A vingança é uma inspiração tanto mais funesta quanto tem por companheiras assíduas a falsidade e a baixeza."*
>
> (Allan Kardec. *O Evangelho Segundo o Espiritismo*. Capítulo XII. Amai os Vossos Inimigos. A Vingança — Júlio Olivier.)

— Como se apresenta em nós a vingança?

— A vingança se manifesta no nosso íntimo como uma reação carregada de forte emoção, por uma ofensa a nós dirigida. São também as formas dos revides, em discussões acaloradas, quando trocamos grosserias, os propósitos violentos de vingar crimes cometidos a familiares. Em geral, são as emoções muito fortes do ódio que levam as criaturas a atos criminosos de vingança.

— É comum o sentimento de vingança?

— Quem é agredido por palavras ou ações, dificilmente passa por tais situações sem revidar aos impropérios ouvidos ou às pancadas recebidas. Estamos longe de oferecer a outra face àquele que nos bata numa. A atitude, a disposição íntima de quem é agredido, para ser fiel ao ensinamento evangélico, deve se revestir de uma coragem muito grande, e de um autocontrole gigantesco. O que em geral ocorre é a perda total do equilíbrio, desencadeando-se lutas corporais, ou discussões em altas vozes, com palavras de baixo calão.

— Como, nos nossos dias, podemos vencer os impulsos de vingança?

— Mantendo-nos vigilantes no equilíbrio interior, alicerçado num profundo amor ao próximo, sem nos deixar cair nas teias da nossa animalidade inferior. Ainda aqui, o perdão é o antídoto.

— Podemos angariar conquistas nos capacitando ao perdão?

— O bom combate se inicia dentro de nós e as conquistas, mesmo quando lentamente obtidas, vão aumentando nossa capacidade de perdoar. Para avaliar nossa atual condição, observemo-nos diante das situações em que alguém nos fira, até mesmo fisicamente, e analisemos os sentimentos que ainda despontam em nossa alma, a intensidade deles, até que altura eles nos dominam e até onde conseguimos esquecer o fato e as criaturas que nos atingiram. Se os guardamos por muito tempo, e alimentamos as emoções desagradáveis, é sinal de alerta, que nos deve levar à meditação na tolerância e a redobrar nosso esforço no perdão, prosseguindo para melhores resultados.

— Como justificar o combate à vingança?
— Para não sermos infratores às leis de causa e efeito, de ação e reação, para não fazermos ao próximo o que não gostaríamos que alguém nos fizesse. Pelo sentido de saldar os erros cometidos no passado, não mais repetindo-os na atual existência. E pelo amor Universal que a todos une, numa confraternização de verdadeiros irmãos que já receberam os exemplos dignificantes de um Mestre como Jesus.

"A vingança é um dos últimos remanescentes dos costumes bárbaros que tendem a desaparecer dentre os homens." (*O Evangelho Segundo o Espiritismo*. Capítulo XII. A Vingança — Júlio Oliver.) Embora não sejam as ocorrências de vingança revestidas de tanta crueldade como nos tempos bárbaros, parece acontecer, em nossos dias, com surpreendente freqüência, como resultado das ofensas não-perdoadas: as mortes por vingança, os crimes por desonra em casos passionais, os ódios incontidos, fazendo vítimas, etc.

"O homem do mundo, o homem venturoso, que por uma palavra chocante, uma coisa ligeira, joga a vida que lhe veio de Deus, joga a vida do seu semelhante, que só a Deus pertence, esse é cem vezes mais culpado do que o miserável que, impelido pela cupidez, algumas vezes pela necessidade, se introduz numa habitação para roubar e matar os que se lhe opõem aos desígnios. Trata-se quase sempre de uma criatura sem educação, com imperfeitas noções do bem e do mal, ao passo que o duelista pertence, em regra, à classe mais culta." (*O Evangelho Segundo o Espiritismo*. Capítulo XII. Item 15. O Duelo — Agostinho.)

Poderá hoje, entre os seguidores da Doutrina dos Espíritos, ou entre seus leitores, constituir-se em grande dilema a questão que deriva dessa abordagem do espírito de Santo Agostinho, ou seja, o da defesa pessoal, na contingência de ser atingido por assaltantes na rua ou em sua própria casa. Deve o espírita portar arma para se defender? Preocupado com sua segurança e com a de seus familiares, no receio de serem violados na integridade física e até moral, precisam, portanto, estar prontos para se protegerem? Mesmo que essa defesa implique na morte de algum assaltante? Entendemos que quem tem amor no coração nada deve temer. A segurança está na confiança que devemos ter na Justiça Divina, na proteção dos Amigos Espirituais, na aceitação das provas reservadas a nós e a nossos familiares, por mais cruéis que possam ser. É preferível não se arriscar em eliminar a vida de alguém, e por isso mesmo é preferível evitar o uso de armas. A Espiritualidade tem recursos muito maiores de proteção do que possamos imaginar, e os mesmos podem ser colocados em ação em frações de tempo.

AGRESSIVIDADE

> "Se ponderasse que a cólera nada soluciona, que lhe altera a saúde e compromete a sua própria vida, reconheceria ser ele próprio a sua primeira vítima. Mas, outra consideração, sobretudo, deveria contê-lo, a de que torna infelizes todos os que o cercam. Se tem coração, não sentirá remorsos por fazer sofrer as criaturas que mais ama? E que mágoa profunda não sentiria se, num acesso de arrebatamento, cometesse um ato de que teria de arrepender-se por toda a vida!"
>
> **(Allan Kardec.** *O Evangelho Segundo o Espiritismo.* Capítulo IX. Bem-aventurados os Brandos e Pacíficos. A Cólera.)

Podemos, de maneira geral, identificar as nossas manifestações de agressividade nos diferentes campos, que compreendem as emoções, os pensamentos, as palavras e os atos.

No Campo das Emoções

Os impulsos de agressão brotam no nosso campo emocional como reflexos do ódio, do rancor, dos desejos de vingança, da cólera. A agressividade pode ser um estado permanente no indivíduo, para com tudo e para com todos, como um sintoma da cólera, situação que retrata o endurecimento do sentimento de criaturas nos estados íntimos mais penosos e difíceis. São as pessoas fechadas no entendimento, inflexíveis no coração.

A agressividade pode, no entanto, apresentar-se momentaneamente em algumas ocasiões, principalmente quando reagimos às ofensas recebidas. Mesmo aí, é também conseqüência da nossa condição ainda primitiva de reações animais, em que os instintos ancestrais de defesa emergem das camadas profundas, embora muito vivas, do nosso subconsciente.

Em ambos os casos, permanente ou momentânea, a agressividade surge como impulso emocional, de maior ou menor intensidade, dependendo da condição da criatura, do seu grau de consciência e do esforço que realiza no combate à predominância do mal.

O Aprendiz do Evangelho, que busca localizar essas ocorrências, deve dirigir suas atenções para as manifestações do campo emocional. É esse o seu terreno de trabalho, é nele que conscientemente vai exercendo seu domínio, refreando, inicialmente, seus impulsos, para controlar-se e, em seguida, trabalhando mentalmente, de modo a dosar, com o conhecimento, novas disposições, novos sentimentos, como alguém que substitui uma emoção forte de violência por uma vibração suave de carinho.

No Campo dos Pensamentos

Quando cedemos às emoções e nelas nos envolvemos, ficamos impregnados daqueles sentimentos de animosidade que levam ao campo mental os correspondentes impulsos, geradores de pensamentos agressivos. São os diálogos íntimos que têm lugar no nosso consciente, quando nos deparamos brigando dentro de nós mesmos com alguém, nos armando assim das disposições de transmitir a outrem o veneno que armazenamos mentalmente.

Emitimos ondas vibratórias densas na direção de quem nos provocou. Ficamos, às vezes, horas arquitetando e elaborando, detalhe por detalhe, todas as palavras que iremos dirigir ao nosso algoz, que já se tornou nossa vítima, antes mesmo do entrevero.

A agressão por pensamento talvez seja a maneira mais comum em que expressamos a nossa cólera. Embora essa forma ainda não tenha se concretizado numa realidade física, direta, de agressão, já provocou seus efeitos maléficos pelas vibrações emitidas ao nosso contraditor. Do domínio obtido na nossa esfera emocional, onde possamos ter conseguido atenuar e controlar as erupções do vulcão que regorgitava em impulsos de violência, vamos agora sanear a nossa atmosfera mental, afastando dos nossos pensamentos as idéias de revide, os planos de vingança, os propósitos de reivindicar direitos por ofensas injustas, etc. Para isso, alimentamos os nossos pensamentos com idéias de tolerância, de perdão, de renúncia. Vamos nos desarmando dos projéteis mentais que estamos lançando ao próximo, envolvido nas nossas tramas. Vamos suavizando nossas emissões mentais, até conseguirmos vibrar amor em nosso íntimo, sem restrições ou condicionamentos, em direção do nosso opositor. Não importa qual virá a ser a reação ou aceitação do nosso contestador; importa, sim, a nossa atitude de tolerância e perdão para com ele, importa realizar a nossa parte, dar o nosso testemunho evangélico.

No Campo das Palavras

Imantados nos envolvimentos magnéticos de ódio, podemos reproduzir ou devolver agressões, concretizadas nas palavras pronunciadas com intensa carga vibratória, em altos sons, de efeitos desequilibradores. À força magnética da palavra somam-se os componentes emocionais e mentais. São verdadeiros petardos explosivos que lançamos àqueles que agredimos com a nossa voz.

Os impropérios pronunciados, os desaforos, as ofensas que dirigimos são as diversas maneiras de agredirmos por palavras. E quando não represamos de início a torrente de palavras que jorra continuamente numa discussão, é mais difícil nos dominar depois. Como é desagradável e penoso o clima que se sente numa discussão, numa troca de ofensas. Os contendores ficam pálidos, mudam de expressão, se desequilibram, tremem, se envenenam mutuamente e permanecem por muito tempo nesse estado, nervosos, alterados, em profunda infelicidade. E para quê? Com que proveito?

De nada adiantam as gritarias, as altas vozes. São maus costumes que em nada ajudam. "Uma boa palavra auxilia sempre", mas pronunciada serenamente, com profundidade, aí sim ela penetra e cala, transformando a criatura que a recebe.

Conter as palavras que possam ser pronunciadas, com resquícios de ódio, rancor, é o grande desafio aos Aprendizes do Evangelho. Articulá-las exclusivamente quando houver a certeza que ao serem pronunciadas efetivamente beneficiarão criaturas e induzirão bons propósitos. Muito cuidado, portanto, no "falar" e sobre "o que falar", lembrando sempre que não será por muito falar que seremos ouvidos ou convenceremos alguém, a não ser simplesmente pelas nossas atitudes e pelos nossos exemplos, incluindo-se entre esses o silenciar nas horas propícias.

No Campo dos Atos

A agressividade atinge sua manifestação mais desagradável e perigosa quando transborda incontidamente para o campo dos atos físicos, das agressões corporais. É o que assistimos, às vezes, entre amigos, colegas ou familiares, que, trocando ofensas, chegam às lutas corporais, não raro com ferimentos, fraturas e escoriações dos contendores, quando não aos extremos casos de morte.

É incrível observar, em nossos dias, a crescente onda de violência entre as criaturas, a reagirem por nada, sacando uma arma e cometendo, até involuntariamente, trágicos crimes.

É o que constatamos nos casos mais chocantes, comentados pelos jornais, nos crimes passionais, nas próprias diligências policiais e nos campos de encontros esportivos. E como se não bastasse, o assunto é explorado pela imprensa, rádios e emissoras de televisão, com requintes de competição, nas disputas de maiores audiências, pelos seus produtores, além de ocuparem os temas preferidos nos filmes policiais e de guerra, onde a melhor técnica e todo o avanço na arte cinematográfica são utilizados para evidenciar os aspectos mais terríveis e deprimentes da violência humana. As platéias continuam vibrando com as demonstrações de força e desamor. Transfere-se, para o relacionamento entre as criaturas na sociedade, o mesmo comportamento observado e induzido pelos exemplos degradantes, apresentados nos filmes, jornais, revistas, programas de rádio e de televisão.

Somos induzidos, pelas imagens que se fixam subconscientemente, a cometer os mesmos atos de agresssividade, as mesmas demonstrações de violência. E nesse contexto o Aprendiz do Evangelho é solicitado a dar com esforço os seus testemunhos de brandura, compreensão e perdão, desenvolvendo sua capacidade de não se deixar levar pelos impulsos de agressão física, incompatíveis com seus ideais de amor e tolerância, que podem muitas vezes pegá-lo de surpresa, em momentos como no trânsito, no relacionamento familiar, no trabalho, nas aglomerações, nos salões de espetáculos, etc.

CONHEÇA MELHOR O ÓDIO E A AGRESSIVIDADE

Responda ao Questionário:

1. É a agressividade um efeito do ódio?
2. Como, ou de que modo, a agressividade pode se manifestar?
   a) Por pensamentos. Dê exemplos.
   b) Por palavras. Dê exemplos.
   c) Por atos (corporais). Dê exemplos.
3. O ódio é considerado como uma deformidade mental, ou, se quiser, como o oposto ao amor. Você concorda? Por quais razões?
4. O ódio consome muito mais depressa aquele que odeia do que aquele que é odiado. Por quê?
5. Segundo um psicólogo, em geral, o ódio manifesta-se de cinco modos:
   I. atos agressivos;
   II. palavras ofensivas;
   III. desconfiança;
   IV. fuga;
   V. inveja.

Procure identificá-los em você mesmo, lembrando, como exemplo, as manifestações de desconfiança, fuga e inveja. Para isso, damos abaixo algumas pistas:

Desconfiança: A amizade desentendida induz à dúvida e à suspeita. Sentimentos traídos levam à revolta, ao ódio.
Origens: amor-próprio ferido, intolerância.
Remédio: perdão, tolerância, paciência.

Fuga: Quando se fere alguém injustamente vem o remorso, o ódio a si mesmo. A falta de coragem em enfrentar a própria insensatez leva o indivíduo a fugir das situações que possam aproximá-lo da pessoa por ele ofendida. Zangado, consome a si mesmo.
Origens: insegurança, medo.
Remédio: coragem, reconciliação.

Inveja: Não-aceitação da condição relativamente superior de alguém, ou de uma situação de vida de outrem melhor que a sua, leva à inconformação, ao ódio, procurando ferir e destruir o objeto da inveja.
Origens: insegurança, ambição.
Remédio: tolerância, conformação.

6. Pode o ódio tornar-se um hábito da personalidade? Como? É uma questão de colocação íntima?

7. Comente cada um dos incidentes descritos no quadro abaixo e as reações negativas ou positivas que teria:

INCIDENTE	REAÇÃO NEGATIVA	REAÇÃO POSITIVA
Você é punindo quando criança.	"Meus pais não me amam."	"Eu errei, estou arrependido."
Como adolescente, você não é convidado para um grupo que você cobiçava.	"Eles são uns convencidos. Não quero nada com eles."	"Perguntarei a meus pais o que eles pensam sobre o caso."
Você é despedido de um emprego.	"O patrão tem os seus protegidos. Eu me vingarei."	"Que poderá esta experiência ensinar-me, que me auxilie no próximo emprego?"
Você perde um filho.	"Como Deus pôde fazer isso comigo?"	"Aceito a vontade de Deus acima da minha."
Você é atingido por alguma grave enfermidade.	"O destino me pregou uma peça."	"Aprenderei como conviver com ela."
Você perde sua independência financeira.	"Fulano e sicrano são responsáveis por isso."	"Tenho saúde, darei um jeito."

8. Desde a leve irritação, até a paixão violenta, o ódio se manifesta. Já pensou que isso tudo tem uma única origem? Qual é?

9. Uma autocorreção poderá auxiliá-lo a vencer o ódio?

10. Acha que o amor e o perdão são os verdadeiros antídotos do ódio?

FAÇA SEU PRÓPRIO TESTE – AVALIE O ÓDIO EM VOCÊ

Abaixo estão arroladas 20 características importantes na análise de seu problema do ódio. As 10 primeiras referem-se à causa. As 10 seguintes, ao combate dos efeitos. Se nenhuma delas se aplica a você ou ao seu caso, marque três pontos a seu favor na coluna das notas. Confira o grau de cada uma que se aplica a você. Caso não possa decidir entre duas delas, marque na coluna estreita entre duas delas. A nota do grau de cada causa ou cura encontra-se acima de cada coluna. Seja justo consigo mesmo. Ponha os valores na coluna das notas, some-as e verifique o total.

CAUSA	|	G R A U				Notas
	1	2	3	4	5	
1. Impaciência	Minha família considera-me uma pessoa muito impaciente		Demonstro impaciência várias vezes por dia.		Sou conhecido como uma pessoa muito paciente.	
2. Palavras ásperas	Sou franco e rude.		Uso-as quando me provocam.		Aprendi a refrear-me.	
3. Sarcasmo	Receio usá-lo com freqüência.		Uso-o talvez uma ou duas vezes por semana.		Creio que não o uso mais do que uma vez por mês.	
4. Mexericos ou maledicências	Gosto de ouvir e repetir novidades picantes.		Creio que sou normal nesse sentido. Às vezes também me envolvo nisso.		Aprendi a fechar meus ouvidos e meus lábios nesse sentido.	
5. Desconfiança	Todos têm suas "manhas", eu me acautelo.		Aprendi a confiar em algumas criaturas.			
6. Intolerância (religiosa, racial política, etc.)	Evito as pessoas cujas crenças sejam diferentes das minhas.		Algumas dessas pessoas são boas.		Tenho bons amigos de diferentes raças, religiões e opiniões políticas.	
7. Ressentimento (ódio), pensamentos sombrios	Receio passar uma hora diária com essa atitude.		Talvez esses sentimentos me assaltem uma hora por semana.		Não muito seguido; não mais do que uma hora por mês.	
8. Raiva violenta dirigida contra alguém.	Perco as "estribeiras" talvez uma vez por semana.		Uma vez por mês.		Uma vez por ano.	
9. Inveja ou cobiça	Invejo muitas pessoas. Queria ter o que elas têm.		Confesso que invejo algumas pessoas.		A inveja praticamente não passa pelo meu pensamento.	
10. Ciúme	Tenho muito ciúme de quem amo.		Sinto ciúme, porém, procuro vencê-lo.		Esta é uma emoção que praticamente não me incomoda.	

CURA	VERIFIQUE A EXTENSÃO DO USO QUE FAZ DESSES MEIOS		
11. Supressão das fontes do ódio	Lembro-me constantemente de pessoas odiosas.	Procuro ignorar minhas fontes de ódio.	Procuro compreender as causas das ações odiosas.
12. Reação demorada quanto à irritação	Eu ainda reajo impetuosamente em algumas situações.	Procuro refrear as reações repentinas, nas situações irritantes.	Adquiri o hábito da deliberação, de ponderar.
13. Fé nas pessoas	Perdi a fé na integridade da maioria das criaturas.	Tenho fé naqueles que me provaram merecê-la.	Acredito que a maioria das pessoas quer fazer o que é direito.
14. Auxílio àqueles que você odeia ou inveja	Já experimentei: não deu resultado.	Algumas vezes experimentei com êxito.	Realmente tento fazê-lo quase sempre.
15. Perdão aos que o ofendem	Eu guardo rancor, procuro vingar-me.	Ignoro, porém não perdôo.	Perdôo e esqueço prontamente.
16. Relaxar conscientemente a tensão muscular.	Uma parte do tempo eu fico tenso; dá-me cansaço.	Fico tenso quando me irritam.	Aprendi a relaxar conscientemente a tensão muscular.
17. Atividade física	Uso os quatro grandes músculos do meu corpo quatro horas por semana ou menos.	Oito horas por semana.	Doze ou mais horas por semana.
18. Exame médico	Há cinco anos ou mais me examinei pela última vez.	Há três anos.	Faço um exame anualmente ou com mais freqüência.
19. Oração	Experimentei sem resultados.	Oro quando não posso vencer sozinho o ódio.	Oro regularmente; dá-me paz de espírito e compreensão.
20. Os pensamentos positivos substitutos dos pensamentos depressivos.	Não consigo fazer isso.	Às vezes me livra do malefício do ódio.	Uso-os sempre para vencer meus ódios.
			TOTAL

AVALIAÇÃO

Estude o total de suas notas pela tabela seguinte:

Notas	Significado
76 a 100	Você tem bom controle de si mesmo.
59 a 75	Normal. Tente, entretanto, ter mais controle.
Até 58.	Você está se envenenando. Precisa de mais paz de espírito. Desenvolva mais esforço na Reforma Íntima.

PARA SUA MEDITAÇÃO

O ódio abrange uma grande faixa de manifestações, desde a leve irritação até a paixão violenta. Pode manifestar-se em ações, palavras ou disposição de espírito.

Confunde-se às vezes com a culpa e o medo. Você pode estar adquirindo hábitos que não passam de reações de ódio. Uma autocorreção é necessária e poderá auxiliá-lo a vencer o ódio e todas as outras emoções negativas. Os verdadeiros antídotos do ódio, na realidade, são o amor e o perdão, já nos ensinou o sublime Amigo Jesus.

LEMBRE—SE: "O amor cobre todas as transgressões."

19 PERSONALISMO

"O egoísmo se funda na importância da personalidade; ora, o Espiritismo bem compreendido, repito-o, faz ver as coisas de tão alto, que o sentimento da personalidade desaparece de alguma forma perante a imensidão. Ao destruir essa importância, ou pelo menos ao fazer ver a personalidade naquilo que de fato ela é, ele combate necessariamente o egoísmo."

(Allan Kardec. *O Livro dos Espíritos.* Livro Terceiro. Capítulo XII. Perfeição Moral. Parte da resposta à pergunta 917.)

Entre as expressões do egoísmo, vamos encontrar precisamente na grande maioria personalista as diversas formas de comportamento, e mesmo a maneira de ser, caracterizadas pelo estado íntimo de rigidez e de autoconfiança nas idéias ou opiniões próprias. Esses tipos de indivíduos, pelas suas atitudes, acarretam, quase sempre, conturbações no convívio em grupos.

Vejamos alguns dos aspectos reconhecidos nas pessoas predominantemente personalistas:

a) Suas opiniões ou pontos de vista são sempre os certos e os que devem prevalecer aos dos demais;

b) As experiências próprias são aquelas que servem de referência a resultados que se discutem com outros, desconsiderando em igual importância as experiências do próximo;

c) Em sociedades, as suas decisões e iniciativas, quando em cargo de mando, são quase sempre tomadas sem a participação dos demais;

d) Na condição de subalterno, nega-se à colaboração de um plano ou projeto quando sua idéia ou parecer não é aceito numa escolha em grupo;

e) Melindra-se na sua auto-importância quando não convidado a participar com destaque nas decisões relativas a empreendimentos do círculo que freqüenta, muitas vezes até afastando-se ou ameaçando afastar-se de suas funções;

f) Sente-se valorizado quando nas funções de comando e dificilmente aceita ser conduzido pela direção de outrem;

g) Aborrece-se facilmente quando contrariado nos seus desejos ou idéias;

h) Num trabalho para obtenção de um resultado comum, acha ou age como se pudesse dispensar a cooperação dos demais integrantes;

i) A autoconvicção e a determinação nos seus propósitos é obstinada até mesmo quando incompatíveis com a situação do momento e a harmonização pretendida;

j) Teimosia e birra, revivendo questões ultrapassadas e contendas já superadas, onde sua opinião não foi seguida.

O personalismo tem sido, na humanidade, um fator impeditivo ao entendimento entre as criaturas. As lutas e separatismos são oriundos da inflexibilidade dos homens nas suas idéias e desejos. Dificilmente alguém cede em benefício da concórdia e renuncia aos seus anseios em proveito do bem comum. O egoísmo se manifesta acentuadamente nos tipos personalistas mais endurecidos. Para eles é difícil abrir mão das posições conquistadas e colaborar com espírito de caridade desinteressada.

O personalismo leva à não-aceitação, obscurece qualquer compreensão e impede a cooperação. O individualismo pode resultar do isolamento de alguns do meio comunitário, quer pela posição social, quer pela crença ou idéias políticas, filosóficas ou religiosas que adote. Esse individualismo pode agrupar homens dentro das mesmas tendências e idéias que lhes são comuns, constituindo, assim, sociedades, castas, seitas, correntes políticas, sociais e religiosas. Ainda desse modo é fator de divisões, separações e contendas.

O personalismo desagrega os grupos, destrói a força de união, enfraquece o espírito de colaboração, incrementa a competição, amplia a luta pela supremacia, leva à discórdia e às querelas, conduz à agressão, aos embates e até a guerras.

Ainda não aprendemos a viver num clima de cooperação, de auxílio mútuo, trabalhando juntos e unidos dentro de um objetivo, visando ao bem comum. O espírito de companheirismo, de confraternização, só será alcançado quando aprendermos a renunciar e a nos desprender do exclusivismo individual.

Ainda não entendemos com profundidade que "o saber não é tudo; o importante é fazer e, para fazer, homem nenhum dispensa a colaboração e a boa vontade dos outros"[11].

A importância e a superioridade que queremos dar à nossa participação, algumas vezes no próprio âmbito da tarefa doutrinária, é precisamente reflexo do nosso personalismo, da necessidade de reafirmação e da nossa vaidade. Não seremos nós que avaliaremos os resultados dos nossos trabalhos e aquilataremos a sua importância. O Plano Maior é que terá os meios de pesar os frutos do empreendimento social ou religioso ao nosso alcance, cuja relevância muitas vezes enfatizamos na nossa maneira apaixonada de ver as coisas.

Aquele que varre diariamente o chão, como sua parcela de auxílio, e nessa incumbência coloca todo o seu amor e desprendimento, poderá

---

[11] Emmanuel.

estar dando muito mais do que aquele que ensina por palavras, escreve páginas brilhantes ou exerce cargos de direção. Como o personalismo tem prejudicado o avanço da Doutrina de Jesus! O que ainda vemos são as divergências típicas de colocações e de pontos de vista, de posições filosóficas e, em decorrência disso, as divisões, como se animosidades oferecessem algum resultado prático e objetivo. No tocante à Doutrina dos Espíritos, entendemos que a mesma dispensa defensores, zeladores ou guardas-de-honra; ela é verdadeira e evidente por si mesma. No entanto, precisa, sim, dos exemplos dos seus seguidores, para que seja cada vez mais respeitada pelos que não a conhecem. Diz-nos o próprio Codificador: "Reconhece-se o verdadeiro espírita pela sua transformação moral e pelos esforços que emprega para dominar suas más inclinações"[1][2].

Esse ainda é um desafio, e se preferirem, um paradigma que pode muito bem qualificar aqueles que se dizem seus adeptos e que se colocam como seus ardorosos defensores ou líderes, mas que resvalam exatamente nas exacerbações do personalismo, esquecidos de aplicar o esforço próprio no domínio das más inclinações. Só pelos frutos do trabalho conjunto, mais irmanados e menos pretensiosos, portanto menos personalistas, é que valorizamos em conteúdo a nossa parcela de colaboração, porque primeiro precisamos nos amar para juntos nos instruir, como ensina o Espírito de Verdade. (**Allan Kardec.** *O Evangelho Segundo o Espiritismo*. Capítulo VI. O Cristo Consolador. O advento do Espírito de Verdade.)

20 MALEDICÊNCIA

"Há culpa em se estudar os defeitos alheios? Se é com o fito de os cultivar e divulgar, há muita culpa, porque isso é faltar com a caridade; se é com intenção de proveito pessoal, evitando-se aqueles defeitos, pode ser útil; mas não se deve esquecer que a indulgência para com os defeitos alheios é uma das virtudes compreendidas na caridade. Antes de censurardes as imperfeições dos outros, vede se não podem fazer o mesmo a vosso respeito. Tratai, pois, de possuir as qualidades contrárias aos defeitos que criticais nos outros, pois esse

---

[12] **Allan Kardec.** *O Evangelho Segundo o Espiritismo*. Capítulo XVII. Sede Perfeitos. Os Bons Espíritas.

é um meio de vos tornardes superior. Se os censurais por serem avarentos, sede generosos; por serem orgulhosos, sede humildes e modestos; por serem duros, sede dóceis; por agirem com mesquinhez, sede grandes em todas as vossas ações; em uma palavra, fazei de maneira que não se vos possam aplicar aquelas palavras de Jesus: 'Vedes um argueiro no olho do vizinho, e não vedes uma trave no vosso!'"
(Allan Kardec. *O Livro dos Espíritos.* Livro Terceiro. Capítulo XII. Perfeição Moral. Pergunta 903.)

A tendência perniciosa que trazemos de comentar o mal, freqüentemente se manifesta nas conversações que costumamos manter nos círculos entre "amigos". Quando entra em pauta tecer referências a pessoas, parece ser até irresistível a abordagem dos aspectos mais desabonadores das criaturas. E não fica apenas nisso. O que é muito pior são os acréscimos por conta da imaginação doentia, nas calúnias e interpretações malévolas que se fazem.

Veicular a má informação é algo muito sério, é até desonesto. Sim, porque, em sã consciência, quem pode emitir julgamento sobre alguém? E ainda, quem pode atirar pedras ou apontar ciscos nos olhos do próximo sem se achar carregado de pecados ou sem uma trave nos seus próprios olhos?

Tramar sutilmente denúncias comprometedoras para prejudicar propositadamente a quem quer que seja, no trabalho profissional ou no convívio social, é procedimento a ser energicamente corrigido.

"Não há institutos de pesquisas no mundo capazes de avaliar a quantidade de infortúnio e delitos desencadeados entre os homens, anualmente, resultantes das impressões falsas proclamadas como verdadeiras." **(W. Vieira.** *Técnica de Viver.* Capítulo 10. Desconfiemos de Nós.)

As pessoas podem ver ou ouvir uma coisa, e a própria imaginação, habituada ou condicionada à viseira da malícia, pode interpretar outra ou propagá-la distorcidamente. Vigiemo-nos, portanto, contra as nossas impressões negativas e tenhamos em conta que "O tempo que se emprega na crítica pode ser usado em construção". **(F. C. Xavier.** *Sinal Verde.* Capítulo 36. Temas da Crítica.)

O falar mal, a crítica mordaz, a interpretação pejorativa, o comentário malicioso, o julgamento falso, a suspeita comprometedora, a denúncia caluniosa são facetas pelas quais a maledicência se apresenta.

Apliquemos os recursos da caridade para com o nosso próximo e silenciemos quando não pudermos valorizar, pela palavra ou pelo pensamento, as ações no bem, que sempre, todos nós, podemos realizar.

FAÇA SEU PRÓPRIO TESTE. VOCÊ E A MALEDICÊNCIA[13]

Responda honestamente, meditando sobre cada pergunta, sem se preocupar com o tempo. Deixe para ver o resultado somente depois de responder e faça uma avaliação de si mesmo. Coloque um X no local adequado à sua maneira de ser, sentir e agir.

1. Ao surgir, numa conversa, comentários sobre um deslize de alguém, você se interessa em ouvir?
   Sim ( )   Não ( )
   Qual a sua atitude?
   a) faz perguntas   ( )
   b) ouve apenas   ( )
   c) corta a conversa   ( )

2. Ao saber de uma infidelidade de parente ou pessoa amiga, apressa-se em levar a notícia adiante?
   Sim ( )   Não ( )
   Qual a sua atitude?
   a) comenta com outros   ( )
   b) pensa em falar, mas silencia ( )
   c) pondera e cala   ( )

3. Acha divertido e participa animadamente das "fofocas" entre amigos (as)?
   Sim ( )   Não ( )
   Qual a sua atitude?
   a) participa contribuindo   ( )
   b) apenas ouve e ri   ( )
   c) evita as "fofocas"   ( )

---

[13] Trabalho publicado pelo autor no jornal *O Trevo*. N° 53, julho/1978.

4. Escandaliza-se ao saber de ocorrências escabrosas envolvendo pessoas conhecidas?

   Sim ( ) Não ( )

   Qual a sua atitude?
   a) arregala os olhos e exclama ( )
   b) comenta com outros ( )
   c) não se envolve e silencia ( )

5. Sente-se atraído(a) pelas conversas ou notícias sobre desastres e crimes passionais?

   Sim ( ) Não ( )

   Qual a sua atitude?
   a) busca avidamente ( )
   b) apenas ouve e lê ( )
   c) evita ouvir e ler ( )

6. Comenta com outros os defeitos de alguém por quem sente qualquer antipatia?

   Sim ( ) Não ( )

   Qual a sua atitude?
   a) acentua os defeitos ( )
   b) não chega a comentar ( )
   c) evita ver os defeitos ( )

7. Sente, às vezes, incontrolável impulso, e deixa transparecer a outros um assunto reservado, confiado por pessoa de sua intimidade?

   Sim ( ) Não ( )

   Qual a sua atitude?
   a) não resiste e fala ( )
   b) apenas sente vontade de falar ( )
   c) nem sente vontade, nem fala ( )

8. Dá ouvidos a conversas sobre problemas causados por companheiros, no âmbito do centro espírita em que colabora?

   Sim ( ) Não ( )

   Qual a sua atitude?
   a) comenta e dá ouvidos ( )
   b) ouve e silencia ( )
   c) pondera com tolerância ( )

9. Alguém lhe diz: "não gosto de fulano", "beltrano é mal-encarado e presunçoso". Tendo oportunidade, você conta à pessoa em questão o que ouviu?

   Sim ( )   Não ( )

   Qual a sua atitude?
   a) não resiste e transmite o que soube ( )
   b) apenas sente vontade e nada transmite ( )
   c) esquece e nada sente ( )

10. Usa, por vezes, expressões do tipo: "aquele cara é um chato", "veja o que beltrano me fez", "fulano só quer ser o bom", etc.?

    Sim ( )   Não ( )

    Qual a sua atitude?
    a) não resiste e comenta a sua opinião ( )
    b) tem sua opinião mas não comenta ( )
    c) procura ver o lado bom da pessoa ( )

RESULTADOS

A. Conte as afirmativas de 1 a 10 e avalie-se:

   de 7 a 10: cuidado, a maledicência precisa ser combatida com todas as suas forças.

   de 5 a 6: você está conseguindo melhorar, mas ainda precisa completar sua condição de Aprendiz do Evangelho.

   de 3 a 4: meio caminho foi alcançado; prossiga, você está próximo de libertar-se desse defeito.

   de 1 a 2: falta apenas um pequeno esforço para completar sua reforma neste aspecto.

            0: afinal você conseguiu; desse defeito você está livre.

B. Conte os pontos, atribuindo às suas respostas os seguintes valores:

   1. a) 0   2. a) 0   3. a) 0
      b) 5   b) 5   b) 5
      c) 10   c) 10   c) 10

4. a) 0
   b) 5
   c) 10

5. a) 0
   b) 5
   c) 10

6. a) 0
   b) 5
   c) 10

7. a) 0
   b) 5
   c) 10

8. a) 0
   b) 5
   c) 10

9. a) 0
   b) 5
   c) 10

10. a) 0
    b) 5
    c) 10

C. Avalie-se como segue:

de 90 a 100 pontos: muito bom, excelente resultado.
de 70 a 89 pontos: bom, mas deve se cuidar.
de 40 a 69 pontos: sofrível, lute bastante.
de 0 a 39 pontos: sem comentários; esforce-se ao máximo.

Lembre-se: "O mal não merece comentário em tempo algum".

21 INTOLERÂNCIA E IMPACIÊNCIA

"Ninguém sendo perfeito, seguir-se-á que ninguém tem o direito de repreender o seu próximo?
— Certamente que não, pois cada um de vós deve trabalhar para o progresso da coletividade, e sobretudo dos que estão sob a vossa tutela. Mas, por isso mesmo deveis fazê-lo com moderação, para colimar um fim útil, e não, como as mais das vezes, pelo prazer de denegrir..."

(**Allan Kardec**. *O Evangelho Segundo o Espiritismo*. Capítulo X. Bem-aventurados os Misericordiosos. Item 19.)

INTOLERÂNCIA

Intolerância é a qualidade do indivíduo intransigente. Para melhor identificar a intolerância nas nossas manifestações, relacionemos alguns traços característicos desse defeito. São eles:

a) Austeridade para com o comportamento ou para com as obrigações dos outros, nas situações familiares, profissionais ou sociais de um modo geral;

b) Severidade exagerada quando nas funções de mando, perdendo quase sempre o controle emocional e repreendendo violentamente algum subalterno que tenha cometido certo erro em suas obrigações de serviço;

c) Rigidez nas determinações ou nas posições tomadas em relação a alguma penalidade aplicada a alguém que tenha errado e sobre quem exerça autoridade;

d) Rispidez e maus-tratos para com aqueles com quem convive, agindo com dureza e radicalidade;

e) Não-aceitação e incompreensão das infrações que alguém possa cometer, condenando-as inapelavelmente com julgamentos agressivos e depreciativos;

f) Prazer em denegrir as pessoas, evidenciando, de preferência, seus defeitos.

O intolerante não perdoa, nem mesmo atenua as falhas humanas e, por isso, falta-lhe a moderação nas apreciações para com o próximo. Vê apenas o lado errado das pessoas, o que em nada estimula o bem proceder.

A fácil irritação é também um aspecto predominante do tipo intolerante. O senso de análise e de crítica é nele muito forte. Na sua maneira de ver, quem erra tem que pagar pelo que fez. Não há considerações que possam aliviar uma falta.

Por que somos ainda tão intolerantes?

Vemos o cisco no olho do nosso vizinho e não enxergamos a trave no nosso. Gostamos de comentar só o lado desagradável e desairoso das pessoas, e isso até nos dá prazer.

Será que nessas críticas não estamos inconscientemente projetando nos outros o que mais ocultamos de nós mesmos? Não estaríamos assim salientando nas pessoas o que não temos coragem de encarar dentro de nós?

A intolerância doentia é um sintoma indicativo de que algo muito sério precisa ser corrigido dentro do nosso próprio ser.

Por que exigimos perfeição dos que nos rodeiam e somos complacentes com nossos abusos? Sejamos primeiro rigorosos conosco e, então, compreensivos com os outros.

"Incontestavelmente, é o orgulho que leva o homem a dissimular os seus próprios defeitos, tanto morais quanto físicos". (Allan Kardec. *O Evangelho Segundo o Espiritismo.* Capítulo X. Bem-aventurados os Misericordiosos. O argueiro e a trave no olho.)

Mostrando o mal nos outros, ressaltamos as supostas qualidades que acreditamos ter. É manifestação de orgulho, não nos enganemos. É proceder contrário à caridade "que Jesus se empenhou tanto em combater, como o maior obstáculo ao progresso" *(Id., ibid.).*

A censura que façamos a outrem deve antes ser dirigida a nós próprios procurando indagar se não a mereceríamos.

Analisemos, identifiquemos e lutemos por extirpar a intolerância dos nossos hábitos.

IMPACIÊNCIA

O indivíduo impaciente é tipicamente nervoso, apressado. Outros aspectos são igualmente indicativos, como os abaixo citados:

a) Inconformação: não-aceitação do desejo que não realizou;
b) Precipitação: não faz por esperar a ocasião precisa;
c) Inquietação: não se acalma quando tem que aguardar;
d) Agitação: desespero pelas frustrações sofridas;
e) Sofreguidão: angústia, ansiedade por algo que tanto quer;
f) Impertinência: teimosia, insistência intranqüila;
g) Pressa: urgência na realização dos desejos;
h) Irritação: contrariedade por algo não conseguido;
i) Aborrecimento: não-realização daquilo que queria.

Nem de tudo que desejamos possuir somos merecedores, ou estamos preparados para ter. Muitas das nossas ambições materiais poderão nos precipitar a enormes abismos, dificílimos de sair.

Contentar-se com aquilo que a sorte nos proporciona é esforço no treinamento de valorizar adequadamente o que antes desperdiçamos.

A impaciência, em qualquer área de aprendizado, indica sempre desconhecimento dos reais valores espirituais. É apego aos bens passageiros, que estimulam nossas necessidades imediatas mas que nos escravizam aos condicionamentos dos sentidos físicos.

Paciência que se esgota reflete coração que se intoxica pelo veneno da ira.

Nas manifestações em que expressamos a impaciência, a primeira providência é indagar onde reside a sua origem, o que a gerou e, a partir daí, fazer as ponderações sobre a importância essencial daquilo que nos intranqüiliza. É quase certo que localizaremos, nessas ocorrências, desejos, ambições, anseios que necessitam reparos e atenuações para eliminarmos as desastrosas tensões nervosas, desencadeantes dos problemas cardíacos e circulatórios, tão freqüentes no homem atual.

Contrariamo-nos quando não concretizamos o que queremos, impacientamo-nos deixando-nos levar pela irritação, que envenena nossa alma, contamina o perispírito de ondas magnéticas desequilibradoras, comprometendo os envoltórios sutis que constituem nossa aura, abrindo fulcros geradores de enfermidades, atingindo nossos órgãos mais predispostos e sensíveis.

Vale refrear essas nossas manifestações, exercer sobre elas nosso domínio pacífico, tranqüilo, nas reflexões dosadas com calma, no equilíbrio, na conformação e na fé nos Desígnios Maiores, elaborados sempre em nosso favor, para melhor impulsionar a evolução nos caminhos por nós mesmos escolhidos, quando na Espiritualidade.

22 NEGLIGÊNCIA E OCIOSIDADE

"A desordem e a imprevidência são duas chagas que somente uma educação bem compreendida pode curar."

(Allan Kardec. *O Livro dos Espíritos*. Livro Terceiro. Capítulo III. Lei do Trabalho. Pergunta 685-a.)

"Se Deus tivesse liberado o homem do trabalho material, seus membros seriam atrofiados; se o tivesse liberado do trabalho da inteligência, seu espírito teria ficado na infância, no estado dos instintos animais.
'Eis por que o trabalho lhe é necessário. Ele lhe disse: Busca e acharás, trabalha e produzirás; deste modo serás filho de tuas obras, pelas quais

> *terás o mérito e serás recompensado segundo o que tiveres feito."*
> (**Allan Kardec**. *O Evangelho Segundo o Espiritismo*. Capítulo XXV. Buscai e Achareis. Item 3.)

NEGLIGÊNCIA

O indivíduo negligente é aquele descuidado das suas obrigações, ou seja, sabe o que deve e precisa fazer, mas deixa para depois, relaxa, faz "corpo mole".

Queremos analisar a negligência, relacionando-a com o nosso trabalho de auto-aprimoramento moral, com as obrigações relativas aos compromissos já assumidos conosco mesmo na reforma interior. Nesse aspecto, somos todos negligentes, porque já entendemos muito bem nossas atribuições, mas simplesmente não as realizamos com a necessária intensidade e a desejada freqüência.

A negligência pode também indicar desinteresse no que nos cabe fazer, no esforço próprio que precisamos desenvolver para nos aperfeiçoar progressivamente. Não tendo o devido interesse no que pretendemos realizar, evidentemente o negligenciamos, o que é mesmo mais comum, ou seja, o comodismo atua com predomínio em nossas ações.

Procuremos examinar como a negligência se manifesta em nós e também de que forma. Assim, poderemos mais facilmente combatê-la:

a) Descuido na observação dos esforços que precisamos desenvolver para conter nossos impulsos grosseiros;

b) Desatenção nos compromissos de orar e vigiar para não cairmos em tentações;

c) Menosprezo às oportunidades de contribuir em benefício do próximo, com uma palavra confortadora, um esclarecimento, um auxílio material;

d) Preguiça em fazer algo desinteressadamente ao próximo, na freqüência ao grupo de estudos e aprendizado, na leitura esclarecedora de obras necessárias, na conversa reconciliadora no âmbito familiar, no posicionamento administrativo ponderado nas funções trabalhistas e em tantas outras ocasiões em que os receios nos inibem as ações transformadoras;

e) Irresponsabilidade no que nos foi confiado em atribuições assumidas no grupo cristão, nas tarefas que nos dizem respeito. Ao convite feito pesemos nossas possibilidades de cumpri-lo. Uma vez aceito, a não correspondente parcela de trabalho reflete irresponsabilidade;

f) Desordem na própria arrumação de objetos que se destinam às distribuições caridosas, no trato dos cadernos e registros de contribuições, nos livros que formam as bibliotecas das associações beneficentes, na conservação dos móveis e utensílios do nosso grupo de trabalho cristão, e nos pertences pessoais que nos servem de instrumentos como indumentária, obras de consulta, ferramentas, cadernos de anotações, objetos de uso, todos merecedores de nossos cuidados e zelo;

g) Imprevidência no planejamento e discussão dos programas de atividades que se buscam realizar, nos centros comunitários aos quais integremos nossa colaboração, deixando ao acaso e aos espíritos protetores o desenrolar das tarefas que nos conferem.

Do acima exposto, resta-nos conhecer "quão" negligentes somos para, então, aplicar os meios de diminuir esse defeito em nosso íntimo, o que é uma das importantes metas a serem atingidas.

OCIOSIDADE

Ser ocioso é gastar o tempo inutilmente, sem proveito; é desperdiçá-lo inativamente.

Trazemos a ociosidade para as nossas cogitações, numa abordagem dirigida ao aproveitamento do tempo nas realizações que impulsionam a nossa evolução espiritual.

Convenhamos que, nesse aspecto decisivo, somos todos ainda ociosos, isto é, gastamos o nosso valoroso tempo em muita coisa inútil ao progresso do nosso espírito.

O trabalho é uma lei imperiosa da Criação, tudo se desenvolve, caminha, evolui, produz-se como conseqüência dele, e como tal o que a ele se opõe é nocivo, prejudicial.

Vejamos, então, nesse enfoque, como localizar esse defeito em nós:

a) Lazer prolongado, além dos limites do repouso salutar ao espírito e ao corpo, em que nos entregamos à inércia contemplativa ou à indiferença de fazer algo, em exclusivo deleite pessoal, é prejuízo brevemente encontrado na atrofia mental ou no enferrujamento dos membros de locomoção;

b) Inanição pelas declaradas recusas a superar o "corpo mole" quando condicionados aos demorados sonos refazedores; não nos dispomos a abraçar encargos de auxílio ao próximo, receosos de comprometer as horas de indolência;

c) Desocupados, com tempo de sobra, quando não dividimos as horas para cultivar leituras edificantes, nem praticar caridade ou, muito menos, para o estudo e conhecimento de nós mesmos, responderemos logo, contidos nas angústias aflitivas ou nas insatisfações profundas, pela perda das oportunidades que as enfermidades mentais, quebrando a rotina vaga, vêm nos exigir urgentes correções;

d) Não deixemos para amanhã o que podemos fazer hoje, quando ainda contamos com horários livres e relativa disposição no bem. Amanhã, no ocaso da vida, poderá ser muito tarde, quando a falta dos movimentos dos braços e pernas, que não exercitamos, nos levarão aos impedimentos definitivos;

e) Improdutivos na seara que nos foi confiada, e que muito bem podemos reconhecê-la entre as múltiplas opções de serviço cristão, quando dela estivermos afastados, alegando dificuldades de tempo ou outras razões, estaremos identificados na figueira estéril que secou.

Ocupamo-nos muito com os afazeres do cotidiano. Envolvemo-nos tremendamente com as preocupações das obrigações assumidas, das prestações contraídas na aquisição de algumas das nossas necessidades e, assim, vai o tempo correndo sem percebermos. Ao olhar em nossa volta, poderemos depois encontrar inúmeros adornos decorativos, móveis modernos, veículos novos, aparelhos de som e de imagem, propriedades diversas, mas, em nosso íntimo, quase sempre um vazio profundo certamente residirá e não raro a ausência dos entes mais caros. Indagaremos então: de que nos valeu tudo isso? Onde está a felicidade supostamente conquistada? O que realmente construímos de bom?

Ponderemos, queridos amigos, ainda hoje, aonde estamos aplicando o nosso tempo tão precioso, e não nos percamos em coisas vãs e supérfluas. A época em que vivemos é de resgate e de acertos de contas. Otimizemos nossos esforços, valorizemos as horas no trabalho que nos proporcione o necessário e renunciemos às ocupações extras que nos permitem obter o que pode ser dispensado.

Dediquemos maior espaço de tempo nas atividades que desenvolvem e enriquecem o nosso espírito, nas obras que poderão ser revestidas em méritos e créditos, recompensando-nos segundo o que tivermos feito de bem ao próximo.

Lembremo-nos de que, mesmo muito ocupados materialmente, poderemos estar sendo ociosos espiritualmente...

23 REMINISCÊNCIAS E TENDÊNCIAS

"As tendências instintivas do homem sendo uma reminiscência do seu passado, conclui-se que, pelo estudo dessas tendências, ele poderá conhecer as faltas que cometeu?
— Sem dúvida, até certo ponto, mas é necessário ter em conta a melhora que se possa ter operado no Espírito e as resoluções que ele tomou no seu estado errante. A existência atual pode ser muito melhor que a precedente."

(**Allan Kardec**. *O Livro dos Espíritos*. Capítulo VII. Retorno à Vida Corporal. Pergunta 398.)

"Sendo as vicissitudes da vida corpórea, ao mesmo tempo, uma expiação das faltas passadas e provas para o futuro, segue-se que, da natureza dessas vicissitudes, possa induzir-se o gênero da existência anterior?
— Muito freqüentemente, pois cada um é punido naquilo em que pecou. Entretanto, não se deve tirar disso uma regra absoluta; as tendências instintivas são um índice mais seguro, porque as provas que um Espírito sofre tanto se referem ao futuro quanto ao passado."

(**Allan Kardec**. *O Livro dos Espíritos*. Capítulo VII. Retorno à Vida Corporal. Pergunta 399.)

De que modo poderemos compreender melhor alguns traços ou disposições que parecem ser natos em nosso comportamento?

Certamente reconhecemos, por vezes, em nossa maneira de reagir, algumas manifestações que são típicas e que não temos nítida consciência do "porquê" de elas acontecerem incontroladamente. Essas manifestações podem estar contidas num enorme quadro de configurações de nossas reações interiores, assim chamadas predisposições, tendências, inclinações, pendores, impulsos compulsivos, e estão estreitamente relacionadas com os nossos hábitos e vícios, erros e defeitos.

O princípio da reencarnação, um dos fundamentos do Espiritismo, abre amplamente o entendimento dessas tendências instintivas, que constituem grande parte da atividade mental do homem, de forma inconsciente, incontrolada, impulsiva, irresistível.

É muito grande o acervo de experiências marcantes que se gravaram em nosso espírito através das múltiplas reencarnações passadas, e que constitui o material adquirido e arquivado nas suas camadas magnéticas sutis. Considerando-se a mente como nossa central geradora de forças, sediada no espírito, nela registram-se as impressões criadas nas experiências vividas em todas as épocas, de forma semelhante às trilhas magnéticas deixadas numa película plástica, ou como num computador eletrônico, que reúne incontáveis informações que permanecem guardadas por um processo de memorização[14].

Do mesmo modo, esses dados registrados na memória de certos aparelhos, quando indicam valores de carga acima ou abaixo de padrões estabelecidos, emitem sinais que vão provocar ações corretivas no complexo sistema de automatismos controladores, que podem regular o funcionamento de uma central abastecedora de energia elétrica, entre outros exemplos de aplicação. Ora, a nossa mente tem também o seu potencial de registro, de processamento e de resposta àquelas experiências vividas, que devem igualmente se acumular em microcamadas magnéticas sutis, inter-relacionadas, possivelmente em outras dimensões, capazes de reter sons, imagens, emoções, idéias. Do mesmo modo, quando essas emoções e idéias ferem e comprometem certos padrões estabelecidos pelas leis morais, que constituem as leis divinas, ainda é a própria mente que, atingida no supraconsciente por aquelas perturbações do seu equilíbrio, vai emitir respostas corretivas em direção àqueles sulcos ou focos que permanecem

---

[14] Memória de um aparelho computador, é a sua capacidade de processar, responder e guardar certo número de informações ou dados.
O computador de fato processa informações ou dados, mas através do recebimento de informações. E também responde, emitindo os resultados. Porém, a "memória" do computador – para *guardar* dados – é *externa* ao aparelho, e se faz através de fitas, discos ou cartões.

em agitação enquanto não forem corrigidos: são os distúrbios, as desarmonias, distonias, inquietações, que a própria consciência guarda e acumula, superpondo no tempo os indeléveis registros carentes de renovação.

Aqueles pontos em desequilíbrio passam a comprometer o fluir normal das energias do espírito, criando tensões nas microcamadas magnéticas multidimensionais da mente, manifestando-se nas formas de afloramentos, de lampejos, de impulsos, que emergem das profundidades do inconsciente para o presente, de forma viva e atuante.

Para o espírito encarnado, condicionado ao novo equipamento orgânico e à atual programação reencarnatória, a lembrança daquelas experiências desagradáveis ficou momentaneamente submersa, e ele não se recorda, portanto, das ocorrências propriamente, mas elas agem, pois são de sua propriedade e foi a sua própria consciência que as registrou para voluntária ou compulsoriamente corrigi-las. Formam elas os processos e os conteúdos do nosso inconsciente e as suas manifestações acontecem de forma velada para o nosso consciente. Representam, assim, as reminiscências, que se caracterizam pelas tendências instintivas que trazemos.

Como poderemos, então, pelo conhecimento, no estudo e na análise dessas tendências, trabalhar voluntariamente para retificá-las, corrigindo os acontecimentos transgressores?

O Prof. Carlos Toledo Rizzini, em seu livro *Evolução para o Terceiro Milênio* (Capítulo 5. Desequilíbrios. Enfermidades. Item 18. Impulsos; impulsos convulsivos), trata com detalhes dos mecanismos de atuação dessas tendências instintivas que o mestre Kardec indagou aos Espíritos, como indicativas das nossas faltas cometidas no passado (*O Livro dos Espíritos*. Pergunta 398). Diz-nos Carlos Rizzini (Parágrafo 2): impulso é um "estado de excitação do sistema nervoso central, que surge em resposta a um estímulo interno ou externo, o qual poderá ser uma pessoa, uma cena, uma conversa, uma palavra, insultos, bebida, etc." e, assim, "originado por forças inconscientes, aparece, posto isso, na área do consciente"... "Inúmeras vezes não sabemos a que coisa o inconsciente reagiu tão fortemente, a ponto de criar um impulso, que será sentido em forma de súbita emoção ou comando imperioso".

O parágrafo 6 do já citado item 18, pela sua importância no objetivo de dilatar o entendimento pessoal para as manifestações intempestivas do nosso ser, é transcrito abaixo:

"Um impulso pode renascer muitas vezes, fazendo com que o sujeito sinta o choque emocional sem ter conhecimento consciente da situação desagradável que está representada em sua mente inconsciente. Ocorre, portanto, uma dissociação entre a emoção sentida e as imagens correspondentes. Estas permanecem ignoradas, enquanto aquela se liberta diante do *novo fato* que serve de estímulo, e vem afetar o consciente. Nesse caso, a pessoa, diante de outra ou de algum acontecimento, sente-se invadida por *imperioso impulso* de agredir, ofender, fugir, tremer, gritar, calar-se, etc., sem compreender a razão do que está se passando com ela, razão que jaz no inconsciente sob a forma de recordação completa de um *evento semelhante* (ou equivalente), *desta ou mais comumente de outra vida.* O que sobe ao consciente, por obra do estímulo, é parte da energia ligada às lembranças, a qual vai desencadear o estado emotivo incompreendido".

"Mediante a exposição acima, compreende-se que, conforme as experiências gravadas no espírito, uma pessoa mantenha-se calma diante de situações desagradáveis que envolvam certos indivíduos, e profundamente irritada em face de outras sem importância, mas relacionadas com determinadas pessoas. *E. g.,* o pai que não ouve o insulto de um filho e zanga-se com outro porque se atrasou cinco minutos para o jantar. Uns fatos atingem porções sensibilizadas do inconsciente (ou agitam certos conteúdos dele), e outros não encontram ressonância ali."

Diante dos vários estímulos que — no convívio com familiares, colegas de trabalho e pessoas em sociedade — podem desencadear os impulsos decorrentes de ódios, vinganças, orgulho ferido, inveja, ciúmes, personalismo, intolerâncias, impaciências, urdidos do passado, temos duas opções: 1ª o perdão que corrige o desequilíbrio provocado na própria consciência e harmoniza o espírito com as leis divinas; e 2ª a repetição do erro, que intensifica e agrava a transgressão, mantendo-nos infelizes e presos a resgates compulsórios em novas experiências, nessa ou em outra existência.

Essas tendências que trazemos de nascença, refletem a nossa realidade espiritual, estão ligadas à nossa história evolutiva, encerram a verdade que cada um traz dentro de si mesmo, no hoje, no agora, e que pode manifestar-se a qualquer instante, basta apenas haver um incentivo, uma provocação. Desse modo, a observação, o estudo, a análise desse nosso mundo de tantas cenas passadas, que se esconde no inconsciente, e que apenas se deixa conhecer pelos lampejos de nossos impulsos, são os meios que temos para desvendar nossos pontos fracos, que possivelmente vêm se repetindo de existência em existência, e com os quais temos lutado, procurando melhorar nesse plano e, quando na Espiritualidade, pelas resoluções tomadas de renovação.

André Luiz diz-nos ainda que os citados impulsos são facilmente superexcitados por estímulos constantes produzidos por espíritos desencarnados, cujas emissões mentais são idênticas às do encarnado que perseguem. Apresentamos, quase sempre, resquícios de nossas fraquezas ainda não superadas, oferecendo pasto fácil aos atentos inspetores invisíveis do mal que, inteligentemente, recorrem às nossas antigas debilidades para torpedear nossa resistência, induzindo-nos de forma envolvente, hipnótica, a repetir as mesmas reações que estamos assim a elas predispostos.

E nem sequer nos damos conta disso. Quando percebemos, já cometemos as mesmas intemperanças e novos esforços empenhamos para não repeti-las. Trazemos também, para a presente vida, certas inclinações de repetir hábitos e necessidades alimentados numa vida anterior mal conduzida, tais como os costumes de beber, fumar, comer demasiado, jogar, cometer gastos supérfluos e exageros no vestir, irresistível atração pelo sexo oposto, comodismo ocioso, preguiça, conquista de prestígio social, desejo de domínio, aquisição de riqueza, aumento de propriedades, etc.

De alguma forma somos testados, até sem saber, nas resoluções que tomamos quando na Erraticidade e na melhora que possamos ter operado no nosso Espírito, ao defrontarmo-nos com semelhantes experiências na presente vida. A correção, retificação do erro, ou o reequilíbrio de nossa consciência, não se realiza apenas com bons propósitos. É necessário dar provas, isto é, ao passar pelas mesmas ocorrências do ontem distante, refrear os nossos impulsos retrógrados com a luz do entendimento e transformá-los em impulsos evolutivos que nos libertam a alma.

É muito suave, reconfortante e tranqüilizador o que sentimos ao superar uma má inclinação, um impulso de rancor, de irritação, um hábito desagradável, uma deficiência de conduta, um defeito moral, um vício ou costume. É como se fôssemos fortalecidos e agraciados dentro de nós mesmos por uma batalha vencida, uma conquista realizada.

Esse conteúdo emocional robustece o nosso espírito e amplia nossa consciência, equilibra nossas energias e restaura, nas camadas profundas do inconsciente, a saúde mental. Recuperamos nosso bem-estar e ampliamos nossa capacidade de amar.

A TERAPIA DAS VIDAS PASSADAS

Interessante trabalho vem sendo realizado há catorze anos por um psicólogo americano, Dr. Morris Netherton, que descreve, em seu recente livro *Past Lives Therapy (Terapia das Vidas Passadas)*, como tem tratado, em seu consultório de psicoterapia, casos de traumas, fobias, distúrbios de comportamento, problemas sexuais, alcoolismo, enxaquecas, úlceras, epilepsias, gerados em acontecimentos e experiências muito marcantes de vidas anteriores. Segundo o Dr. Netherton, aqueles fatos ficaram indelevelmente registrados, como cicatrizes, no "inconsciente", passando a exercer pressões emocionais no indivíduo, até que conscientemente ele possa compreender o desenrolar histórico e o encadeamento dos fatos que lhe causam os problemas do presente. O autor comenta que cada um traz registrada em si mesmo toda a sua história, encerrando as próprias verdades que, uma vez aceitas e deliberadamente assumidas como de nossa responsabilidade pessoal, começam então a funcionar, auxiliando-nos nas mudanças de comportamento. A partir disso, o processo de reequilíbrio tem seqüência, os indivíduos compreendem as causas e os mecanismos dos seus males e realizam a própria cura na mudança das atitudes.

PRESENTE
MENTE
Central Registradora
Eventos

PASSADO

FUTURO

"Impacto Esclarecedor"
(Experimentado na Regressão)

A

← REGRESSÃO

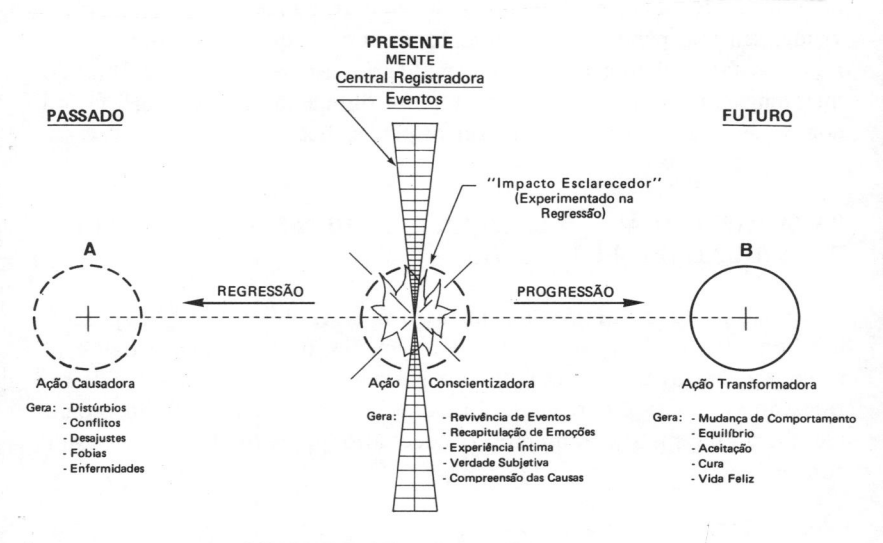

PROGRESSÃO →

B

Ação Causadora

Gera: - Distúrbios
 - Conflitos
 - Desajustes
 - Fobias
 - Enfermidades

Ação Conscientizadora

Gera: - Revivência de Eventos
 - Recapitulação de Emoções
 - Experiência Íntima
 - Verdade Subjetiva
 - Compreensão das Causas

Ação Transformadora

Gera: - Mudança de Comportamento
 - Equilíbrio
 - Aceitação
 - Cura
 - Vida Feliz

DIAGRAMA DAS TERAPIAS REGRESSIVAS

Desaparecem os sintomas e as criaturas voltam à normalidade, passando de apáticas a joviais, de agressivas a sociáveis, de introspectivas a comunicativas, de esquisitas a simpáticas, de enfermas a sãs. Há uma melhora geral nas pessoas, fruto da própria renovação mental. Comentamos esses resultados por encontrar importante subsídio comprobatório das reminiscências que todos apresentamos e que só depende de nós mesmos atenuá-las pelo trabalho consciente nas próprias mudanças de atitudes.

Mostramos, na página 119, um Diagrama das Terapias Regressivas, que ilustra o processo do despertar consciente, pelo qual passa o indivíduo submetido a uma experiência de regressão. Ele conjuga em si mesmo os fatos do passado (A) com a sua problemática de hoje, fazendo relacionar com clareza as causas do ontem distante e os efeitos conflitantes que vive agora.

Inicia-se, então, todo o seu esforço de renovação, pelas mudanças íntimas no seu comportamento (B), que ele mesmo realiza naturalmente.

O que lhe era obscuro e nebuloso no seu mundo interior passa a ser compreendido e explicado dentro de uma realidade que lhe é própria, vivida, sentida, percebida. Ele mesmo entende o que deve e precisa corrigir, e o faz deliberadamente, exatamente nos aspectos que ele, melhor do que ninguém, conhece. É, portanto, um "impacto esclarecedor" vivido com todas as cores, emoções, imagens e percepções.

PARA APLICAÇÃO: IDENTIFIQUE AQUI AS CONSEQÜÊNCIAS INDIVIDUAIS DO SEU PASSADO

O espírito de Emmanuel, no livro *Leis de Amor,* nos enseja todo um conjunto de respostas que esclarecem, de modo prático e objetivo, as conseqüências de nossas faltas do passado, e os seus processos de retificação, regeneração, reabilitação ou emendas. Vejamos, então, como identificá-los em nós e tiremos o necessário proveito do que a seguir condensamos.

(Nota: Leia a cada Causa, nas Doenças, e procure nas páginas adiante, o seu Efeito correspondente, no item de igual número, de 1 à 7. Leia o *Ontem, Na Família, Na Profissão e no Mundo,* e procure adiante, na numeração correspondente, o resultado em cada *Hoje,* de 8 à 20.)

NAS DOENÇAS

CAUSA

1. Ação errada em diferentes setores da vida:
   a) ódios, vinganças, agressões;
   b) irritação, intolerância, intemperança;
   c) extravagâncias no comer;
   d) alcoolismo, entorpecentes;
   e) maledicência, calúnia;
   f) desequilíbrios do sexo;
   g) crimes;
   h) fumo.

2. Intelectuais que aplicaram mal ou deterioraram o conhecimento e os recursos do sentimento com prejuízos à coletividade.

3. Artistas que corromperam a inteligência alheia nos abusos da imaginação viciosa provocados pelas suas obras ao próximo.

4. Oradores, tribunos e pessoas que influenciaram mal pela palavra, caluniando, ferindo, comprometendo criaturas na maledicência.

5. Utilização desregrada do sexo, no terreno das paixões irresponsáveis, prejudicando corações e provocando tragédias.

6. Casos profundos de cometimentos graves, nos crimes, suicídios, sacrifícios físicos a pessoas, atos de delinqüência, abusos da força.

7. Imprudência, desmazelo, revolta, preguiça, embriaguez, cólera, ociosidade, desânimo.

Na Família

Ontem

8. Filhos do passado, onde inoculamos o egoísmo e a intolerância.

9. Irmãos que arrojamos à intemperança e à delinqüência.

10. Jovem que induzimos ao desequilíbrio e à crueldade.

11. Esposo que precipitamos na deserção, com os próprios desenganos e traições.

12. Mulher que menosprezamos, obrigando-a a resvalar no poço da loucura.

13. Amigos com os quais construímos sólida amizade e entendimento no reconforto da segurança recíproca.

Na Profissão

Ontem

14. Pensadores que corrompiam a mente popular com as depravações.

15. Conquistadores militares, tiranos que forjaram a miséria física e moral dos semelhantes.

16. Dominadores políticos que dilapidaram a confiança do povo.

17. Guerreiros e soldados que usavam as armas para praticar seus instintos destruidores.

18. Carrascos rurais, agiotas desnaturados, defraudadores da economia pública e mordomos do solo, convertidos em agentes do furto.

19. Mulheres ocupadas na maledicência e na intriga, prejudicando a liberdade e o progresso.

No Mundo

Ontem

20. Protagonistas de tragédias passionais, criminosos de guerra, aproveitadores de lutas civis, exploradores do sofrimento humano, caluniadores, empreiteiros do aborto e da devassidão, malfeitores.

NAS DOENÇAS

EFEITO

1. Vinca o perispírito com desequilíbrios que o predispõem a determinadas enfermidades, conforme o órgão atingido:
    a) cardiopatias;
    b) doenças hepáticas;
    c) ulcerações, gastralgias;
    d) loucura, idiotia;
    e) surdez, mudez;
    f) cansaço precoce, distrofia muscular, epilepsia, câncer;
    g) mutilações dolorosas;
    h) asmas, bronquites, doenças pulmonares.

2. Impedimentos cerebrais como alavancas coercitivas contra as tendências do mau uso da intelectualidade.
3. Moléstias ou mutilações que os incapacitem de cair nos mesmos erros.
4. Deficiências vocais e auditivas para não repetirem as mesmas inclinações.
5. Doenças inibidoras das funções genéticas, como meios de contenção dos impulsos inferiores das paixões.
6. Idiotia, loucura, cegueira, paralisias congênitas irreversíveis, deformações irremediáveis, como celas regenerativas para correção compulsória dos delitos cometidos.
7. Desequilíbrios e moléstias nessa mesma existência, conseqüentes dos prejuízos das funções dos órgãos físicos.

Na Família

Hoje

8. Pais despóticos.
9. Filhos rebeldes e viciados.
10. Filha desatinada nos desregramentos do coração.
11. Marido desleal ou ingrato.
12. Esposa desorientada e incompreensiva.
13. Parentes abnegados que nos auxiliam.

Na Profissão

Hoje

14. Professores laboriosos aprendendo a ministrar disciplinas.
15. Administradores capacitados à distribuição de valores e tarefas edificantes.
16. Comerciantes e agricultores auxiliando as mesmas comunidades que deprimiram.
17. Mecânicos, operários metalúrgicos e carpinteiros, dignificando o metal e a madeira que perverteram.

18. Servidores humildes do solo, no preparo, plantio e colheita, nas zonas rurais, pagando com o suor as dívidas que antes contraíram.
19. Servidoras domésticas, presas a obrigações caseiras, junto de caçarolas e tanques de lavar.

No Mundo
Hoje

20. Voltam em tribulações compatíveis com os débitos assumidos, às vezes junto às próprias vítimas no mesmo teto familiar, ou sofrem desastres dolorosos, acidentes, flagelos, incêndios, nas ocorrências individuais ou coletivas.

24 AS VIRTUDES

"Qual a mais meritória de todas as virtudes? — Todas as virtudes têm o seu mérito, porque todas são indícios de progresso no caminho do bem. Há virtudes sempre que há resistência voluntária ao arrastamento das más tendências; mas a sublimidade da virtude consiste no sacrifício do interesse pessoal para o bem do próximo, sem segunda intenção. A mais meritória é aquela que se baseia na caridade mais desinteressada."

(Allan Kardec. *O Livro dos Espíritos.* Livro Terceiro. Capítulo XII. Perfeição Moral. Pergunta 893.)

Até parece que, em nossos dias, não se usa mais a palavra "virtude". Pouco se comenta, de um modo geral, sobre as virtudes dos homens, antes admiradas e respeitadas, hoje de exemplos tão raros.

A impressão que guardamos dos comentários feitos a respeito das virtudes vem possivelmente das educadoras religiosas, na nossa infância, quando pareciam ser qualidades apenas das criaturas santas e angelicais, distantes das nossas próprias possibilidades. Querer ser virtuoso, quando criança, era a imagem do garoto obediente, bem comportado, que não falava nome feio, que não brincava espontaneamente; era a figurinha aureolada, introspectiva, coisa ridícula para as crianças de hoje.

Quem atualmente valoriza as qualidades virtuosas e as procura incentivar? Bem poucos, podemos dizer; é coisa de antigamente, das cidades pequenas, das famílias tradicionais, já não compatível com os padrões sociais das cidades que muito cresceram, onde poucos se conhecem e todos levam as suas vidas despreocupados com a retidão de caráter, a seriedade profissional, a honestidade, a fidelidade conjugal, a boa educação de princípios.

Virtude, no entanto, não é algo tão distante assim do nosso modo de ser. Os dicionários assim a definem: "Disposição firme e constante para a prática do bem"[15].

"Há virtude toda vez que há resistência voluntária ao arrastamento das más tendências", nos afirmam os instrutores espirituais. Então, não é assim tão afastada das nossas possibilidades, mesmo que estejamos desacostumados a falar desses valores, ou mais ainda, de cultivá-los em nós mesmos e no nosso meio.

Temos, nas virtudes, aqueles padrões de comportamento que um dia chegaremos a vivenciar espontaneamente, sem que para isso nos custe algum esforço. Reagiremos de modo natural, por hábito, com bons sentimentos, sem dificuldades.

É preciso compreender que a atitude virtuosa deve estar despida do interesse pessoal, ou das intenções ocultas; praticar o bem pelo próprio bem. Dizem-nos os amigos da Espiritualidade: "O sublime da virtude consiste no sacrifício do interesse pessoal para o bem do próximo, sem intenção oculta". (*O Livro dos Espíritos*. Pergunta 893.) E a maior qualidade que a virtude pode ter é a de ser praticada com a mais desinteressada caridade, o que lhe confere grandioso mérito.

Características Básicas das Virtudes

Propondo-nos à realização progressiva do nosso auto-aprimoramento, vamos juntos estudar as características básicas das virtudes, isto é, procuremos conhecer seus principais aspectos, o que muito facilitará a sua prática no nosso relacionamento com as pessoas de todas as áreas sociais a que pertençamos.

O Espírito da Verdade, no *Evangelho Segundo o Espiritismo*, de Allan Kardec (Capítulo VI. Item 8. O Cristo Consolador), fala-nos do

---

[15] Aurélio Buarque de Holanda Ferreira. *Novo Dicionário da Língua Portuguesa*. 1ª ed.

"devotamento" e da "abnegação", afirmando que a sabedoria humana reside nessas duas palavras.

Diz-nos: "Adotai por divisa estas duas virtudes: devotamento e abnegação, e sereis fortes, porque elas resumem todos os deveres impostos pela caridade e humildade".

"Devotamento" é dedicação, afeição com religiosidade, com sentimento de amor profundo, a uma causa ou a criaturas.

"Abnegação" é desinteresse, desprendimento, renúncia, sacrifício voluntário do que há de egoístico nos desejos e tendências naturais do homem em proveito de uma pessoa, causa ou idéia. **(Aurélio Buarque de Holanda Ferreira.** *Novo Dicionário da Língua Portuguesa.* 1ª ed.)

No Livro dos Espíritos, de Allan Kardec (Capítulo XII. Perfeição Moral. Das Paixões), a pergunta 912 indaga: "Qual o meio mais eficaz de se combater a predominância da natureza corpórea?" O que entendemos ser a predominância da própria natureza animal do homem, a manifestação dos seus desejos, dos interesses pessoais, das paixões desenfreadas, do egoísmo humano.

A essa pergunta, os instrutores da equipe espiritual da Codificação responderam apenas:

"Praticar a abnegação".

Resumindo

Desse apanhado, podemos enumerar de modo simples, como meio para a nossa aferição individual, as características fundamentais das virtudes, como consistindo no seguinte:

a) Disposição firme e constante para a prática do bem;

b) Prática da resistência voluntária ao arrastamento das más tendências;

c) Sacrifício voluntário do interesse pessoal, renunciando pelo bem do próximo — abnegação;

d) Prática da caridade desinteressada, empregada com discernimento para o proveito real dos que dela necessitam;

e) Dedicação com sentimento de amor profundo e desprendimento — devotamento;

f) Fazer o bem por impulso espontâneo, natural, por hábito, sem esforço ou dificuldade.

Nos capítulos seguintes procuraremos entrar em detalhes, especificando as características principais das virtudes mais comuns que almejamos exercitar.

25 HUMILDADE, MODÉSTIA, SOBRIEDADE

"Os males deste mundo estão na razão das necessidades artificiais que criais para vós mesmos. Aquele que sabe limitar os seus desejos, e ver sem cobiça o que está fora das suas possibilidades, poupa-se a muitos aborrecimentos nesta vida. O mais rico é aquele que tem menos necessidades."

(**Allan Kardec**. O Livro dos Espíritos. Livro Quarto. Capítulo I. Penas e Gozos Terrenos. Parte da resposta à pergunta 926.)

Como cultivar em nós a simplicidade de coração e a humildade de espírito?

Como transformar o orgulho que tanto predomina em todas as nossas atitudes?

Vejamos como podemos ser verdadeiramente humildes:

a) Quando estivermos nos dando muito valor, pelo que possuímos financeiramente, pela posição social à qual chegamos, pelo cargo que ocupamos, ou pelo conhecimento adquirido, no elevado conceito que possamos fazer de nós mesmos, meditemos seriamente, com urgência, no falso rumo em que nos achamos e esforcemo-nos em refrear os ímpetos de revolta, de inconformação, as exaltações de ânimo, os melindres, as queixas, indicativos de nosso engano;

b) Aplicando o princípio de que a verdadeira sabedoria está na condição de, pelo muito que possamos conhecer, conseguir avaliar o pouco que atingimos e a pequenez que representamos diante da imensidão universal. O pouco saber nos afasta de Deus, o muito saber Dele nos aproxima. O verdadeiro sábio percebe que nada sabe;

c) Aceitando com respeito e igualdade as opiniões, idéias, pensamentos e convicções dos que conosco convivendo contrariem nossas certezas, procurando entender que anteriormente às palavras por eles pronunciadas, incontáveis experiências marcaram-lhes o espírito, não raro dolorosamente;

d) Ouvindo com paciência e atenção, sem deixar perturbar nossas emoções de revide, todas as vezes que formos por alguém criticados;

e) Vigiando o nosso entusiasmo, nos planos a serem concretizados, para não resvalarmos nos prejudiciais destaques que a nossa pessoa sempre almeja, confundindo-se nas manifestações de vaidade;

f) Evitando o menosprezo a quem quer que seja, por maiores que sejam as razões a nosso favor, para não faltarmos com o importante dever de caridade, que precisa revestir todas as nossas ações;

g) Sendo submissos às ordens recebidas nos deveres assumidos, mesmo que contrárias aos nossos pontos de vista, como treinamento necessário de renúncia aos nossos caprichos;

h) Procurando sempre o lado simples e belo de todas as coisas, independente das aparências enganosas que possam agradar aos nossos sentidos físicos;

i) Valorizando todas as oportunidades de exercer as funções mais modestas e desempenhar os afazeres mais singelos, silenciando com toda a força as possíveis inconformações, pois quem quiser ser o maior, seja o melhor servo dentre todos;

j) Verificando que pobreza de espírito não é desmazelo, nem aparência esfarrapada, ou até falsa modéstia, é condição íntima de reconhecimento da nossa parca evolução, sem que para isso chamemos a atenção da nossa inferioridade pela maneira de vestir, de falar ou de se referir a nós mesmos;

l) Resistindo de todos os modos possíveis aos nossos impulsos de insubordinação e ódio quando formos injustiçados, caluniados, humilhados, menosprezados, machucados ou ofendidos por quaisquer pessoas. Reconheçamos que somente Deus pode julgar nossos atos e, se temos nosso coração puro, Ele nos recompensará;

m) Evitando de qualquer maneira a ostentação ou mesmo a espera do reconhecimento, por outrem, das boas obras que estejamos conduzindo. Fazer o bem destruindo aos poucos os altares e monumentos, erguidos ou referidos à vaidade, é também combate ao orgulho humano.

Em poucas palavras, resumimos:

Ser humilde é ser:

1º Despretensioso;
2º Conformado;
3º Resignado;
4º Simples;
5º Submisso;
6º Respeitoso;
7º Reservado;
8º Comedido;
9º Moderado;
10º Sóbrio.

Esse é o decálogo do homem humilde, que precisamos guardar para comfronto diário com as nossas manifestações interiores.

26 RESIGNAÇÃO

"Existem males que não dependem da maneira de agir e que ferem o homem mais justo. Não há algum meio de se preservar deles?
— O atingido deve resignar-se e sofrer sem queixas, se deseja progredir. Entretanto, terá sempre uma consolação da sua própria consciência, que lhe dá a esperança de um futuro melhor, desde que faça o necessário para obtê-lo!"
(**Allan Kardec**. *O Livro dos Espíritos*. Livro Quarto. Capítulo I. Penas e Gozos Terrenos. Pergunta 924.)

"A Doutrina de Jesus ensina a obediência e a resignação, duas virtudes que são companheiras da doçura, muito ativas, embora os homens as confundam erroneamente com a negação do sentimento e da vontade. A obediência é o con-

> *sentimento da razão; a resignação é o consentimento do coração."*
>
> **(Allan Kardec.** *O Evangelho Segundo o Espiritismo.* Capítulo IX. Bem-aventurados os Brandos e Pacíficos. Obediência e Resignação — Lázaro.)

Para sermos resignados precisamos aprender a não lamentar a nossa sorte e a aceitar com submissão paciente os sofrimentos da vida.

Pelo que já entendemos do valor que representa o sofrimento, no burilamento do nosso espírito, nas ações corretivas ao nosso orgulho, como colheita dos males que tenhamos plantado ontem, é a resignação o melhor testemunho da nossa compreensão, a melhor prova do nosso amor a Deus.

Nada nos acontece por acaso, e nos dói exatamente no local onde mais carecemos de remédio. Onde mais somos atingidos pelo sofrimento é também onde mais necessariamente a corrigenda deve ser feita.

Quando assim não aplicamos a resignação, desperdiçamos o aproveitamento que a prova dolorosa nos oferece e prolongamos a experiência retificadora até que o consentimento do coração nos transforme.

Então, como agir?

a) Manter a paciência, por mais demorada que pareça ser a fase de dificuldade pela qual estamos passando;

b) Render obediência aos impositivos que possam nos contrariar as preferências no trabalho ou em casa;

c) Aceitar as incompreensões dos entes mais próximos, nas horas mais amargas, sem esboçar quaisquer reações de revolta;

d) Submeter-se ao despotismo e à rispidez das criaturas agressivas que surjam no nosso convívio;

e) Renunciar ao que não podemos possuir, mesmo sendo algo de há muito desejado;

f) Conformar-se com os sacrifícios que devamos fazer nas horas de escassez financeira;

g) Não reclamar de quem quer que seja nas épocas de crise social, política ou econômica;

h) Consolar-se em preces profundamente sentidas com a esperança de que a Providência Divina suprirá nossas necessidades na hora aprazada;

i) Recorrer à sustentação vibratória dos Amigos Espirituais, pela leitura evangélica e pelo estudo doutrinário nas reuniões do lar, quando renovamos nossas forças para resistir aos embates da vida.

As expressões de obediência e resignação nos elevam a alma, como forças de grande impulso transformador, ampliando-nos a capacidade de amar a Deus, de seguir a Jesus e de difundir, entre os homens, a fé, a esperança e a consolação. Com elas valorizamos as nossas provas e completamos nossos resgates; sem elas repetimos oportunidades perdidas e prorrogamos nossos ajustes.

27 SENSATEZ, PIEDADE

SENSATEZ

"... *Não tenta dar valor ao seu espírito, nem aos seus talentos, a expensas dos outros. Pelo contrário, aproveita todas as ocasiões para fazer sobressair as vantagens dos outros. Não se envaidece jamais com sua sorte, nem com seus predicados pessoais, porque sabe que tudo quanto lhe foi dado pode ser retirado.*
"*Usa mas não abusa dos bens que lhe são concedidos, porque sabe tratar-se de um depósito, do qual deverá prestar contas, e que o emprego mais prejudicial para si mesmo, que poderá lhes dar, é pô-los ao serviço da satisfação de suas paixões.*"

(**Allan Kardec.** *O Evangelho Segundo o Espiritismo.* Capítulo XVII. Sede Perfeitos. O Homem de bem.)

Ser sensato nas suas determinações é aquele indivíduo judicioso, que age com cautela e sabedoria. Sabedoria pressupõe conhecimento das verdades espirituais e, portanto, da importância dos fatos e ocorrências da vida como meios para nos elevar na escalada da evolução espiritual. Assim, a visão desse ângulo, quando somos chamados a agir, é posição que devemos tomar, para sermos coerentes com a lei divina ou natural que a tudo preside.

É até inadmissível agirmos contrariamente a esse posicionamento, quando já estamos a par dos princípios doutrinários espíritas. No entanto, como somos quase sempre envolvidos pelos impulsos emocionais que antecedem nossas ações no proceder, deixamos de analisar com prudência os acontecimentos vividos e não aplicamos a sensatez no que fazemos.

De que modo podemos ser sensatos?

a) Pensando cautelosamente nas conseqüências que os nossos atos possam causar de prejudicial a outrem;

b) Evitando comentários que possam acarretar dificuldades, separações, intrigas, desentendimentos a quaisquer pessoas;

c) Afastando as oportunidades que nos induzam a cometer erros e falhas;

d) Renunciando aos desejos caprichosos de posse entre as paixões que ainda perduram em nós;

e) Pesando com reserva os próprios pensamentos, idéias ou impressões, antes de articulá-los em palavras, para não veicularmos por hipótese alguma a má informação;

f) Agindo com discrição, sem alaridos, discussões ou críticas, nas decisões que nos dizem respeito, que envolvam criaturas humanas;

g) Controlando com previdência os hábitos e costumes que possam comprometer nossa saúde física ou nosso equilíbrio emocional;

h) Indagando sempre do bom uso que estamos fazendo, com proveito geral, dos bens materiais que nos foram confiados;

i) Utilizando os talentos que judiciosamente identificamos em nós, colocando-os a serviço do bem comum, sem vaidade ou presunção, com circunspecção e modéstia.

Quem já conhece — embora pouco — a destinação espiritual do ser que nos anima o corpo, é naturalmente dirigido a pesar muito bem todos os pensamentos, palavras e atitudes, como decorrência do amadurecimento interior, cujos frutos começamos a cultivar, nos cuidados de tudo que sai de nós: criações ou obras, expressões ou gestos, conversas ou comentários, idéias ou irradiações, que a sensatez pode aprimorar dignificando-nos à condição de filhos de Deus.

PIEDADE

> *"O sentimento que mais acelera o progresso, domando o egoísmo e o orgulho, dispondo a alma à fraternidade, à beneficência e ao amor do próximo, é a piedade; essa piedade que vos comove até as fibras mais íntimas, diante do sofrimento de vossos irmãos, que vos leva a estender-lhes a mão caridosa e arrancar lágrimas de simpatia."*
>
> (**Allan Kardec**. *O Evangelho Segundo o Espiritismo*. Capítulo XIII. Que a Mão Esquerda Não Saiba o Que Faz a Direita. Item 17. A Piedade — Michel.)

Esse sentimento que emana dos corações sensíveis em direção aos que estão sofrendo pode refletir em nós com maior ou menor intensidade, variando dos menores lampejos de dó às comoções mais profundas.

O que nos torna mais sensíveis ao sofrimento alheio?

Quais os meios de canalizar mais corretamente esses sentimentos, em benefício daqueles que nos tocam a compaixão?

Podemos cultivar a piedade? Com que finalidade?

Essas talvez sejam algumas indagações que faríamos nessa época de tantas tribulações e de interesses imediatistas. Pensar no problema dos outros já é difícil, que dirá sentir a dor alheia.

"A piedade é a virtude que mais vos aproxima das almas aprimoradas; é a irmã da caridade que vos conduz a Deus". (*Id., ibid.*)

O sentimento, que é manifestação da alma, se amplia na medida em que nos despojamos dos interesses egocêntricos, abandonamos os apegos aos nossos pertences e nos voltamos para o bem-estar dos que estão ao nosso redor. As satisfações que nos preenchem a alma transbordam do nosso íntimo, abrangendo os semelhantes, e apenas se completam quando proporcionamos a eles algum benefício. Desponta, então, dentro de nós, a devoção, e a piedade cresce, como precursora que é da caridade, a mais sublime das virtudes.

Desse modo devemos, como esforço de aprimoramento, cultivar a piedade, que acelera o nosso progresso espiritual e é indicativa do nosso amor ao próximo.

Como, então, impulsionar a piedade dentro de nós?

a) Estimulando os próprios sentimentos de compaixão para com os males alheios;

b) Dirigindo nossa atenção e nosso olhar para os que convivem conosco, analisando-lhes as preocupações e os receios;

c) Dedicando mais tempo em pensar nas aflições dos que nos cercam em vez de nos absorver nas necessidades próprias;

d) Interessando-nos pelos problemas que atormentam as criaturas sem rumo, oferecendo-lhes apoio e orientação evangélica;

e) Permitindo que o nosso coração se enterneça diante das dores e tribulações de nossos semelhantes;

f) Visitando parentes, amigos e indigentes, hospitalizados ou em reclusão, levando-lhes o bálsamo pelas expressões de carinho, restaurando-lhes a esperança e a resignação com palavras de conforto;

g) Estendendo nossas mãos, em auxílio fraterno e amparo, aos que nos comovam as fibras do coração;

h) Não sufocando jamais as emoções de pena, para com qualquer pessoa, deixando-as crescer em nós e transformando-as em resultados benéficos objetivos.

"Ao contato da desventura alheia, a alma sem dúvida experimenta um estremecimento natural e profundo, que faz vibrar todo o vosso ser e vos afeta penosamente. Mas a compensação é grande, quando conseguis devolver a coragem e a esperança a um irmão menos feliz, que se comove ao aperto da mão amiga, e cujo olhar, ao mesmo tempo umedecido de emoção e reconhecimento, se volta com doçura para vós, antes de se elevar a Deus, agradecendo por lhe ter enviado um consolador, uma sustentação." *(Id., ibid.)*

28 GENEROSIDADE, BENEFICÊNCIA

"A beneficência, meus amigos, vos dará nesse mundo os mais puros e suaves prazeres, as alegrias do coração, imperturbáveis pelo remorso e pela indiferença. Oh! pudésseis compreender tudo o que de grande e agradável encerra a generosidade das al-

> *mas belas, esse sentimento que faz que se olhe aos outros com o mesmo olhar voltado para si mesmo, e que nos faz despir os nossos corpos para jubilosamente vestir os outros."*
>
> (**Allan Kardec**. *O Evangelho Segundo o Espiritismo*. Capítulo XIII. Que a Mão Esquerda Não Saiba o Que Faz a Direita. Item 11. A Beneficência — Adolfo, Bispo de Alger.)

O que significa ser generoso?

— Ser bom, pródigo, saber fazer o bem, ser desapegado aos bens materiais, ter alegria e satisfação em servir. Contentar-se com aquilo de bom e agradável que possa proporcionar a alguém.

A generosidade é característica dos que aplicam a caridade com naturalidade, com espontaneidade.

Quem é generoso, não sente dificuldade em ser bom, não lhe é sacrificial. Pelo contrário, o faz por gosto e satisfação, não se cansa, não se irrita, não se perturba.

O generoso, portanto, age com beneficência, com filantropia, com bondade.

Inumeráveis são as oportunidades de fazer o bem e incontáveis os meios de aplicá-lo. Vejamos como:

a) Saber fazer-se surdo quando uma palavra irônica escapa da boca propensa a nos ridicularizar;

b) Não ver o sorriso desdenhoso de quem nos recebe com superioridade e indiferença;

c) Fazer o bem sem comentários ou quaisquer referências ao nosso gesto;

d) Dissimular o benefício quando prestado a alguém para não embaraçá-lo ou causar-lhe melindre;

e) Não permitir homenagens ou honrarias por quaisquer bens praticados;

f) Procurar o serviço ao próximo, com os próprios meios, empregando nossas forças, inteligência e habilidades para realizar nossos propósitos generosos;

g) Saber tirar das nossas próprias privações, mesmo o que nos faça falta, quando for necessário àquele que desejamos ajudar;

h) Vigiar severamente, nas ocasiões em que presenteamos a alguém, se o fazemos apenas por obrigação ou com vistas à retribuição, ou se tão-somente pelo prazer de fazê-lo;

i) Trabalhar para os pobres, dedicando algumas horas do dia, mesmo em nossa própria casa, à confecção de roupas, agasalhos ou enxovais a recém-nascidos;

j) Repartir do nosso guarda-roupa não só o que nos sobra, mas também o que ainda possa ser mais útil ao irmão necessitado;

l) Dedicar nossa assistência ao atendimento do esclarecimento ou das carências mais prementes, dos serviçais ou subalternos que conosco convivam, no lar ou no trabalho;

m) Olhar, ouvir, falar, acariciar, com o coração pleno de amor, os familiares que nos foram confiados, e que, ligados pelos laços consanguíneos, juntos retificamos os comprometimentos do passado.

"Todos vós podeis dar: a qualquer classe a que pertençais, tereis sempre alguma coisa que pode ser repartida. Seja o que for que Deus vos tenha concedido, deveis uma parcela aos que não têm sequer o substancial, pois, em seu lugar ficaríeis contentes se alguém dividisse convosco. Vossos tesouros da Terra diminuirão um pouco, mas vossos tesouros do céu serão acrescidos. Lá colhereis pelo cêntuplo o que houverdes semeado em benefícios neste mundo." (*Id., Ibid.* Item 18. João.)

29 AFABILIDADE, DOÇURA

"A benevolência para com os nossos semelhantes, fruto do amor ao próximo, origina a afabilidade e a doçura, que lhe são formas de manifestação. Entretanto, nem sempre é prudente confiar nas aparências: a educação e os costumes mundanos podem aparentar tais qualidades."

(**Allan Kardec.** *O Evangelho Segundo o Espiritismo.* Capítulo IX. Bem—aventurados os Brandos e Pacíficos. Item 6. A Afabilidade e a Doçura.)

Aí está a maneira prática de verificarmos, em nosso relacionamento social, se apenas nos servimos do verniz superficial, que o mínimo de educação nos ensina, ou se estamos verdadeiramente expressando, em nossas cortesias, a benevolência para com os semelhantes.

Precisamos desenvolver a afabilidade, não apenas no trato formal, mas em profundidade, interiormente.

Como vimos, a afabilidade e a doçura são manifestações naturais da benevolência para com as criaturas, resultantes do amor ao próximo. Amor ao próximo, portanto, é a questão a ser colocada sempre, em nossas relações com as pessoas.

Entendemos, assim, que é necessário valorizar, no nosso convívio social, cumprimentos, saudações, agradecimentos, votos e quaisquer expressões ditas formalmente em ocasiões que lhe são próprias, para aplicarmos o amor ao próximo, procurando, desse modo, sentir com o coração aquilo que pronunciamos em benefício de alguém.

Afável é aquele ser dedicado, cortês, agradável, benévolo, bondoso. Ter doçura, ou ser doce de coração, é aquele indivíduo que transmite brandura, suavidade, serenidade, meiguice, ternura.

Como cultivar a afabilidade e a doçura?

a) Examinando as emoções do nosso coração nas oportunidades sociais, esforçando-nos em transmitir amor através de nossos lábios;

b) Interessando-nos com discrição pelas pessoas recém-apresentadas, criando elos de simpatia, mesmo com aquelas mais fechadas ou rudes;

c) Ajudando sempre, com delicadeza, nos transportes ou na rua, as criaturas em dificuldade: cedendo lugar, facilitando passagem, carregando volumes;

d) Respeitando a aspereza do trato de alguém para conosco, com o silêncio tranqüilo, com o olhar sereno, com o gesto bondoso;

e) Entendendo com ternura os aflitos que, ao nosso lado, se desesperam em situações difíceis, transmitindo-lhes encorajamento, proporcionando-lhes ajuda;

f) Perdoando com suavidade interior aqueles que nos ofendem, afastando, conseqüentemente, quaisquer lembranças desagradáveis ou resquícios de ódio;

g) Pautando nossa maneira de se dirigir aos auxiliares, em casa e no emprego, com benevolência e brandura, embora revestidas da necessária determinação;

h) Introduzindo no lar o hábito de falarmos baixo e com meiguice, mesmo quando transmitimos ordens a serem seguidas.

"Não basta que dos lábios emanem leite e mel, se o coração de modo algum lhes está associado, tratando-se tão-somente de hipocrisia. Aquele cuja afabilidade e doçura são fingidas, jamais se desmente. É o mesmo para o mundo ou na intimidade, e sabe que, se pode enganar os homens pelas aparências, não pode enganar a Deus." (*Id., ibid.* Lázaro.)

30 COMPREENSÃO, TOLERÂNCIA

> *"O verdadeiro caráter da caridade é a modéstia e a humildade, e consiste em não se ver superficialmente os defeitos alheios, mas em se procurar salientar o que há de bom e virtuoso no próximo. Porque, se o coração humano é um abismo de corrupção, existem sempre, nos seus mais ocultos refolhos, os germes de alguns bons sentimentos, centelha vivaz da essência espiritual."*
>
> (**Allan Kardec.** *O Evangelho Segundo o Espiritismo.* Capítulo X. Bem-aventurados os Misericordiosos. Item 18. Dufétre.)

A maneira de procurar entender as justificativas ou as atitudes daqueles com quem estamos dialogando, leva-nos, certamente, a uma disposição de não-interferência nos próprios pontos de vista, portanto, de isenção, de imparcialidade, de neutralidade.

Para sermos compreensivos precisamos estar preparados para aceitar as reações, a conduta, o modo de ser das pessoas, sem prejulgamentos ou condenações. Precisamos estar preparados para aceitar as criaturas como elas são, do jeito que elas se expressam, até mesmo quando corrompidas, criminosas, assaltantes, prostituídas ou viciadas.

Encarando-as com o pressuposto de que possuem uma essência espiritual e como tal são passíveis de bons sentimentos, com potencialidades latentes, sujeitas ao desenvolvimento, a nossa firme convicção nesses valores espirituais poderá transmitir aos seres mais difíceis a confiança que um dia esperavam para sair do estado conturbado e se conduzir a um rumo seguro em sua vida.

A rigor não temos mesmo muitos meios de avaliar as profundezas do caráter de ninguém, pois quaisquer conclusões apressadas são falsas. A atitude mais prudente, honesta e cristã é a de compreensão e tolerância, para com quaisquer indivíduos. Esse é o nosso comportamento mais produtivo.

O sentimento de tolerância é uma conseqüência da compreensão. Como não nos cabe salientar os erros e defeitos alheios, nem mesmo criticá-los, devemos admitir, desculpar, aceitar, perdoar, atenuar e mesmo comutar esses erros.

Em nosso relacionamento comum, como podemos ser compreensivos e tolerantes?

a) Evitando fazer comentários desairosos e deprimentes em relação a quaisquer criaturas;

b) Aceitando as reações alheias sem nos aborrecer e sem condená-las;

c) Ouvindo serenamente, por mais chocantes e pavorosas que sejam suas narrações, aqueles que nos confiem seus problemas, sem esboçarmos escândalo, mas ajudando-os a encontrar, por eles mesmos, os caminhos de saída;

d) Afastando, de todas as maneiras, ressentimentos, mágoas ou remorsos que os dissabores provocados por alguém estejam nos perturbando a tranqüilidade;

e) Eliminando a intransigência nas nossas análises em relação ao comportamento do próximo;

f) Ponderando com isenção e equilíbrio as infrações cometidas por funcionários, na oficina de trabalho ou no meio doméstico, aproveitando as experiências deles para renovar-lhes as oportunidades de acertos;

g) Não nos referindo a exemplos próprios de boa conduta para recomendar procedimentos a outrem;

h) Transformando a austeridade punidora dos maus comportamentos entre familiares em colóquios abertos, ouvindo e comentando coletivamente em torno dos problemas, para que se chegue calmamente às correções cabíveis.

"Sede indulgentes, meus amigos, porque a indulgência atrai, acalma, corrige, enquanto o rigor desalenta, afasta e irrita." (*Id., ibid.* Item 16. A Indulgência — José, Espírito Protetor.)

31 PERDÃO

"Espíritas, não esqueçais nunca que, tanto por palavras como por atos, o perdão das injúrias não deve ser uma expressão vazia. Pois que vos dizeis espíritas, sede-o. Esquecei o mal que vos tenham feito e não penseis senão numa coisa: no bem que podeis fazer."

(Allan Kardec. *O Evangelho Segundo o Espiritismo*. Capítulo X. Bem-aventurados os Misericordiosos. Item 14. Perdão das Ofensas - Simeão.)

Quantos males nesse mundo não poderiam ser evitados com o perdão?

Por quais razões é ainda a criatura humana tão inflexível, e se deixa envenenar pelos ódios?

Centralizamos em nós mesmos a importância de tudo e não percebemos o sentido coletivo da nossa existência. É sempre o eu, o meu, para mim, comigo, em mim, ou seja, o egoísmo, o egocentrismo.

O que nos atinge no monumento glorioso e sensível do nosso eu é motivo de reação imediata, de defesa, revide, vingança. Quanto mais posses e poder tivermos, mais fortemente responderemos e maiores proporções assumem nossas reações às ofensas. Geram-se inimizades, conflitos, guerras.

Perdoar é ainda um grande desafio para todos nós, nas menores coisas que nos envolvem: alguém que nos resvala por descuido na rua já recebe nossa reclamação; aquele que nos toma a frente na fila do ônibus é logo puxado para trás; alguns centavos a menos num troco recebido causa uma discussão; um cumprimento menos atencioso de um vizinho já nos torna inimigos ferrenhos.

Por que tamanhas suscetibilidades?

Como podemos sair desse estado íntimo?

O doce e suave perdão nos responderá pelo bem que nos proporcionará.

Experimentemos e examinemos o seu valor.

Vejamos como exercitá-lo:

a) Controlando nossos impulsos de menosprezo e indiferença a quem nos tenha esquecido uma cortesia social;

b) Desarmando-nos intimamente, segurando nossos braços e mãos no contato impetuoso com as multidões, no aperto das calçadas, coletivos ou estádios;

c) Tolerando o rosto contraído de um vizinho que mal nos olha no elevador, na área comum, na feira ou nos arredores do nosso bairro;

d) Não nos deixando magoar com o colega de trabalho mal-humorado ou com o chefe irritado que nos ofenda;

e) Evitando contendas calorosas em assuntos familiares, esquecendo a necessidade de explicações ou pedidos de desculpa de parentes, por falhas aparentemente injustificáveis;

f) Aceitando sem exigências irritantes a maneira de ser desse ou daquele nosso integrante do lar, que mesmo contrários ao que de melhor deles esperamos realizam seu aprendizado na escola da vida;

g) Cultivando o esquecimento de nós mesmos, nos sacrifícios voluntários ao que possuímos de importante em nosso eu, o que nos torna invulneráveis às agressões, aos maus-tratos e às injúrias;

h) Afastando planos de represálias ou idéias de endurecimento para com aqueles afetos mais queridos que nos abandonaram ao esquecimento;

i) Alimentando o coração de clemência, sempre que formos caluniados, injustiçados, ofendidos, agredidos, aplacando, assim, os tormentos da revolta.

"Perdoai, empregai a indulgência, sede caridosos, generosos, e até mesmo pródigos no vosso amor, porque o Senhor vos dará; curvai-vos, que o Senhor vos levantará; humilhai-vos, que o Senhor vos assentará em lugar de destaque." *(Id., ibid.)*

32 BRANDURA, PACIFICAÇÃO

"Bem-aventurados os que são brandos, porque possuirão a terra." (Mateus, 5:5)

"Bem-aventurados os pacíficos, porque serão chamados filhos de Deus." (Mateus, 5:9)

> *"Ao enunciar essas máximas, Jesus fez da brandura, da moderação, da mansuetude, da afabilidade e da paciência uma lei."*
> **(Allan Kardec.** *O Evangelho Segundo o Espiritismo.* Capítulo IX. Bem-aventurados os Brandos e Pacíficos. Injúrias e Violências.)

Como reagirmos com brandura num mundo de violências? Como sermos pacíficos num mundo de guerras?

Quando os ódios se acirram e as revoltas crescem contra os poderosos do mundo e contra as injustiças humanas, nas lutas pelos privilégios que todos esperam e acham que têm direito, como aplicarmos a brandura e a pacificação?

Por que motivos? Com quais resultados?

Qual o significado das palavras de Cristo ao dizer que os brandos herdarão a Terra? Poderá parecer um contra-senso?

Para que a brandura e a pacificação tenham realmente lugar nos corações dos homens, muito terão que mudar os quadros atuais do panorama terrestre.

O clima nebuloso de conflitos e crimes não poderá perdurar por muito mais tempo; haverá certamente um limite aos abusos do mal. Quando? Não o sabemos. A cada um que entende que algo deve ser feito para pôr um fim a tudo isso, concentre suas forças e faça sua parte, o melhor que puder, porque eles formarão o mundo do amanhã e receberão o resultado do seu esforço, as recompensas do seu trabalho. Cada um de nós é chamado a contribuir na edificação desse mundo melhor. E entre as ferramentas e os instrumentos empregados estão, sem dúvida, a brandura e a pacificação. Como utilizá-las? Vejamos:

a) Dissipando quaisquer sentimentos de contrariedade por motivos comuns que nos aborreçam;

b) Guardando a calma e a serenidade mesmo quando em nossa volta o mundo ameace desabar;

c) Mantendo a paz interior nas horas em que tudo nos induz a cometer desatinos;

d) Conciliando discórdias entre familiares ou amigos nos mal-entendidos comuns;

e) Dosando a afabilidade e a doçura no relacionamento com os nossos colegas de trabalho mais instáveis emocionalmente;

f) Apaziguando ânimos exaltados nas contendas entre parentes ou companheiros de serviço;

g) Dispensando menor importância aos bens terrenos, deixando de nos encolerizar pela ganância de adquiri-los;

h) Buscando na prece e na meditação serena a renovação das forças e disposições no bem;

i) Abastecendo os valores intelectuais com leituras freqüentes, análises e conclusões dos preceitos evangélicos a serem seguidos nas diferentes circunstâncias da existência.

"Quando a lei de amor e caridade se constituir em lei da Humanidade, deixará de existir o egoísmo; o fraco e o pacífico não serão mais explorados nem espezinhados pelo forte e o violento. Será esse o estado da Terra quando, segundo a lei do progresso e a promessa de Cristo, ela estiver transformada num mundo ditoso, pelo afastamento do mal." *(Id., ibid.)*

33 COMPANHEIRISMO, RENÚNCIA

"Quem quer que seja depositário da autoridade, seja qual for a sua extensão, desde o senhor sobre o seu servo até o soberano sobre o seu povo, não pode negar que tem o encargo de almas e responderá pela boa ou má direção que tenha dado aos seus subordinados, e as faltas que estes puderem cometer, os vícios a que forem arrastados em conseqüência dessa orientação ou dos maus exemplos recebidos recairão sobre ele. Da mesma maneira, colherá os frutos de sua solicitude, por conduzi-los ao bem. Todo homem tem, sobre a terra, uma pequena ou uma grande missão. Qualquer que ela seja, sempre lhe é dada para o bem. Desviá-la, pois, do seu sentido, é fracassar no seu cumprimento."

(**Allan Kardec.** *O Evangelho Segundo o Espiritismo.* Capítulo XVII. Sede Perfeitos, Superiores e Subalternos — François Nicolas Madeleine).

COMPANHEIRISMO

O espírito de competição reinante entre grupos e pessoas tem gerado desentendimentos, incompatibilidades, desuniões.

As divergências de opiniões no tocante à Doutrina Espírita, "a maioria das vezes, versam apenas sobre acessórios, não raro mesmo sobre simples palavras. Fora, portanto, pueril constituir bando à parte por não pensarem todos do mesmo modo". (**Allan Kardec.** *O Livro dos Médiuns.* Segunda Parte. Capítulo XXIX. Das Reuniões e das Sociedades Espíritas. Rivalidades entre as Sociedades.)

"Os que pretendem estar exclusivamente com a verdade, terão que o provar, tomando por divisa Amor e Caridade, que é a de todo verdadeiro espírita. Quererão prevalecer-se da superioridade dos Espíritos que os assistem? Provem-no, pela superioridade dos ensinos que recebam e pela aplicação que façam deles a si mesmos. Esse é o critério infalível para se distinguir os que estejam no melhor caminho." *(Id., ibid.)*

Queremos nos referir em particular ao espírito de companheirismo a prevalecer entre os irmãos de ideal espírita, imbuídos todos no aperfeiçoamento próprio e coletivo.

"Se o Espiritismo, conforme foi anunciado, tem que determinar a transformação da Humanidade, só poderá fazê-lo melhorando as massas, o que se verificará geralmente, pouco a pouco, em conseqüência do aperfeiçoamento dos indivíduos." *(Id., ibid.)*

"Convidamos, pois, todas as sociedades espíritas a colaborar nessa grande obra. Que de um extremo a outro do mundo elas se estendam fraternalmente as mãos, e eis que terão colhido o mal em indeslindáveis malhas." *(Id., ibid.)*

O que precisamos, estimados confrades, é desenvolver o companheirismo, combatendo o personalismo por todos os meios, para não desviarmos a nossa missão de produzir e propagar o bem que a Doutrina nos ensina.

Citemos, então, ao menos algumas oportunidades que, no nosso entender, possam nos fazer melhores companheiros:

a) Renunciando às nossas posições rígidas tomadas na direção ou na liderança de agrupamentos sociais ou religiosos, quando comprometam a união de esforços no trabalho evangélico;

b) Considerando em igualdade de condições os pontos de vista dos demais integrantes, mesmo que exerçamos o predomínio das idéias no grupo de serviços cristãos;

c) Criando atmosfera impessoal e unindo colaboradores nas tarefas comuns, desenvolvidas na seara do Cristo;

d) Aceitando as idéias ou pareceres dos outros, que mais convenham em resultados produtivos, mesmo que contrários aos nossos;

e) Emprestando a mesma parcela de trabalho em grupo, independentemente da posição de dirigido ou dirigente;

f) Superando os melindres próprios, quando esquecidos em alguma referência ou convite cerimonial;

g) Omitindo-nos sempre que possível nas ocasiões de destaque para fazer sobressair o trabalho de equipe;

h) Evitando a crítica desdenhosa, a colaboradores ou a grupos, por tarefas não cumpridas;

i) Prestigiando as boas iniciativas com nosso estímulo e apoio no âmbito das atividades beneméritas;

j) Esquecendo experiências desagradáveis já passadas, envolvendo irmãos de ideal;

l) Ouvindo críticas pessoais feitas a nós sem irritação, tirando delas o melhor proveito nas correções que sempre precisamos fazer;

m) Silenciando o verbo ou a escrita na abertura ao público de aspectos desabonáveis, a pessoas ou a instituições co-irmãs, mesmo em defesa da pureza dos postulados que abraçamos.

> *"O superior que estiver compenetrado das palavras de Jesus não desprezará nenhum dos seus subordinados, pois sabe que as distinções sociais não existem perante Deus. Ensina-lhes o Espiritismo que se hoje eles obedecem, talvez já lhe tenham dado ou venham a dar ordens amanhã, e então será tratado da mesma maneira pela qual os tratar agora."*
> (Id., ibid.)

RENÚNCIA

> *"Vosso apego aos bens terrenos é um dos maiores entraves ao vosso aprimoramento moral e espiritual. Com o apego à matéria aniquilais as vossas*

faculdades efetivas, voltando-as inteiramente para as coisas do mundo. Sede sinceros: a fortuna proporciona uma felicidade sem máculas? Quando os vossos cofres estão abarrotados, não há sempre um vazio em vossos corações? No fundo dessa cesta de flores, não há sempre um réptil oculto?"

(**Allan Kardec**. O Evangelho Segundo o Espiritismo. Capítulo XVI. Não se pode Servir a Deus e a Mamom. Item 14. Desprendimento dos Bens Terrenos — Lacordaire.)

"O esquecimento completo e absoluto das ofensas é inerente às grandes almas, e o rancor é sempre um indício de sentimentos menos edificantes e de pouca evolução espiritual. Não deveis esquecer que o verdadeiro perdão se reconhece muito mais nos atos do que nas palavras."

(Id., ibid. Capítulo X. Bem-aventurados os Misericordiosos. Item 15. Perdão das Ofensas — Paulo, Apóstolo.)

Como nos manter razoavelmente equilibrados, sobrevivendo hoje com as onerosas despesas sem nos atormentar?

Será possível conciliarmos a preocupação pelo ganho financeiro e o desprendimento dos bens terrenos?

Como vivermos nessa época de lutas pelos valores monetários, renunciando a eles?

Como esquecer os prejuízos que nos causam economicamente, sem contrair desgostos e rancores pelo infrator?

A perícia está em administrar adequadamente os bens e valores, como usufrutuários e depositários, sem deles fazermos exclusivo uso para o nosso prazer, poupando-nos os excessos, distribuindo-os em oportunidades de trabalho, empregando-os para matar a fome, diminuir o frio e proporcionar abrigo a quem esteja na miséria.

O maior engano é fazer das ambições e desejos de possuir móveis, imóveis, veículos, aparelhos domésticos, vestuário e utensílios os principais objetivos do nosso salário, a eles nos condicionando com avidez e desassossego.

Renunciar é principalmente não viver preso à posse de valores monetários. Mas é também estar liberto da importância dada aos valores profissionais, intelectuais, sociais ou políticos.

Em poucas palavras: ninguém precisa ser rico ou socialmente evidenciado para ser respeitado, admirado ou amado. Vejamos o exemplo de Chico Xavier, cuja admiração e respeito do público está no bem que ele realiza.

Vejamos como aplicar a renúncia em algumas das inúmeras ocasiões:

a) Avaliando os principais motivos que nos têm até hoje impulsionado ao trabalho desenfreado, aprimorando daí os nossos propósitos de ganho;

b) Pesando tranqüilamente o que possuímos em bens e valores monetários para responder honestamente se os estamos empregando para gerar benefícios ao próximo;

c) Examinando acertadamente de quais necessidades supérfluas precisamos nos libertar;

d) Observando com profundidade se alimentamos quaisquer desejos de proeminência profissional, intelectual, social ou política;

e) Dedicando uma parcela do nosso tempo em algum serviço não-remunerado ao próximo;

f) Atenuando e relegando certas dívidas por empréstimos feitos a nós, que porventura estejam nos aborrecendo;

g) Oferecendo utensílios, objetos e roupas que possuímos em proveito de outros;

h) Inclinando nossos ideais de vida no próprio aprimoramento moral e espiritual de forma mais objetiva.

"Aprendei a contentar-vos com o pouco. Se sois pobres, não invejeis os ricos, porque a fortuna não é necessariamente a felicidade. Se sois ricos, não esqueçais de que esses bens vos foram confiados, e que deveis justificar o seu emprego, como numa prestação de contas de tutela. Não sejais depositários infiéis, fazendo-os servir à satisfação do vosso orgulho e da vossa sensualidade. Não vos julgueis no direito de dispor deles unicamente para vós, pois não os recebestes como doação, mas como empréstimo."
(Id., ibid. Capítulo XVI. Não se pode Servir a Deus e a Mamom. Item 14. Desprendimento dos Bens Terrenos — Lacordaire.)

34 INDULGÊNCIA

"O homem indulgente jamais se preocupa com os maus atos alheios, a menos que seja para prestar um serviço, mas ainda assim com o cuidado de os atenuar tanto quanto possível. Não faz observações chocantes, nem traz censuras nos lábios, mas apenas conselhos, quase sempre velados. Quando criticais, que dedução se deve tirar das vossas palavras? A de que vós, que censurais, não praticastes o que condenais, e que valeis mais do que o culpado. Oh, homens! Quando passareis a julgar os vossos próprios corações, os vossos próprios pensamentos e os vossos próprios atos, sem vos ocupardes do que fazem os vossos irmãos? Quando fitareis os vossos olhos severos somente sobre vós mesmos?"

(**Allan Kardec**. *O Evangelho Segundo o Espiritismo*. Capítulo X. Bem-aventurados os Misericordiosos. Item 16. A Indulgência.)

Aqueles que passam pela provação experimentam mais profundamente em si mesmos os efeitos causados pela dor e sentem mais como magoam as palavras duras e inflexíveis dos que lhes fazem o prejulgamento condenatório, as censuras e as injúrias impiedosas.

Quem sofre já tem a própria sensibilidade ampliada, encontra-se em geral próximo ao desespero, chorando silenciosamente, apelando muitas vezes aos corações mais próximos e buscando nas preces o conforto espiritual. Então, não temos como e por que condenar esses que já vêm carregando tamanho peso, o que aliás é a condição geral de toda Humanidade. As almas assim amolecidas apresentam-se como um terreno revolvido e preparado para um novo plantio: estão prontas para a semeadura de Jesus.

Nessas ocasiões, as palavras suaves, os gestos maneirosos, de um coração indulgente, exerce nos que sofrem uma benfazeja atuação: são expressões de carinho, lenitivos para a alma. São verdadeiros tranqüilizantes que vão acalmar em profundidade aquelas criaturas em aflição.

O remédio nessas horas é o Evangelho, melhor corretivo da alma, que a nossa própria indulgência pode também transmitir dosadamente.

A indulgência é uma das expressões da caridade e podemos muito bem motivá-la em nós mesmos, nas mais diversas ocasiões, entre as quais indicamos algumas:

a) Afastando críticas e juízos falsos a quem quer que seja;

b) Procurando discretamente inteirar-se das amarguras de alguém no sincero propósito de amenizá-la em sua dor;

c) Dirigindo-se com suavidade e segurança, nas observações ponderadas com antecipação, que devamos fazer em nossas relações de trabalho;

d) Transformando na atmosfera do lar as oportunidades de observações ao comportamento dos que nos foram confiados, em esclarecimentos tranqüilos e objetivos, em lugar de apenas evidenciar falhas e erros;

e) Impedindo que os problemas particulares, a nós confiados por pessoas que recorrem ao auxílio do nosso grupo espírita, de modo algum transvaze das quatro paredes do ambiente de trabalho;

f) Evitando, no ímpeto de querer ajudar, a informação aos socorridos, dos quadros observados nas consultas espirituais, principalmente nos casos obsessivos mais graves. Lembremos que para quem está envolto nas sombras muita luz poderá cegar.

"Sede, pois, severos convosco e indulgentes para com os outros. Pensai n'Aquele que julga em última instância, que vê os secretos pensamentos de todos os corações, e que, em conseqüência, desculpa freqüentemente as faltas que condenais, ou verbera as que desculpais, porque conhece o móvel de todas as ações." *(Id., ibid.)*

35 MISERICÓRDIA

"A misericórdia é o complemento da brandura, pois os que não são misericordiosos também não são mansos nem pacíficos. A misericórdia consiste no esquecimento e no perdão das ofensas."

(Allan Kardec. *O Evangelho Segundo o Espiritismo.* Capítulo X. Bem-aventurados os Misericordiosos. Item 4.)

O que seria de nós, criaturas impregnadas de defeitos, se não recebêssemos os acréscimos da Misericórdia Divina?

Fossem os nossos atos avaliados pelas mesmas medidas com que julgamos os atos alheios, estaríamos inapelavelmente soterrados de tantos males acumulados em nossa volta.

E se infinitas misericórdias temos recebido, que retribuições estaremos dando ao próximo? Quais exemplos estamos seguindo?

É triste nos ver enquadrados na categoria de filhos ingratos, de um Pai Bom e Justo...

O que nos faz tão fracos e facilmente atingidos, senão a importância que nos damos, resultante do nosso orgulho, do imaginário valor que julgamos ter?

Sendo mais coerentes e conscientemente mais realistas da nossa precária condição evolutiva, de modo algum deixaríamos nos engolfar com as exterioridades e nos valorizar pelo que possivelmente detenhamos.

A misericórdia deve ser inicialmente dirigida a nós mesmos, para identificar nossas fragilidades e inconseqüências, partindo disso para a reconstrução dos novos valores da vida em alicerces sólidos e de eterna consistência.

Apoiemo-nos na observação simples de que os desejos de posse e destaque denotam, em tese, caracteres de insegurança e carência afetiva.

A atmosfera irreal da luxúria, do relacionamento requintado, não poderá satisfazer por muito tempo aqueles que já despertaram para os valores da alma. Quem assim se compraz, ainda se acha preso às pretensões dos prazeres momentâneos e da vaidade.

O fato de ser admirado pelo que tem, de viver cercado socialmente, de manter um "status" econômico que traduz para o seu "ego" valores puramente convencionais é, me desculpem, pura perda de tempo! Nada disso levamos conosco como benefícios ao nosso espírito. Pura balela que tende a esvair-se, dia a dia...

Quando então nos observarmos muito exigentes, ofendidos por coisas simples, arrogantes com os outros e cheios de si, vejamos aí um sinal de alerta! Está na hora de aplicar a misericórdia para conosco mesmo e refletir serenamente sobre o que estará pretendendo o nosso "ego". O que estará nos faltando que desejamos preencher com coisas fúteis e de somenos importância?

Invariavelmente o que nos falta é substituir os prazeres humanos pelas alegrias do espírito, que só a caridade desinteressada nos proporciona. Entre as muitas maneiras de aplicar a caridade está a misericórdia. Quando conscientemente a exercemos em nós mesmos, ficamos conhecendo os seus bons efeitos e ficamos mais aptos a utilizá-la com aqueles que nos cercam.

Ser misericordioso significa estar munido de brandura e pacificação, molduras que ornamentam delicadamente os traços nítidos do perdão, da tolerância.

O nosso mundo deve ser, com as boas predisposições das criaturas viventes, enriquecido com as expressões de misericórdia. Saber desculpar até mesmo os que, no desespero das revoltas ou do que lhes falta, possam cometer crimes, assaltos, seqüestros. Entendemos que isso deva prevalecer, não nos deixando manter ódio contra os que possam nos atacar nas ruas ou em nossa própria casa.

"O esquecimento das ofensas é o apanágio das almas elevadas, que pairam acima dos golpes que lhes queiram desferir." *(Id., ibid.)*

36 PACIÊNCIA, MANSUETUDE

"Sede pacientes. A paciência é também caridade e deveis praticar a lei de caridade ensinada pelo Cristo, enviado de Deus. A caridade que consiste na esmola dada aos pobres é a mais fácil de todas. Outra há, porém, muito mais penosa e, como decorrência, muito mais meritória: a de perdoar aos que Deus situou em nosso caminho, para serem instrumentos do nosso sofrimento e para nos experimentarem a paciência."

(Allan Kardec. *O Evangelho Segundo o Espiritismo.* Capítulo IX. Bem-aventurados os Brandos e Pacíficos. Item 7. A Paciência.)

Num mundo de pressa e correrias o que nos induziria a sermos pacientes?

Os compromissos com horários, os múltiplos encargos a saldar, as providências a tomar simultaneamente, os recebimentos a coletar, as compras a fazer, o trânsito a vencer, o relógio sempre a nos atormentar, nos deixam em clima de neurose e tensão.

A angústia de vivermos sempre atrasados em nossos afazeres cria atualmente uma onda envolvente, que nos transforma em autômatos, sem sentimento nem ponderação. É um dos graves tormentos do homem moderno, pressionado pelas metas empresariais e particulares a cumprir, os cbjetivos lucrativos estabelecidos.

Como nos comportar com paciência e mansuetude dentro dessa total turbulência?

A irritação, a exasperação, o tormento, o desequilíbrio emocional nunca foram tão acentuados como nos dias atuais.

Discutimos, perdemos a calma, criamos inimizades, nos incompatibilizamos pela menor razão: no trabalho, em casa, nas associações, nos agrupamentos cristãos só vemos hoje brigas e desavenças. Estamos vivendo uma fase muito crítica. Nunca estivemos precisando tanto de paciência e calma como agora. Até parece que todos os nossos valores íntimos estão sendo rigorosamente testados. É hora de definições cíclicas e toda a nossa resistência está sendo colocada em prova. Observemos tudo isso com muita seriedade e extremo cuidado, pois estamos sujeitos a entrar de roldão e sermos arrastados por essa onda planetária.

A paciência serena, pacífica, sem reações violentas, calma, branda, tolerante, a aceitação tranqüila, a vigilância ponderada são todas as reações do nosso comportamento que poderão mudar essa atmosfera turbulenta do nosso orbe, na medida em que nos conscientizarmos da necessidade das mudanças e por elas trabalharmos deliberadamente.

Cada um de nós poderá identificar, nos momentos diários, as ocasiões em que deverá aplicar a paciência e a mansuetude. No entanto, indicamos a seguir algumas delas:

a) Bendizendo tranqüilamente a dor que nos foi enviada, transformando as aflições em calmarias, na certeza profunda de que Deus, através delas, realiza em nós as melhores transformações;

b) Aceitando com amor aqueles colocados como instrumentos do nosso sofrimento, convictos de que a eles males maiores provocamos no passado;

c) Fazendo das dificuldades da vida os obstáculos a contornar suavemente, como exemplificam os rios, que, circundando rochedos, atingem os vales que fertilizam;

d) Fortalecendo a fé na bondade e na misericórdia do Pai Celeste, entendendo que a duração de quaisquer conflitos será sempre menor do que as conseqüências criadas pela maldade dos homens;

e) Reagindo de todos os modos possíveis às induções constantes de desentendimentos, discussões e irritações, silenciando a todo custo os impulsos inconformados de revides, defesas ou justificativas, que possam nos desequilibrar emocionalmente;

f) Evitando no trânsito ou nas ruas as reclamações dos nossos direitos transgredidos pelos outros: uma atitude serena de renúncia desperta muito mais quem, distraído, não percebeu a infração cometida;

g) Suportando sem esgotamentos nervosos os climas tensos dentro de casa, recorrendo à prece e à leitura tranqüilizante, para conseguir o necessário reabastecimento das energias renovadoras.

"A vida é difícil, bem o sei, constituindo-se de mil coisas mínimas que são como alfinetadas e acabam por nos ferir. Mas é necessário olhar para os deveres que nos são impostos, e para as consolações e compensações que obtemos, pois então veremos que as bênçãos são mais numerosas que as dores. O fardo parece menos pesado quando se olha para o alto do que quando se curva a fronte para a terra." *(Id., ibid.)*

37 VIGILÂNCIA, ABNEGAÇÃO

Vigilância

> *"Todo pensamento impuro pode se originar de duas fontes: a própria imperfeição da alma ou uma funesta influência que sobre ela se exerça. Neste último caso, há sempre indício de uma fraqueza, que nos torna aptos a receber essa influência, demonstrando que somos almas imperfeitas. Dessa forma, aquele que falir não poderá alegar como desculpa a influência de um Espírito estranho, desde que esse Espírito não o teria induzido ao mal se o tivesse encontrado inacessível à sedução."*

(Allan Kardec. *O Evangelho Segundo o Espiritismo.* Capítulo XXVIII. Coletânea de Preces Espíritas. Para Resistir a Uma Tentação, 20. Prefácio.)

A condição interior de atenção para com as próprias emoções, desejos, impulsos, pensamentos, gestos, olhares, atitudes e respostas verbalizadas consiste na preocupação em pautar nossas reações dentro de padrões condizentes com o conhecimento evangélico.

A observação de nós mesmos deverá ser aplicada de modo permanente, e não apenas quando já ocorreu a transgressão. Entendemos claramente que a vigilância define um trabalho preventivo e não corretivo.

A vigilância tem, assim, sua atuação como meio de combate aos defeitos, de algum modo já conhecidos ou identificados, para que, com a devida antecedência e precaução, evitemos as ocorrências dos mesmos.

O trabalho preventivo, a exemplo do que se desenvolve na especializada área da Segurança do Trabalho, procura relacionar numa atividade os riscos de acidentes e seus graus. As causas de acidentes são muito bem estudadas e todas as campanhas de prevenção visam à conscientização do homem que executa um trabalho produtivo, para que o desempenhe dentro de certas normas de segurança, específicas a cada tipo de atividade.

Há dispositivos de proteção nas máquinas, há cores e sinalização, há meios de prevenção contra incêndios e há também os equipamentos de proteção individual para uso do trabalhador. Estes são alguns dos meios para evitar acidentes.

Muito análogos ao que queremos aqui relacionar com a nossa vigilância interior são, em Segurança do Trabalho, os chamados "atos inseguros". Sabe o operário que, ao executar um "ato inseguro", poderá lhe ocorrer um acidente, como por exemplo: trabalhar na construção de edifício sobre andaimes sem guarda-corpo; subir em postes sem o cinto de segurança; operar máquinas de desbaste sem óculos de proteção; remover peças com as mãos sem luvas em prensas de moldagem, etc.

Então, o que poderá também acontecer àquele que, conhecendo as suas fraquezas ou inseguranças, se arrisca a determinadas situações de perigo?

Estará se expondo a sofrer um deslize moral, a lhe ocorrer um acidente de graves conseqüências.

O que precisamos conhecer bem são as nossas próprias situações de risco, para não cometermos erros, caindo em tentações, e depois amargurar os arrependimentos das nossas falhas.

As tentações são os nossos riscos; estamos a elas sujeitos, e a nossa própria insegurança é resultado das imperfeições que ainda temos. Contamos sempre com os meios de proteção e de segurança individuais nos Espíritos Protetores, que, até certo ponto, afastam-nos das influências perigosas. Cabe-nos, no entanto, agir com firmeza, resistindo às tentações conhecidas. Podemos muito bem evitar os "atos inseguros", escapando das situações de perigo, ou nos munindo dos meios de proteção para enfrentá-las.

Como formas de proteção, além do auxílio espiritual, contamos com a prece, a vontade, o esclarecimento, o esforço próprio.

Ninguém melhor do que nós mesmos para precavermo-nos das situações que representam riscos às nossas próprias inseguranças morais. Relacionemos algumas delas, talvez as mais comuns:

a) Diante dos convites de companhias que nos estimulam ao fumo, ao jogo, ao álcool, ao tóxico;

b) Nas discussões de assuntos polêmicos, que nos levam a intrigas, agressões, contendas;

c) Nas elaborações de pensamentos eróticos, que nos predispõem aos condicionamentos do sexo;

d) Na direção dos olhares maliciosos, que nos conduzem à cobiça;

e) Nas economias exageradas dos gastos, que se resumem em avareza;

f) Nas absorções de ressentimentos ou amarguras, que se cristalizam em intolerâncias, incompreensões;

g) Nos comentários desavisados, que nos conduzem à maledicência;

h) Nos afloramentos das emoções fortes, que nos fazem manifestar orgulho, presunção;

i) Nos ímpetos de defesa das nossas idéias, que refletem o personalismo;

j) Nas inquietações por algo desejado, que definem a impaciência;

l) Nos esquecimentos de obrigações assumidas, que caracterizam a negligência;

m) Nos descansos prolongados, que indicam ociosidade.

"Reconhece-se que um pensamento é mau quando ele se distancia da caridade — base de toda moral verdadeira; quando tem por princípio o orgulho, a vaidade e o egoísmo; quando sua concretização pode prejudicar alguém; quando, enfim, nos induza a coisas diferentes das que quereríamos que os outros nos fizessem." (*Id., ibid.*)

Abnegação

> "*A piedade, quando bem sentida, é amor; o amor é devotamento; devotamento é esquecimento, es-*

quecimento de si mesmo, e este esquecimento é a abnegação em favor da criatura menos feliz, é a virtude por excelência, praticada pelo Divino Mestre e ensinada em sua doutrina tão santa e sublime; quando essa doutrina for restabelecida em sua pureza primitiva, quando for admitida por todos os povos, fará a Terra feliz, fazendo reinar em sua face a concórdia, a paz e o amor."

(Allan Kardec. O Evangelho Segundo o Espiritismo. Capítulo XIII. Que a Mão esquerda Não Saiba o Que Faz a Direita. Item 17. A Piedade — Michel.)

A abnegação é indicativa daquilo que fazemos em favor de alguém, ou de alguma causa, sem interesse próprio, com esquecimento de nós mesmos, ou até com sacrifício do que possa nos pertencer.

Há alguns exemplos na História das Civilizações de criaturas abnegadas, que se dedicaram ao bem-estar do próximo, trabalhando de alguma forma para deixar aos homens uma contribuição marcante nas áreas do conhecimento, das descobertas científicas, das investigações, das religiões, dos direitos humanos, da moral, da caridade, etc. Por esse espírito de sacrifício próprio deixaram seus nomes aureolados de respeito e admiração.

Na própria História do Brasil rendemos homenagens aos personagens cívicos que colocaram o interesse da nação brasileira acima dos seus e dos das elites da época.

É o que muito nos falta hoje: pureza de intenções, abnegação, sacrifício de interesses, renúncia a proveitos pessoais, amor às causas nobres, dedicação às criaturas na miséria, desprendimento dos valores materiais.

Devemos reconhecer, também, que há inúmeros corações vivendo em silêncio dando extraordinários exemplos de abnegação, sem fazer qualquer menção ao que realizam, ou sem serem identificados publicamente.

Todos temos, no entanto, possibilidades de praticar a abnegação, se não integralmente dedicados a uma obra mas, em nosso tempo disponível, procurando algo realizar sem remuneração, com desprendimento, dedicados a certas benemerências ao próximo, de qualquer natureza.

A prática da abnegação concretiza o exercício da caridade, dever humano que não podemos dispensar de nossas obrigações.

O benefício desinteressado é o único agradável a Deus. Quem presta sua ajuda aos pequeninos que nada têm, sabe de antemão que não receberá deles agradecimentos ou retribuições. Por essa razão os serviços dedicados aos mais carentes devem caracterizar a caridade autêntica.

Admitimos que também podemos treinar a abnegação nas pequenas coisas, todas as vezes que voluntariamente renunciamos a algo nosso em favor do próximo.

A abnegação é o oposto do egoísmo. Praticando-a, o combatemos naturalmente.

Vejamos, em nossas atividades corriqueiras, algumas das muitas oportunidades que temos de praticar a abnegação:

a) Dedicando algumas horas do nosso lazer numa atividade assistencial;

b) Ministrando esclarecimentos evangélicos às criaturas em aprendizagem;

c) Oferecendo graciosamente os próprios serviços profissionais, onde possam ser mais úteis, aos que não os possam pagar;

d) Ensinando, sem interesse financeiro, os conhecimentos que detemos em quaisquer áreas;

e) Trabalhando no próprio lar, em algumas horas livres, na confecção de roupas e agasalhos para famílias carentes;

f) Contribuindo, com trabalho pessoal, no plantão vigilante a familiares ou amigos em convalescença;

g) Procurando conduzir o que realizarmos na esfera política ou social em benefício da maioria desprivilegiada, mesmo sacrificando interesses próprios;

h) Indagando sempre, em nossas deliberações administrativas, se estamos atendendo aos princípios de justiça, tolerância e bondade para com o próximo;

i) Pautando tudo que fizermos nas produções diárias dentro do ideal de perfeição, aprimorando sempre para o melhor ao nosso alcance.

"A beneficência é bem compreendida, quando se limita ao círculo de pessoas da mesma opinião, da mesma crença ou do mesmo partido? — Não, é imperioso sobretudo abolir o espírito de seita e de partido, pois todos os homens são irmãos. O verdadeiro cristão vê irmãos em todos os seus semelhantes, e para socorrer o necessitado não busca saber a sua crença, a sua opinião, seja ela qual for." (*Id., ibid.* Item 20. Luís.)

38 DEDICAÇÃO, DEVOTAMENTO

"Meus irmãos, amais aos órfãos! Se soubésseis quanto é triste estar só e abandonado, sobretudo quando em tenra idade! Deus permite que existam órfãos para nos levar a lhes servirmos de pais. Que divina caridade amparar uma pobre criancinha abandonada, evitar que sofra fome e frio, dirigir-lhe a alma, a fim de que não desgarre para o vício! Torna-se agradável a Deus quem estende a mão a uma criança abandonada, porque demonstra compreender e praticar a sua lei."

(**Allan Kardec**. O Evangelho Segundo o Espiritismo. Capítulo XIII. Que a Mão Esquerda Não Saiba o Que Faz a Direita. Os Órfãos. Um Espírito Protetor.)

Dedicar-se com desprendido amor a um trabalho em favor do próximo é devotamento. Assumindo uma tarefa, a valorizamos quando realizamos com dedicação, sem medir esforços ou sacrifícios, o que precisamos verificar em nossos compromissos de quaisquer espécies.

Seremos reconhecidos como verdadeiros cristãos, discípulos de Jesus, pelas boas obras que realizarmos, e, por mais insignificantes que elas possam ser aos olhos dos homens, revestem-se de maior valor espiritual pelo devotamento com que as produzirmos, isto é, com zelo, com sacrifício, com amor, com incansável dedicação.

Admitimos que seja condição indispensável, quando nos dispusermos a fazer algo na gleba do Senhor, indagarmos se estamos revestidos do carinho, que caracteriza o devotamento.

Compreendemos que os primeiros passos na caridade, de início dados com certa relutância e até má vontade, com o transcorrer do tempo as nossas disposições de sentimentos vão refinando-se e progressivamente vão elevando-se, até chegarem nas desejadas expressões de devotamento.

Vale mencionar que iremos necessitar de um pouco de paciência para assim atingir a condição ideal na prática da caridade.

Mas, o devotamento, de um modo geral, deve envolver tudo o que fizermos, e não apenas os serviços que dedicamos ao próximo. Será o apanágio das atividades dos homens no terceiro milênio. E por sinal, não entendemos por que hoje deve ser diferente. Qualquer atividade executada a contragosto é um verdadeiro martírio, e por isso mesmo é que ainda verificamos tanta gente produzindo pouco, atendendo com má vontade, respondendo aborrecidamente às ordens recebidas, desperdiçando o tempo em conversas particulares, justificando enganosamente as obrigações não cumpridas em tempo hábil, ocupando espaços do dia em serviços alheios ao seu trabalho, etc.

Podemos enumerar algumas situações comuns em que somos reclamados, pela nossa própria consciência, por faltar com o devotamento:

a) Nas indiferenças pelo que fazemos em nossas obrigações de trabalho;

b) No cansaço desgastante quando, disponíveis no serviço, nos omitimos em iniciativas de aumentar o próprio rendimento;

c) No desinteresse em aprender mais para produzir com mais eficiência;

d) No desleixo com objetos e utensílios dos quais nos servimos;

e) No descuido com deveres escolares que nos dizem respeito;

f) Na pressa ao atender criaturas às quais devemos nossa melhor atenção;

g) Nas omissões aos cuidados caseiros, desde as retificações de costumes junto aos filhos, aos aconselhamentos construtivos entre irmãos, cônjuges, pais;

h) No esquecimento da parcela de contribuição carinhosa aos irmãos menores;

i) Na falta de tempo para as atividades beneméritas que já assumimos.

"Dai delicadamente, juntai ao benefício que fizerdes o mais precioso de todos os benefícios: o de uma boa palavra, de um carinho, de um sorriso amistoso. Evitai esse aspecto de protetor, que equivale a revolver a lâmina no coração que sangra, e pensai que, ao fazer o bem, trabalhais para vós e para os outros." *(Id., ibid.)*

III.

OS MEIOS PARA REALIZAR AS TRANSFORMAÇÕES

39 UM MÉTODO PRÁTICO DE AUTO–ANÁLISE[16]

"Aquele que, todas as noites, lembrasse todas as suas ações do dia e se perguntasse o que fez de bem ou de mal, pedindo a Deus e ao seu anjo guardião que o esclarecessem, adquiriria uma grande força para se aperfeiçoar, porque, acreditai-me, Deus o assistirá."

(Allan Kardec. *O Livro dos Espíritos*. Santo Agostinho. Pergunta 919–A.)

Esboçaremos neste capítulo um método prático, à guisa de sugestão, para realizarmos individualmente o trabalho de auto-análise. Podemos, sem dúvida, aplicar esse método em quaisquer situações que haja necessidade do exame das nossas reações: no "convívio com o próximo", na "dor", como tarefas nas "Escolas de Aprendizes do Evangelho", ou mesmo como norma que isoladamente desejarmos seguir no propósito de auto-reforma, como o fez Santo Agostinho.

O método aqui apresentado se desenvolve em 5 (cinco) fases: Preparação, Sintonia Espiritual, Reflexão, Detalhamento e Renovação. Na *Preparação*, procuramos chegar a uma condição de tranqüilidade que permita uma penetração mais profunda no nosso campo subjetivo, para exploração da nossa consciência.

Com a *Sintonia Espiritual* recorremos ao apoio e à colaboração dos nossos companheiros espirituais (anjos guardiães), estreitando os nossos

---

[16] Revisado e ampliado da 84ª aula (redigida pelo autor). *Iniciação Espírita*. Volume VIII. Ed.Aliança.

laços vibratórios para melhor sintonia com eles e integração no plano que possivelmente juntos elaboramos para a nossa presente existência.

Admitimos, à luz do Espiritismo, ser essa uma das condições indispensáveis para esse trabalho.

Na *Reflexão* movimentamos as nossas potencialidades espirituais a serviço da autoconsciência e compreensão, dos condicionamentos e dos impedimentos aos progressos espirituais que programamos realizar nessa existência.

No *Detalhamento* dinamizamos a auto-análise, isolando fato por fato, ocorrência por ocorrência, e penetrando em cada uma por vez, até as raízes mais profundas que consigamos atingir. A utilização de um caderno de anotações é importante para registrarmos o material que iremos elaborar na auto-análise.

E, finalmente, na *Renovação* trabalhamos, aos níveis do nosso consciente, com os recursos disponíveis, as transformações progressivas que objetivamos dentro da orientação evangélica ensinada pelo nosso Mestre Jesus.

O presente método dispensa a figura do orientador humano, do confessor, do supervisor ou do psicoterapeuta, afastando os perigos das dependências e conveniências que se têm criado de há muito e que, por comodismo, preferimos quase sempre aceitar sem reflexão, seguindo o que os "outros" nos dizem em lugar de assumirmos nós mesmos os nossos destinos, erros e acertos. Isso também ocorre com aqueles que, em assuntos corriqueiros e naqueles de sua própria competência, sistematicamente procuram ouvir os "espíritos", preferindo fazer o que eles dizem, tardando o desenvolvimento das suas próprias faculdades de pensar, ponderar, discernir, decidir e agir, conduzindo-se por si mesmos.

Achamos que esse processo valoriza cada criatura, dinamizando a sua consciência, desenvolvendo a sua força de vontade e proporcionando a testemunhação individual, livre e autêntica.

Vejamos, então, de que modo podemos exercitar o sugerido método.

A prática da auto-análise requer um local na própria residência ou fora dela, para permanecer por alguns momentos sozinhos e isolados da movimentação externa. Um quarto, uma sala, um terraço, um recanto no jardim. Ali, sentados confortavelmente, despreocupados de tudo, vamos começar a conduzir o nosso pensamento numa certa direção, na qual buscaremos a exploração do nosso terreno emocional e mental. Pela falta de treinamento e até mesmo disciplina nesse tipo de experiência íntima, no início naturalmente sentiremos dificuldades, pois vivemos muito dispersivos nas nossas atividades diárias e não estamos acostumados a conduzir a ocupação da nossa mente numa meta desejada. Na diversidade de assuntos que tratamos durante o dia e na contínua movimentação das paisagens que a nossa vista acompanha, estamos constantemente envolvidos por fatores externos a nós mesmos; são os estímulos de toda sorte que nos atingem e gravam-se no nosso psiquismo.

Quando, então, no local escolhido, isolarmo-nos do que se passa externamente e estivermos comodamente sentados, em silêncio, de olhos fechados, vamos conviver com o que se passa no nosso interior. O que observamos? De início, percebemos a inquietação e a dispersão tão comuns a todos e, a partir disso, começaremos a conduzir nossas emoções e pensamentos em lugar de sermos por eles conduzidos, como acontece comumente. Para facilitar, dividamos essa prática em fases. Teremos então:

1ª Fase — Preparação

Comecemos por agir no sentido de relaxar interiormente, descontrair os músculos do corpo, dos pés à cabeça, e principalmente da fronte, dos olhos, da boca, dos maxilares, libertando as tensões musculares e emocionais. Procuremos chegar progressivamente a um relaxamento completo.

Vamos assim prosseguindo no desejo de agora serenar a nossa mente, buscando sentir no coração uma calma profunda, e imaginemos que um halo de luz suave, azul-claro, vai impregnando e envolvendo todo o nosso ser.

Nesses primeiros momentos, possivelmente conseguiremos apenas aquietar um pouco o nosso interior, mas persistamos ao ponto de conseguir tranqüilidade e bem-estar. Um fundo musical, baixo e suave, ajuda substancialmente a chegar a esse estado de serenidade.

Nesses instantes, assim impregnados numa atmosfera de bem-estar profundo, respiremos compassadamente algumas vezes, enchendo os nossos pulmões e esvaziando-os, mentalizando nesse exercício a absorção de energias vitalizantes. Com o decorrer das experiências, alguns talvez comecem a sentir uma impressão de deslocamento, e até mesmo de distanciamento do ambiente; no entanto, não se deve deixar perder a consciência.

2ª Fase — Sintonia Espiritual

Continuemos e, em seguida, vamos buscar nossa sintonia com o amigo espiritual, o companheiro que mais de perto supervisiona e inspira os nossos passos na existência presente. Recorramos a ele, indo ao seu encontro, nesse trabalho que desejamos fazer com a sua ajuda. Estabeleçamos um diálogo mental com o nosso protetor espiritual, manifestando esse desejo de "conhecer-se melhor" e libertar-se das nossas imperfeições, desse modo capacitando-nos na melhoria interior, para melhor servir ao Nosso Mestre de Amor.

Possivelmente algum tempo decorrerá, não previsível, até conseguirmos essa vivência espiritual. No entanto, nunca desanimemos e continuemos persistentes no nosso esforço de auto-análise mesmo sem chegar completamente a essa condição. Depois de atingir esse estágio, que poderá ser identificado por um bem-estar profundo, e cujo tempo de duração para nele chegar varia de pessoa a pessoa, passemos ao trabalho de exploração da nossa consciência.

3ª Fase — Reflexão

Dentro daquela atmosfera já atingida, vamos então ativar a consciência trazendo à tona da nossa memória os acontecimentos diários, de preferência numa ordem cronológica, que nos fizeram viver as emoções fortes, as explosões de sentimentos, as manifestações de violência, as agressões, os impulsos que vêm do nosso inconsciente, e que ficaram impregnados na nossa aura, nos transmitindo as suas impressões de forma sutil, e, na maioria das vezes, deixando-nos num estado de intranqüilidade ou de ansiedade. Naturalmente devemos focalizar nessa ordem cronológica um quadro ou uma impressão emocional de cada vez e concentrarmo-nos naquela de maior intensidade escolhida para a análise que estamos realizando no momento, sem deixar que as impressões dos demais acontecimentos interfiram. Lembremos que temos em nós uma tendência natural de soterrar aqueles acontecimentos e lembranças que nos são desagradáveis, e inconscientemente afastamos os que nos aborrecem, mas permanecem represados, exercendo seus reflexos e influenciando constantemente o nosso comportamento. Precisamos ter a disposição de desenterrá-los e trazê-los à consciência, enfrentando-os e trabalhando para compreendê-los, nos libertando das suas pressões incontroláveis. Vamos remontar os acontecimentos sem nos deixar envolver pelos mesmos impulsos que naqueles momentos nos dominaram. Esforcemo-nos por ser, dentro do possível, um mero espectador em lugar do protagonista que os desempenhou.

4ª Fase — Detalhamento

Enfoquemos, então, aqueles acontecimentos mais vivos que se acham gravados em nós e vamos registrando por escrito, na ordem em que cada um deles ocorreu, desde o seu início: primeiro, o que deu origem ao acontecimento; depois o que desencadeou nossa reação impulsiva e, por último, as conseqüências provocadas pela nossa atitude. Dentro dessa ordem natural, anotemos num caderno, de um lado os nossos impulsos, depois os motivos que originaram os mesmos, e ao lado desses as suas prováveis raízes ou causas desencadeadoras.

5ª Fase — Renovação

Dispondo-nos ao melhoramento de nós mesmos, com espírito de combate e já despertados espiritualmente para os testemunhos cristãos, esclarecidos pelo nosso protetor espiritual, nessas ocasiões manifestam-se no nosso espírito os arrependimentos pelas reações intempestivas ou pelos deslizes cometidos. Esses são os primeiros lampejos de renovação, denotando as transformações que se iniciam em nós.

Vigiemos, no entanto, para não nos deixar envolver por esses sentimentos depressivos. Consideremos que eles são indicativos do desabrochar da nossa sensibilidade para uma nova fase de evolução, e, com paciência e vigor, conduzamos as nossas energias no fortalecimento dos propósitos de não nos deixar levar, em outras oportunidades semelhantes, pelos mesmos sentimentos desavisados.

Ao identificar conscientemente o que originou no nosso íntimo a reação impulsiva, indaguemos agora por que a tivemos e com que propósito agimos daquele modo. Formulemos perguntas claras e objetivas, desenvolvendo a autocensura e tirando conclusões precisas sobre os tipos de defeitos e paixões que mais comumente ainda se encontram arraigados dentro de nós mesmos.

Algumas vezes a simples auto-observação já conduz o indivíduo à modificação do seu comportamento improcedente. A identificação da causa que motivou a reação ajuda consideravelmente a mudar os seus efeitos desastrosos, porque passamos a conhecê-los e a evitá-los voluntariamente.

Da identificação feita pela auto-observação das causas provocadoras das nossas reações inferiores à mudança propriamente da maneira de agir, há um trabalho considerável a ser realizado. No entanto, a *Renovação* aí começa e prossegue com o nosso esforço de vontade. Mostraremos nos capítulos seguintes algumas técnicas, recursos ou meios para realizarmos praticamente essas importantes mudanças. Essa última fase do método aqui sugerido ajuda-nos a dar os primeiros passos no trabalho de auto-renovação, que se prolongará, daí em diante, até superarmos as deficiências já localizadas.

Exemplos de situações com aplicação do método de auto-análise

Para ilustrar o método acima, tomemos alguns exemplos de casos que têm acontecido na vida comum:

SITUAÇÃO A: Caso conjugal

Histórico Sumário: Um casal de condição média e relativa instrução, adeptos do Espiritismo, colaboradores dedicados nos serviços de assistência social e de explanação evangélica nas Casas Espíritas de uma cidade do Interior, convivendo harmoniosamente há onze anos, com dois filhos, de dez e oito anos, tendo o marido já superado, com a ajuda da esposa, períodos de limitações financeiras, deixa-se envolver por forte atração que uma jovem aflita, por ele entrevistada na própria instituição espírita, lhe faz sentir. Após alguns meses de relacionamento com essa jovem em conflito, afasta-se do lar, abandonando esposa e filhos, passando a conviver com aquela que estaria agora preenchendo os seus ideais.

Decorridos cerca de dez meses, como se poderia esperar, desperta do sonho ilusório que lhe envolvera os sentidos, após ter imaginado que houvera encontrado a felicidade inconsistentemente apoiada em alguns devaneios infantis elaborados subconscientemente, possíveis traços de tendências de vidas pregressas.

A consciência se inquieta, ferve-lhe a cabeça, aperta-lhe o coração, um torvelinho de pensamentos e emoções passa a dominar-lhe, vive em profunda aflição, desgoverna-se, sem resposta, indaga-se constantemente o que fazer.

Auto-análise: Num dia de trégua, a razão finalmente emerge daquele tormento de emoções, inclina-se à reflexão tocado pelo amigo espiritual, que, depois de lento e paciente envolvimento à distância, encontra condições de aproximar-se.

Senta-se, relaxa e consegue refletir. A imaginação caminha e localiza algumas pequenas contrariedades com a esposa, que lhe fizeram sorrateiramente desejar uma felicidade mais completa, criando ilusões com algum outro coração feminino. Identifica a imaturidade, a falta de uma ponderação mais firme buscando os aspectos valorosos no caráter da própria esposa que agora percebia: sua dedicação aos filhos, seu espírito de conformação. Afinal, deixara levar-se por um impulso sem fundamento que começou a minar sua resistência e a tomar corpo na forma de uma insatisfação incontida. Colhia agora os resultados desastrosos da sua invigilância.

Procurou objetivamente relacionar:
1º O que deu origem ao seu estado aflitivo?
2º Quais as razões que o levaram a tal situação?
3º Quais as conseqüências provocadas?

Conseguiu, então, responder por ele mesmo:
1º O seu estado de aflição foi motivado pelo impulso de um envolvimento passional a que se deixou levar, e que lhe foi progressivamente absorvendo por falta de vigilância.
2º As razões que o levaram a tal situação foram: a ilusão que deixou fixar-se na sua imaginação; a falta de ponderação; a imaturidade; a necessária reação aos impulsos nos momentos de suas manifestações.
3º As conseqüências verificadas: sofrimento próprio, da esposa e dos filhos; desequilíbrio emocional dos mesmos; problemas psicológicos como trauma, insegurança, ansiedade, desajustes de comportamento, principalmente na esposa e nos filhos.

Em resumo:

Impulsos íntimos: desejo mal conduzido
intolerância
fuga

Motivos: imaturidade
irreflexão
irresponsabilidade

Conseqüências: desequilíbrios
sofrimento
desajustes

Obviamente, tomando consciência da situação, o protagonista, querendo sair da situação desesperadora em que se encontra, procurará os meios de reconstruir o seu lar, o que certamente só conseguirá com paciência e espírito de luta, pois colherá as reações naturais daqueles a quem atingiu com a sua invigilância.

SITUAÇÃO B: Caso de desastre financeiro

Histórico Sumário: Um probo chefe de família, vivendo confortavelmente e cercado de todos os cuidados que a mesa farta, o vestuário e numerosa criadagem podem oferecer, vê-se repentinamente afastado do emprego comissionado que lhe proporcionava elevadas somas, nas vendas imobiliárias que passaram a perder mercado em importante Capital.

Desacostumado à disciplina no comer e à vida comedida nas despesas que esbanjava, entra em situação desesperadora e incontrolada. Revolta-se com todos, reclama da sorte, discute e vocifera com familiares, inconforma-se, passando a viver mentalmente um clima doentio que logo lhe acarreta problemas cárdio-circulatórios.

Recebe como resposta, a prescrição médica de repouso absoluto, quando então eram transcorridos pouco mais de dois meses do seu afastamento empregatício.

Auto-análise: Obrigado ao repouso e impossibilitado de atividades que lhe sobrecarregassem o órgão cardíaco, vê-se acamado por tempo indeterminado e submetido a rigoroso controle alimentar. Compulsoriamente, não pôde contrair aborrecimentos nem se movimentar exageradamente.

Depois de alguns dias naquelas condições conseguiu aquietar-se mentalmente, captando o aconchego espiritual que nunca nos falta.

Entra espontaneamente numa atmosfera de reflexão, predispondo-se ao exame de sua consciência, remontando os dias de seu passado. Viera de origem humilde e a própria dificuldade lhe incrementara a ambição de jovem robusto e lutador. Ajudado por amigo próximo a seus pais, iniciara-se no trabalho que lhe dera razoável condição. No entanto, ponderava, jamais fora comedido, tudo que ganhava gastava, tal qual garoto guloso em confeitaria. E assim constituiu família, prosseguindo no mesmo diapasão. Nunca pensara no dia de amanhã, num revés da sorte, numa doença que viesse a lhe deixar inválido, nem mesmo na caridade ao próximo que muitas vezes puderam seus pais receber de mãos generosas.

Aquela reflexão lhe fizera rever o procedimento e tirar importantes conclusões.

Registrou, então, por escrito as perguntas:

1º O que deu origem ao seu estado doentio?
2º O que provocou as suas reações impulsivas?
3º Quais as razões do seu procedimento esbanjador?

Em seguida, colocou as próprias respostas:

1º O seu estado doentio fora provocado pelas violentas cargas emocionais que passou a viver depois que perdeu o emprego.
2º As suas reações impulsivas foram de revolta, inconformação, desespero, temor de voltar a sofrer privações.

3º Gastava sem controle por desejo ambicioso de experimentar o que não tivera na mocidade e idealizara conquistar, como os únicos objetivos de sua vida.

Em resumo:

Impulsos íntimos: revolta
inconformação
desespero, temor

Motivos: hábito esbanjador, desregramento
iminência de privações
apego aos bens materiais

Raízes prováveis: ambição
descontrole
falta de resignação

Nesse caso, o indivíduo poderá se dispor a reformular sua vida na modéstia, na conformação, na resignação, para o que necessitará de esforço e boa vontade, pois não é fácil mudar hábitos adquiridos na luxúria e no apego aos prazeres da gula, da vaidade e do exagerado conforto.

SITUAÇÃO C: Caso de uma filha grávida prematuramente

Histórico Sumário: Naquele dia, recebera a mãe extremosa a notícia de que sua jovem filha estava grávida prematuramente. Criara com tanto zelo, dedicara-lhe os maiores cuidados na orientação educacional, preparando-a para uma vida que, no seu amor de mãe, seria de alegrias e encantamentos. A filha com pouco mais de dezessete anos, o jovem igualmente despreparado para assumir a vida conjugal, entregaram-se aos impulsos procriadores sem as contenções que hoje os moços entendem desnecessárias.

Viam-se todos, familiares e filhos, sofrendo as conseqüências da insensatez, do sentir sem limitações, das influências da época.

Aquela mãe, amargurada, não podia conter as lágrimas, perguntava de si para si mesma o que tivera feito para receber tamanha prova. Como enfrentar agora as incompreensões dos familiares? As rejeições da sociedade, a crítica mordaz dos vizinhos?

As suas convicções religiosas não permitiam a solução abortiva, e o casamento precipitado era prognóstico de pouca duração. Repentinamente um mundo de conflitos atormentava a respeitável senhora de meia-idade.

Auto-análise: Depois de viver alguns dias o impacto daquele drama íntimo, recebe pelas preces, que em prantos proferia, o bálsamo reconfortante de amoráveis espíritos amigos, e começa a analisar tranqüilamente na sua intimidade o que se passava. Lembrava que embora tivesse proporcionado os melhores colégios e estudos complementares em idiomas e nas artes, omitira-se nos importantes diálogos de mulher para mulher, deixando de comunicar-lhe as funções nobres do sexo e o natural retraimento na aproximação com os jovens da sua idade. Embora ferida nos seus próprios preconceitos, não poderia agora abandonar a filha à própria sorte. Era a oportunidade de melhor unir-se a ela, dando o seu apoio na compreensão para a vida de jovem mãe, que teria de enfrentar. Sentia, como sua amiga, necessidade de estar ao lado dela, acompanhando o amadurecimento precoce que a experiência lhe faria passar, pela própria precipitação dos acontecimentos. Reafirma o propósito de renúncia submetendo-se humildemente às pressões sociais e familiares, disposta, então, a dividir com a filha o peso da difícil prova que teriam pela frente.

Para que tudo ficasse bem claro e gravado em sua memória, resumiu por escrito a sua análise:

1º O que deu origem às suas amarguras?
2º O que lhe teria provocado tanta dor?
3º Quais as suas reações e impulsos?

Em seguida, colocou as próprias respostas:

1º As suas amarguras surgiram do choque emocional diante de um escândalo familiar e social que a sua formação educativa e religiosa não lhe permitiam aceitar.

2º A sua dor era resultante do amor-próprio ferido, do apego à filha, com projeção dos seus próprios sonhos de mãe, do reconhecimento das suas omissões na orientação educacional.

3º As suas reações foram de inconformação, orgulho, frustração, apego e intolerância.

Em resumo:

Impulsos íntimos: orgulho
frustração
intolerância

Motivos: amor-próprio ferido
sonhos idealizados
inconformação

Raízes prováveis: presunção
vaidade
apego possessivo

Os propósitos assumidos por essa senhora, no caso estudado, certamente lhe tranqüilizaram; porém, a sua formulação solicitará dela, no transcorrer do tempo, o esforço de pôr em prática os frutos da sua compreensão, o que não se consegue a não ser com persistência e amor.

FAÇA SUA AVALIAÇÃO INDIVIDUAL

1. Já sentiu a necessidade de refletir por algum tempo sobre dado acontecimento que lhe tenha intranqüilizado?
   _____
   _____

2. Em alguns momentos de aflição ou ansiedade já procurou desvendar as suas origens?
   _____
   _____

3. Sente-se de alguma forma aliviado quando intimamente consegue entender os motivos de alguma manifestação sua que tenha magoado alguém? O que faz para corrigir-se?
   _____
   _____

4. Já recorreu à prece na tentativa de ser esclarecido sobre alguma falha cometida?
   _____
   _____

5. Tem como prática o costume de pensar sobre o que lhe ocorre durante o dia?
   _____
   _____

6. Consegue facilmente analisar uma situação que viveu?
   _____
   _____

7. Nas vezes em que tem refletido sobre algo que lhe tenha alterado a tranqüilidade, já procurou fazê-lo sem reviver as mesmas emoções ou contrariedades?

8. Procura se acalmar e relaxar quando algo ou alguém lhe fere o íntimo?

9. Já buscou confabular em pensamento com o seu protetor espiritual?

10. Preocupa-se em ter um comportamento sempre melhor, reagindo às emoções e aos pensamentos que lhe aborrecem ou que sejam prejudiciais a alguém?

40   COMO PROGRAMAR AS TRANSFORMAÇÕES

> *"Quão pequena é a porta da vida! Quão apertado o seu caminho! E como são poucos os que a encontram!" (Mateus 7:13-14)*
>
> *"Larga é a porta que leva aos desregramentos, porque as más paixões são numerosas e o caminho do mal é o mais concorrido. É estreita a da redenção, porque o homem que deseja transpô-la deve envidar grandes esforços a fim de vencer suas más inclinações, e poucos se resignam a isso. Completa-se a máxima: São muitos os chamados e poucos os escolhidos."*
>
> **(Allan Kardec.** *O Evangelho Segundo o Espiritismo.* Capítulo XVIII. Muitos os Chamados e Poucos os Escolhidos. A Porta Estreita.)

Fizemos, no capítulo III (item 39 — Um método prático de Autoanálise), uma sugestão para aplicação de um processo em que fosse obtido o conhecimento dos nossos impulsos, reações, sentimentos, ações. Chegamos, então, a identificar as causas provocadoras daqueles efeitos que se manifestam no nosso íntimo e compreendemos, pela análise, os motivos e as conseqüências dos impulsos interiores. E desse momento em diante? O que vai acontecer?

Efetivamente, esse é o ponto inicial para realizarmos nossas transformações, isto é, pelo "conhecimento de si mesmo", mas o trabalho de mudança propriamente dos hábitos, da maneira de agir, da conduta que estamos acostumados prossegue com o esforço da vontade, e em seguida, no transcorrer do tempo, sem limitações ou previsões de prazo.

Embora possamos conhecer nossos vícios e defeitos, as mudanças só se fazem com um trabalho perseverante e muita paciência. Aí está a nossa grande dificuldade: fazer das intenções, realizações efetivas. O procedimento esperado seria aquele da disposição firme e constante no rumo certo aos propósitos que tenhamos decidido tomar de auto-reformar-se, e então se dará início a uma luta corajosa de automodificações que nem todos pretendem realizar ou estão decididamente preparados para realizar. A maioria tende a abandonar, logo nos primeiros impedimentos, o objetivo formulado de início sempre com as melhores das promessas. Existem, naturalmente, aquelas predominâncias da nossa natureza corpórea, ou seja: o comodismo, o desânimo, a preguiça, o "corpo mole". Quando surgem as dificuldades, elas aparecem, principalmente porque esperamos resultados apressados e então achamos que o método não funciona, não serve, não produz efeito. Perdemos o interesse, afastamo-nos dos propósitos admitindo que a falha está no processo, no método aplicado, e não em nós. É quase sempre assim. Dizemos para nós mesmos: ah! comigo não deu certo! Não vi resultados!

Outras vezes, nossos esforços vão um pouco além das intenções mas não estão suficientemente fortalecidos, seguem altos e baixos e os efeitos igualmente flutuam: em alguns momentos estamos animados e firmes, conseguimos mudar certas atitudes nos testes que defrontamos; em outras ocasiões caímos num desânimo total, balançamos e somos derrubados, falta-nos resistência e firmeza. E assim lá vamos nós, mais uma vez nos reerguendo na vontade, nos propósitos, retomando os rumos, firmando as disposições para reiniciar tudo novamente.

Esses desfalecimentos realmente podem chegar a abalar nossa autoconfiança e nos deixar deprimidos. Entendamos, porém, que autopunição não ajuda e nem oferece estímulo a alguém. O jeito é levantar o ânimo, erguer a vontade e continuar a batalha, tantas vezes quantas forem as quedas ou fracassos. Na própria luta, no cair e levantar, vamos aumentando nossa tenacidade e nos fortalecendo. Diminui com o tempo o número das quedas e assim os resultados práticos, embora demorados, vão se obtendo.

Vejamos, no entanto, de que maneira o nosso esforço, ou o nosso desejo de auto-aprimoramento, pode ser canalizado com o fito de conseguir maior aproveitamento e melhores resultados.

Estabelecendo metas

Comecemos por definir o que deve e precisa ser modificado em nós: estabeleçamos nossas metas. Analisemos o que queremos modificar.

Começar enfrentando os vícios comuns

Vamos, então, fazer um levantamento e relacionar o que desejamos reformar intimamente. Um caminho sugerido é começar pelos hábitos ou vícios que ainda nos condicionam a satisfações ou necessidades prejudiciais ao nosso corpo e ao nosso espírito. Para facilitar, apresentamos, no final do capítulo, um quadro-resumo dos vícios estudados (Quadro 1) nos primeiros capítulos da II Parte: O que se pode transformar intimamente. E, ao lado de cada um, como segue, a gradação ou intensidade do condicionamento ao qual estamos sujeitos, ou seja, se irresistível, predominante, moderado, fraco ou simplesmente não praticado.

Para percebermos melhor a nossa condição, vamos atribuir notas que colocaremos na coluna correspondente, dentro dos seguintes valores:

Irresistível	Nota	0
Predominante	Nota	3
Moderado	Nota	5
Fraco	Nota	7
Não Praticado	Nota	10

O valor das notas atribuídas é indicativo do nível de esforço que precisaremos desenvolver para libertarmo-nos dos vícios relacionados, isto é, notas 0 a 3: grande esforço; nota 5: esforço médio; nota 7: pequeno esforço.

Desse modo chegamos a uma lista dos vícios que queremos eliminar e já avaliamos o trabalho que deveremos desenvolver para cada um deles.

Fixando resultados progressivos

Os resultados progressivos têm sido causa de muito desânimo, motivos pelos quais abandonamos nossos propósitos, pelo fato de, ao estabelecer nossas metas, acharmos que as mudanças precisam ser drásticas e grandes. Mas, como quase sempre não conseguimos cumpri-las da noite para o dia, desiludimo-nos conosco, perdendo até a vontade e a coragem de continuar.

As nossas possibilidades de sucesso, nas mudanças pretendidas, crescem quando especificamos com clareza os resultados numéricos, definidos dentro de condições razoáveis ao nosso alcance, em escala decrescente e proporcional. Desse modo, podemos medir nossos progressos, o que aumenta a motivação e o entusiasmo próprio, fazendo crescer, com a força interior, a autoconfiança nas nossas conquistas e sentir as alegrias ao vencer cada etapa programada.

Podemos conduzir, então, o nosso trabalho em prazos ou períodos de tempo, tais como dia, semana, mês, bimestre, trimestre, semestre e ano.

Partimos de valores numéricos observados na nossa vida cotidiana, como por exemplo:

1. Fumo — quantos cigarros fumamos por dia?
2. Álcool — quantas vezes ingerimos por semana?
3. Jogo — quantas vezes praticamos por semana?
4. Gula — quantas vezes exageramos por semana?
5. Abusos Sexuais — quantas vezes cometemos por semana ou por mês?
6. Tóxicos — quantas vezes ingerimos por semana ou por mês?

Fixamos, a partir daí, para os próximos períodos, resultados decrescentes, divididos em passos suficientemente pequenos, de modo a aumentar nossas possibilidades de progresso.

Podemos programar, assim, a eliminação daqueles vícios em espaços de tempo, como por exemplo:

1. Fumo — De oito a dezesseis semanas (dois a quatro meses)
2. Álcool — De oito a dezesseis semanas (dois a quatro meses)
3. Jogo — De oito a dezesseis semanas (dois a quatro meses)
4. Gula — De oito a vinte semanas (dois a cinco meses)
5. Abusos Sexuais — De oito a vinte semanas (dois a cinco meses)
6. Tóxicos — De oito a vinte semanas (dois a cinco meses)

Dependendo, portanto, da intensidade do nosso condicionamento, fazemos a nossa programação em maior ou menor tempo, de forma a chegarmos, no final do tempo estabelecido, com nota 10, isto é, zero número de vezes o referido vício, praticado, ou cometido.

Exemplo: Um jovem que fumava de 30 a 40 cigarros por dia resolveu diminuir para 20 por dia nas quatro primeiras semanas. Conseguiu com facilidade e passou a 15 por dia no mês seguinte. A partir de então, no terceiro mês, foi a 10 cigarros por dia nas duas primeiras semanas; a 5 por dia nas semanas seguintes. No quarto mês diminuiu para 4 por dia na primeira semana; 3 por dia na segunda semana; 2 por dia na terceira e, finalmente, na última semana, abandonou realmente o cigarro.

Fazendo uma programação geral

Uma questão poderá ser indagada: como distribuir o tempo entre os vícios? Atacar todos ao mesmo tempo?

Dependendo do número deles poderemos dividi-los em etapas compreendidas num período de doze, quatorze ou dezesseis meses. Isso porque a concentração de esforços em cada um dos resultados fixados é fator de progresso nos nossos propósitos de libertação deles. Do mesmo modo, como a divisão em resultados menores e constantes facilita o trabalho de eliminação de cada vício, a distribuição de tempo em um por vez, em seqüência razoável e exeqüível, é igualmente importante.

Dividindo-se, então, num Cronograma Mensal, possivelmente chegaremos à programação indicada no Quadro nº 2, página 187.

A escolha da ordem seqüencial ou das prioridades dos vícios a eliminar ficará a nosso critério individual. Temos, assim, em nossa programação, cerca de dezesseis meses para eliminar pelo menos quatro dos seis vícios indicados no quadro.

Podemos também marcar numa tabela (veja Quadro nº 3) os valores numéricos dos resultados progressivos que esperamos alcançar, na coluna **P** (previsões) e, depois, em letras vermelhas, os resultados reais conseguidos na coluna **R**. As comparações dos dois números nos farão sentir os progressos obtidos, o que é sempre estimulante. Estejamos também preparados para os presumíveis fracassos, que, ao ocorrerem, devem nos conduzir a maiores esforços e mais determinação.

É recomendável que os interessados mais descontraídos, não preocupados com o segredo dos seus vícios, tracem uma tabela semelhante em tamanho grande e afixem em local bem visível, no quarto, por exemplo, para reafirmar mentalmente os seus propósitos, repetindo, várias vezes, se desejar, algumas auto-sugestões, como estas, que também podem ser escritas no mesmo quadro:

Abandonarei o cigarro decididamente...
Evitarei a bebida corajosamente...
Deixarei o jogo firmemente...
Controlarei os excessos alimentares tranqüilamente...
Empregarei responsavelmente minhas energias sexuais...
Largarei destemidamente os tóxicos...

A prática do orar no propósito de vigiar

Nesse ato de reafirmação diária, que precisamos praticar, por alguns minutos que seja, ao renovarmos o desejo de conseguir vencer no transcorrer daquele dia os nossos condicionamentos, procuremos a sintonia com os Amigos Espirituais, abrindo o nosso coração a Jesus, na intenção de recorrer ao apoio maior da Espiritualidade, no esforço que estamos fazendo de libertação das nossas fraquezas. Oremos, com a melhor das nossas intenções, com toda emoção, e recebamos o influxo das energias suaves que nos serão dirigidas em sustentação aos nossos propósitos.

Prosseguir removendo defeitos

Nosso empenho prossegue, agora, no terreno dos defeitos, como meta seguinte, na abordagem que continuamos fazendo do que deve ser transformado interiormente.

A experiência que já acumulamos na libertação dos vícios comuns nos fortalecem enormemente na atividade de conduzir praticamente a força de vontade. Sentimos que somos capazes de vencer condicionamentos que antes acreditávamos ser insuperáveis. A autoconfiança cresceu, as nossas possibilidades de êxito aumentaram; andamos sobre terreno já conhecido e até certo ponto dominado, mas não paramos aí; precisamos continuar o trabalho já iniciado.

De modo análogo, vamos relacionar os defeitos mais evidentes em todos nós, que podem ser enquadrados e também apresentados no Quadro nº 4, página 189.

Atribuímos também as mesmas notas já mencionadas, que indicarão o maior ou menor esforço a ser dedicado na dissipação dos citados defeitos.

Examinar um defeito por vez

Ao preencher o Quadro (resumo dos Defeitos), para sermos coerentes, necessitamos de tempo para um exame isolado, independente, de cada um deles relacionados, e assim apurar o grau de intensidade com que eles acontecem, em circunstâncias comuns, nas três citadas áreas de ação, ou seja, na família, no trabalho e na sociedade.

Achamos que é importante fazer esse preenchimento com a maior fidelidade possível, isso porque o Quadro servirá de referência para a posterior distribuição particularizada daqueles defeitos, dentro de uma ordem de prioridades, num Plano Geral de Ação.

Cremos ser suficiente atentarmos num prazo de cinco a sete dias, de maneira específica, a cada um da lista dos quinze, para então fazermos uma primeira análise de como nos encontramos relativamente aos mesmos.

Como já descrevemos nos capítulos anteriores, as principais características deles, uma relida em cada página é recomendada ao iniciarmos o trabalho de prospecção, que continuará pelos dias mencionados. Façamos indagações a nós mesmos, tais como:

1. Aonde manifestou-se (tal defeito)?
2. Em quais circunstâncias?
3. Com que intensidade? Profunda ou Superficial?
4. Com que freqüência tem ocorrido? Quantas vezes?
5. Quais os motivos ou causas? O que fez acontecer?
6. Posso contê-lo?
7. Quando ocorreu, foi demorado ou passageiro?
8. Surge repentina e inesperadamente?
9. Tomo conhecimento dele antes de ocorrer?
10. Deixou-me triste ou deprimido?
11. Deixou-me indiferente?
12. Tentei dominá-lo?
13. Prejudiquei alguém?
14. Deixei alguém triste, infeliz, magoado?
15. Senti arrependimento?

Podemos aquilatar o modo como os defeitos atuam em nós pelas respostas dadas àquelas perguntas, dentro dos seguintes resultados:

Irresistível (nota 0)   — Pergunta 3 — profundo
                                 Pergunta 6 — não
                                 Pergunta 8 — sim
                                 Pergunta 9 — não

Predominante (nota 3) — Pergunta 3 — profundo
　　　　　　　　　　　　Pergunta 4 — bastante freqüente
　　　　　　　　　　　　Pergunta 7 — demorado

Moderado (nota 5) — Pergunta 3 — superficial
　　　　　　　　　　Pergunta 4 — pouco freqüente
　　　　　　　　　　Pergunta 7 — passageiro
　　　　　　　　　　Pergunta 9 — sim

Fraco (nota 7) — Pergunta 3 — muito superficial
　　　　　　　　　Pergunta 4 — pouquíssimo freqüente (eventual)
　　　　　　　　　Pergunta 6 — sim
　　　　　　　　　Pergunta 7 — fugaz
　　　　　　　　　Pergunta 8 — não (de modo discreto)
　　　　　　　　　Pergunta 9 — sim (é perceptível)
　　　　　　　　　Pergunta 12 — (é controlável)

Assim procedendo, de 75 a 105 dias intensivos, teremos realizado o levantamento dos nossos defeitos e preenchido o Quadro (resumo dos Defeitos). Teremos também conseguido uma qualificação daqueles defeitos mais acentuados que procuraremos de preferência logo enfrentar, isto é, se quisermos seguir esse critério. Começar pelos menos evidentes, pelos moderados e fracos pode ser um bom caminho, pois poderemos sentir efeitos mais encorajadores dentro das nossas condições, e assim, alicerçarmos com maior firmeza os nossos progressos.

Plano geral de ação para combate aos defeitos

Dessa forma programamos, num Plano Geral de Ação, a ordem seqüencial dos defeitos a serem mais especificamente trabalhados em determinados espaços de tempo, digamos, por mês, bimestre ou trimestre, como sugerido no **Cronograma** indicado no Quadro nº 5, página 190.

Entendemos que o nosso trabalho de reforma íntima não se conclui apenas em um, dois ou três meses de auto-observação sobre cada tipo de defeito, mas ao dedicarmos, nesses prazos, maior atenção a cada um particularmente, assim exerceremos maiores esforços concentrados, que nos proporcionarão melhor identificação e domínio das suas manifestações. Teremos, então, obtido maior "conhecimento de causa" que, em seguida, agirá em nós como mecanismos automatizados de combate.

Esse trabalho intensivo e concentrado pode não ser fácil para muitos dos Aprendizes do Evangelho, mas é a "porta estreita" por onde teremos um dia que passar, quando decidirmos agir. E quem começa se orientando sozinho deve ter em mente que a ação, ao contrário das palavras e intenções, é a base do aprendizado. E ninguém obtém efeitos práticos sem criar, idealizar e planejar a sua própria auto-reforma, porque assim fazendo aumentamos as nossas possibilidades de crescer espiritualmente e de desenvolver nossas potencialidades.

O que aqui apresentamos é apenas um dos meios, entre outros que possam ser criados pelos interessados, ao planejar sua reforma moral.

Como contar as ocorrências dos defeitos

Vamos tentar quantificar o número de ocorrências em que aparecem os nossos defeitos por dia e por semana. Volta aqui a importância de sermos observadores de nós mesmos.

Podemos admitir que entre os três diferentes métodos seguintes, um pelo menos poderá ser utilizado na auto-observação:

1º observar os acontecimentos, contando o número de ocorrências;

2º observar a duração de um acontecimento, anotando o tempo da ocorrência;

3º observar o número de acontecimentos que ocorrem num determinado espaço de tempo.

No primeiro: contamos o número de vezes por dia, no transcurso de uma semana, que os incidentes despontam dentro de nós. Por exemplo, sentimentos de orgulho, de vaidade, inveja, ciúme, avareza, ódio, remorsos, vingança, agressividade, personalismo, intolerância, impaciência, negligência, ociosidade ou, ainda, o número de vezes que tenhamos sido maledicentes.

Evidentemente nos concentraremos isoladamente num deles, por vez.

No segundo: preocupamo-nos em avaliar o tempo de duração em que tenhamos permanecido por dia, numa semana, com os sentimentos de orgulho, inveja, ciúme, ódio, remorsos, vingança, agressividade, impaciência (irritação), ociosidade (preguiça) ou, ainda, o tempo despendido na maledicência.

No terceiro: delimitamos um período de tempo, num horário escolhido convenientemente, para cada dia de observação numa semana, anotando, assim, o número de acontecimentos por amostragem, ou seja, prestamos atenção, apenas naquele horário do dia, no número de vezes em que os nossos sentimentos ou reações dos citados defeitos surgem.

As observações poderão ser divididas em três áreas de ação: na família, no trabalho e na sociedade. O resultado na contagem será a soma do apurado nessas três áreas.

Cada interessado, no seu caso particular, descobrirá qual o método que mais funciona e, portanto, o que preferirá aplicar. A partir do momento em que tenhamos apontado com exatidão o que queremos mudar, saberemos escolher a maneira de contar as suas manifestações.

Uma regra básica é sugerida para escolha do método de aplicação: se o impulso, pensamento ou atitude de comportamento ocorrem trinta ou menos vezes por dia, de forma nítida e separadamente, **use o primeiro,** anotando o número de vezes. Se ocorrem mais de trinta vezes por dia, **use o terceiro** (amostragem num horário prefixado). Se o acontecimento não é fácil de contar ou permanece vários minutos por vez, empregue o **segundo** método, contando a soma dos tempos que leva no dia inteiro.

A exatidão da contagem

Parece fácil, mas se confiarmos na memória e deixarmos para fazer nossas anotações no final do dia, certamente a nossa contagem será inexata. Para tal, recorramos a cartões ou fichas em que tracinhos possam ser riscados de imediato, assim que o defeito aconteça. No final do dia apenas somaremos os tracinhos, anotando o total.

Podemos adotar o processo de ter um pequeno cartão, discreto, para cada defeito, como indicado no Quadro nº 6, página 191.

Como registrar as contagens - diagrama

Chegaremos, ao final de cada semana, a valores numéricos das ocorrências e, então, precisaremos, após várias semanas, fazer uma comparação das observações anotadas. Podemos nos utilizar de um diagrama, em que a representação gráfica, numa simples olhada, dá-nos idéia do nosso comportamento e, com o tempo, a evolução dos progressos que estamos realizando nas mudanças.

Marcaremos um ponto na vertical que sai do número correspondente à semana de observação, na altura em que cruzar com o número de ocorrências registradas (veja Quadro nº 7, página 192).

Ligando-se os pontos marcados, teremos desenhado o nosso diagrama de registro das contagens.

Naturalmente procuraremos desenhar um diagrama de controle para cada defeito independentemente ou, no mínimo, para os defeitos mais acentuados.

Certamente o número de ocorrências, pelo nosso trabalho, tendendo a diminuir com o desenrolar das semanas, ao unir os pontos marcados no gráfico, formará uma linha cuja inclinação vai baixando para o lado direito, como mostra a figura no Quadro nº 7. Coloquemos esses gráficos à nossa vista, para diariamente mentalizar o que precisamos cuidar, de modo a obter valores sempre decrescentes e então registrar marcas, ou pontos menores, pois é um meio de nos ajudar a fixar persistentemente o que pretendemos.

Podemos também formular algumas auto-sugestões, que cada um as elaborará especificamente a cada necessidade individual e em particular.

Exemplo: Diagrama — Defeito: Agressividade (Quadro nº 7)

Tomemos como defeito a combater, a agressividade.

Utilizando-se da ficha para controle das ocorrências, como indicado no Quadro nº 6, realizamos semanalmente a apuração do número de vezes em que a agressividade manifestou-se em nós. Nessa contagem não levemos em conta a intensidade com que o defeito tenha ocorrido; no entanto, o enumeramos quando surgir nas seguintes ocasiões: em casa, com os familiares; no trabalho, com os colegas; na sociedade, em contato com o público em geral (trânsito, nos transportes coletivos, com atendentes de lojas ou em escritórios), em contato com amigos nas agremiações, condomínios, associações ou grupos religiosos aos quais pertençamos.

Desse modo, admitamos ter chegado aos seguintes resultados:

1ª	semana:	18 ocorrências
2ª	semana:	14 ocorrências
3ª	semana:	13 ocorrências
4ª	semana:	10 ocorrências
5ª	semana:	8 ocorrências
6ª	semana:	6 ocorrências
7ª	semana:	4 ocorrências

Marcamos, na linha horizontal, os intervalos correspondentes às semanas e aos meses (de centímetro a centímetro). O eixo vertical também o dividimos em segmentos iguais — correspondentes ao número de ocorrências (a cada centímetro, duas ocorrências).

Os valores acima indicados são, então, registrados graficamente, construindo-se os pontos ao ligar as linhas verticais de cada semana com as horizontais dos números de ocorrências.

Temos, assim, os pontos A, B, C, D, E, F, G. Unindo-se esses pontos, temos uma linha irregular descendente representando o diagrama do nosso comportamento no que se refere à agressividade.

Podemos continuar por mais algumas semanas, até manter valores bons ou ótimos, se possível, quando então a linha decrescente se representará por um trecho reto horizontal. A constância no controle do defeito realizará progressivamente a automatização das nossas próprias contenções que, com o tempo, serão espontâneas e naturais, o que caracteriza a eliminação do defeito.

A diminuição das ocorrências

Sem dúvida, estamos atentos que defeitos incrustados há tanto tempo, aos quais possivelmente nos acostumamos, não se modificam repentinamente, e podemos até levar mais de uma existência para deles nos livrar. O nosso trabalho nesse aspecto é permanente e de efeitos demorados. Assim sendo, já nos contentamos com a diminuição progressiva das ocorrências que vinham se registrando, e todo o nosso empenho será em função de reduzi-las cada vez mais. Dizer, no entanto, ou mesmo estabelecer dados numéricos previsíveis, prefixados, como fizemos com os vícios, achamos delicado aqui recomendar, em se tratando dos defeitos, cujas extensões e intensidades podem variar muito de pessoa a pessoa, ou, ainda, alguns deles podem estar vinculados a processos reencarnatórios crônicos de difícil eliminação.

Deixamos, evidentemente, ao critério de cada um fazer a sua programação, que pode ser, mesmo assim, estabelecendo metas próprias, referidas a número de ocorrências dos seus defeitos, buscando a sua redução permanente, até atingir índices que, dentro da sua análise comparativa pessoal, sejam classificados em ótimos, bons, razoáveis, sofríveis ou péssimos.

Compreendemos, naturalmente, que o resultado "sofrível" de um pode ser considerado "bom" para outro que luta com maior predominância de um defeito em particular. Ou, quem identifica um defeito com a intensidade de "moderado", nota 5 por exemplo, um mesmo resultado considerado "razoável" de ocorrências pode representar um valor "ótimo" para outro que apresente uma intensidade "irresistível" (nota 0).

De qualquer modo, o processo é válido e a sua aplicação, muito proveitosa, pois a representação numérica e gráfica nos dá uma avaliação visual imediata do nosso trabalho de reforma íntima, nos ajudando grandemente a obter resultados práticos cada vez melhores. É um meio de convertermos nossas boas intenções em proposições concretas.

A auto-observação e o mecanismo de contagem dos momentos em que os nossos defeitos se manifestam são instrumentos valiosos de auxílio para realizarmos as mudanças de conduta que tanto desejamos. É aquele "conhece-te a ti mesmo" ensinado desde Sócrates, controlado graficamente, representado por dados objetivos.

O cultivo das virtudes

Pode parecer que devamos nos preocupar apenas com o nosso lado inferior, com os vícios e os defeitos, que na nossa relativa condição evolutiva são ainda predominantes em relação às virtudes. Não se trata de realçarmos os nossos aspectos negativos, como se poderia supor, até como um processo de culpar-se a si mesmo, que não ajuda ninguém a melhorar.

"Encerra a virtude, no seu mais elevado grau, o conjunto das qualidades essenciais que caracterizam o homem de bem. Ser bom, caritativo, laborioso, sóbrio e modesto são qualidades do homem virtuoso. Infelizmente, tais qualidades são, com freqüência, acompanhadas de pequenas fraquezas morais, que as emperram e lhes tiram o brilho." (**Allan Kardec**. *O Evangelho Segundo o Espiritismo.* Capítulo XVII. Sede Perfeitos. A Virtude.)

O que nos motiva é proporcionar, a quem esteja interessado em mudar seu comportamento e fazer algum esforço sério em melhorar, o encontro de alguns meios que o auxiliem a encetar por essa trilha, até mesmo sozinho. Desse modo, aqueles que estão muito satisfeitos com a vida que levam, sem problemas pessoais, familiares, sem angústias, sofrimentos ou ansiedades, sem distúrbios emocionais que os incomodem, ou seja, acomodados nos seus hábitos, dando vazão ao que sentem e querem, continuar seguindo os seus impulsos, indiferentes ao sofrimento alheio, circunscritos ao seu mundo e ao dos seus imediatamente próximos, esses certamente não têm com que se preocupar e nem sentem necessidade de mudar, nem mesmo suas pequenas fraquezas morais com freqüência manifestadas.

Quem, então, chegou ao ponto de querer fazer transformações para sair dos estados íntimos de conflito e insatisfações, desejando, portanto, tomar atitudes renovadoras, precisa começar tomando conhecimento e agindo sobre as causas seculares dos nossos males, as torpezas e fraquezas que têm desviado sucessivamente a Humanidade, e contra as quais apontamos nossas armas de combate.

Mostramos, então, "o que mudar" e "como mudar". Agora, vamos enfeixar, num esquema inteligível, "para onde mudar". Em outras palavras, fazer um confronto dos padrões ou caracteres essenciais que constituem virtudes, e que devem tomar o lugar dos já citados defeitos a elas opostos. É como o lavrador: começa por preparar o terreno, desmatando, destocando, limpando, removendo as ervas daninhas, os espinhos, os pedregulhos, para depois revolver, adubar, semear e irrigar sempre. A partir disso é que o cultivo germinará, crescerá, florescerá, frutificará e reproduzirá.

Aquele nosso trabalho inicial de enfrentar os vícios comuns e depois prosseguir removendo os defeitos humanos mais evidentes equivale à limpeza e à preparação do nosso terreno íntimo para o cultivo das virtudes, que corresponde à adubação, semeadura e irrigação constantes. Deve-se acrescentar os cuidados permanentes na lavoura de não deixar crescer o mato em volta e de espantar os pássaros que picam as tenras folhas, assim comparados às freqüentes pequenas fraquezas morais que muitas vezes podem empanar e tirar o brilho das virtudes, isto é, a ostentação, a exaltação das obras, a exteriorização da satisfação íntima no bem praticado, para provocar elogios, sentimentos de orgulho, de vaidade, de amor-próprio, que deslustram sempre as mais belas qualidades e anulam o mérito real de quem as tenha praticado, pois, "mais vale menos virtude com modéstia, que muita com orgulho". É o que nos afirma François Nicolas Madeleine (Paris, 1863). (**Allan Kardec**. *O Evangelho Segundo o Espiritismo*. Capítulo XVII. Sede Perfeitos. A Virtude.)

Desse modo, vamos aplicar ao serviço já iniciado o nosso adubo e a nossa irrigação à semeadura que estamos fazendo em nosso espírito carente de renovação.

As virtudes já estudadas nos são apresentadas como os modelos a seguir, na substituição que procuraremos efetuar dos nossos modos de agir. Isto é, em lugar:

de orgulho	— humildade,
de vaidade	— modéstia, sobriedade,
de inveja	— resignação,
de ciúme	— sensatez, piedade,
de avareza	— generosidade, beneficência,
de ódio	— afabilidade, doçura,

de remorsos	— compreensão, tolerância,
de vingança	— perdão,
de agressividade	— brandura, pacificação,
de personalismo	— companheirismo, renúncia,
de maledicência	— indulgência,
de intolerância	— misericórdia,
de impaciência	— paciência, mansuetude,
de negligência	— vigilância, abnegação,
de ociosidade	— dedicação, devotamento.

Como substituir defeitos por virtudes?

Em decorrência do trabalho já desenvolvido na prática da autoanálise e da auto-observação, com os esforços empregados na eliminação dos vícios e na diminuição dos defeitos, certamente chegamos a intensificar interiormente aqueles diálogos com a própria consciência, desse modo substancialmente dinamizada. Resta-nos conduzir agora as nossas reflexões, dosando e abastecendo a consciência com os conhecimentos característicos das virtudes, como modelos de comportamento a atingir. Assim canalizamos a vontade, o interesse, o empenho, com nossa energia, para conseguirmos mudar, ou substituir, a reação ou o impulso deletério, pela correspondente virtude que se procura antepor.

Veremos adiante, quando estudarmos **Como trabalhar intimamente**, alguns recursos que poderemos usar nesses diálogos ou solilóquios, como sejam: as pausas, as conversas conosco mesmo, as afirmações, as autosugestões.

QUADRO Nº 1 — RESUMO DOS VÍCIOS

Vício	Irresistível	Predominante	Moderado	Fraco	Não Praticado	Nota
1. Fumo						
2. Álcool						
3. Jogo						
4. Gula						
5. Abusos Sexuais						
6. Tóxicos						

QUADRO Nº 2 – CRONOGRAMA – PROGRAMAÇÃO DE COMBATE AOS VÍCIOS

MESES

	1º	2º	3º	4º	5º	6º	7º	8º	9º	10º	11º	12º	13º	14º	15º	16º
1. FUMO	▨	▨	▨	▨												
2. ÁLCOOL					▨			▨								
3. JOGO									▨	▨	▨	▨				
4. GULA													▨	▨	▨	▨
5. ABUSOS SEXUAIS					▨	▨	▨	▨								
6. TÓXICOS											▨	▨		▨		

187

QUADRO Nº 3 – CONTROLE DE RESULTADOS PROGRAMADOS

	1º MÊS								2º MÊS							
	1ª SEMANA		2ª SEMANA		3ª SEMANA		4ª SEMANA		5ª SEMANA		6ª SEMANA		7ª SEMANA		8ª SEMANA	
	P	R	P	R	P	R	P	R	P	R	P	R	P	R	P	R
1. FUMO																
2. ÁLCOOL																
3. JOGO																
4. GULA																
5. ABUSOS SEXUAIS																
6. TÓXICOS																
AUTO-SUGESTÕES																

QUADRO Nº 4 – RESUMO DOS DEFEITOS

DEFEITO	IRRESISTÍVEL	PREDOMINANTE	MODERADO	FRACO	NÃO PRATICADO	NOTA
1. ORGULHO						
2. VAIDADE						
3. INVEJA						
4. CIÚME						
5. AVAREZA						
6. ÓDIO						
7. REMORSOS						
8. VINGANÇA						
9. AGRESSIVIDADE						
10. PERSONALISMO						
11. MALEDICÊNCIA						
12. INTOLERÂNCIA						
13. IMPACIÊNCIA						
14. NEGLIGÊNCIA						
15. OCIOSIDADE						

QUADRO Nº 5 — CRONOGRAMA — PROGRAMAÇÃO DE COMBATE AOS DEFEITOS

Defeito	1º Mês	2º Mês	3º Mês	4º Mês	5º Mês	6º Mês	7º Mês	8º Mês	9º Mês	10º Mês	11º Mês	12º Mês
1. Orgulho	▨	▨										
2. Vaidade			▨									
3. Inveja				▨								
4. Ciúme					▨							
5. Avareza						▨						
6. Ódio							▨					
7. Remorsos								▨				
8. Vingança									▨			
9. Agressividade										▨		
10. Personalismo											▨	▨
11. Maledicência												
12. Intolerância												
13. Impaciência												
14. Negligência												
15. Ociosidade												

QUADRO Nº 6

Semana de / / a / /		Defeito:	
Data	Dia	Ocorrências	Total
/ /	Segunda		
/ /	Terça		
/ /	Quarta		
/ /	Quinta		
/ /	Sexta		
/ /	Sábado		
/ /	Domingo		
Obs.:			Total da Semana

QUADRO N.º 7 - DIAGRAMA - DEFEITO: AGRESSIVIDADE

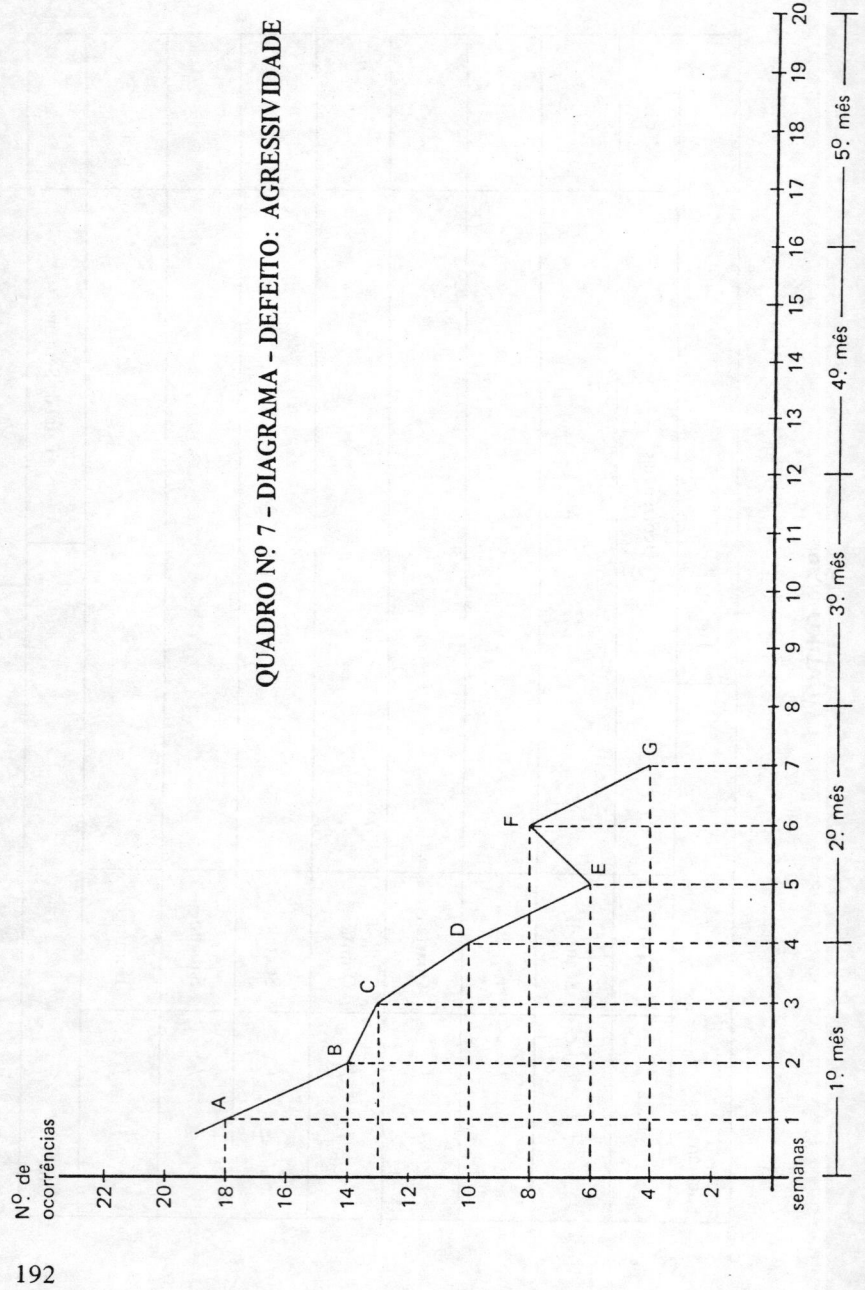

41 COMO TRABALHAR INTIMAMENTE

> *"Não existem paixões de tal maneira vivas e irresistíveis, que a vontade seja impotente para as superar?*
> *— Há muitas pessoas que dizem 'EU QUERO', mas a vontade está somente em seus lábios. Elas querem, mas estão muito satisfeitas que assim não seja. Quando o homem julga que não pode superar suas paixões, é que o seu Espírito nelas se compraz, por conseqüência de sua própria inferioridade. Aquele que procura reprimi-las, compreende a sua natureza espiritual; vencê-las é para ele um triunfo do Espírito sobre a matéria."*
>
> (Allan Kardec. *O Livro dos Espíritos*. Capítulo XII. Perfeição Moral. II. Das Paixões. Pergunta 911.)

O nosso trabalho, como acontece em qualquer processo de aprendizagem é gradual e crescente, vai de etapa a etapa, progredindo sempre. Admitimos que, seguindo-se o roteiro deste manual de aplicação, após compreendidas as bases da Transformação Íntima (Parte I) e estudado o que se pode transformar (Parte II), o nosso esforço em exercitar, através dos meios apresentados (Parte III), conduziu-nos de início à auto-análise. De algum modo fazermos, embora empiricamente, as nossas reflexões, é atributo do ser pensante e até certo ponto racional; no entanto, quando procuramos realizar esse trabalho dentro de um contexto filosófico-moral, fundamentado no conhecimento da natureza espiritual do homem, da sua origem, constituição, relacionamento e destino, quando entendemos, à luz do Espiritismo, as leis morais que nos regem, então a nossa motivação se amplia e passamos a impulsionar com a nossa vontade que, apoiada nas realidades da vida espiritual, leva-nos a marchar irreversivelmente, rumo ao progresso moral, isto é, leva-nos a contribuir decisiva e vigorosamente para avançar na nossa evolução. Assim sendo, praticamos a auto-análise não apenas para livrarmo-nos de algum conflito que nos desequilibra, tentando, portanto, conhecer as suas causas, mas o fazemos como um trabalho necessário para alcançar transformações dentro de padrões compatíveis com os ensinamentos do nosso modelo de perfeição: Jesus de Nazaré. (*Id. ibid.* Pergunta 625.)

A auto-análise é um trabalho que se desenvolve com o tempo e não cessa mais, pois é o meio de identificar deliberadamente o que se deve melhorar. Quem está interessado em ser melhor nunca mais pára de progredir, a evolução é infinita.

Do diagnóstico propriamente dito, ou seja, da identificação das manifestações impulsivas de inferioridade às transformações, quase sempre realizadas lentamente, aplicamos a auto-observação, que é seqüente e decorrente da auto-análise. Podemos comparar a auto-observação com uma ação consciente de autopoliciamento, de vigilância, interligada ao esforço de auto-aprimoramento, ou seja, de remover defeitos introduzindo virtudes, e ainda de verificação, para que aquelas virtudes sejam autênticas, sem mesclas de orgulho ou vaidade, quer dizer, virtude sem ostentação.

A auto-observação, vimos como fazê-la, contando com exatidão e registrando graficamente as contagens das manifestações impulsivas. Agora, o auto-aprimoramento se inter-relaciona com a auto-observação e, embora silencioso, ele é desenvolvido com energia e muita atividade mental.

Como podemos trabalhar intimamente nesse auto-aprimoramento é o que vamos discutir.

Calma! Tenho que parar aqui! Uma pausa necessária

Não há arrastamentos irresistíveis, há sim arrastamentos apenas (*Id., Ibid.* Pergunta 845) e, diante deles, o que precisamos fazer? Sair de qualquer modo, com rapidez, daquela situação de perigo. Dar um tempo, respirar fundo, afastar-se, dar uns passos atrás, pedir licença para ir ao banheiro, lavar o rosto, tomar um copo d'água, relaxar, contar até dez, desculpar-se pelo engano, morder a língua, dar-se um beliscão, num instante dizer, de si para si: "CALMA AÍ, AMIGO! AQUI TENHO QUE PARAR!"

Precisamos só de um pouco de coragem para conseguir as primeiras vezes, porque nas próximas já dominaremos com maior facilidade. Esse é o processo das Pausas, que podemos aplicar todas as vezes em que o nosso vulcão interior ameaçar entrar em erupção. Temos que ser velozes e parar de imediato com uma ordem mental firme, que cada um saberá elaborar para surtir maiores efeitos.

Estabelecendo pausas, damos tempo para que o próprio tempo trabalhe a nosso favor. O que dissermos em pensamento agirá produzindo novas disposições, em substituição àquele primeiro impacto de reação, e, desse modo, quebramos o processo automático ao qual estamos condicionados ou habituados, e que nos leva às reações explosivas.

As pausas dão lugar às manifestações construtivas, renovadoras, tranqüilizantes, confortadoras, portanto de efeitos reais.

Relaxamento e Meditação

Hoje, as práticas de relaxamento e de meditação não são apenas utilizadas pelos místicos orientais de vida reclusa, são largamente empregadas no Ocidente, divulgadas e ensinadas por um surpreendente número de autores estrangeiros e brasileiros: filósofos, pensadores, psicólogos, educadores, médicos e terapeutas.

Essas técnicas ajudam grandemente o homem moderno a suportar as tensões e os desgastes de seu trabalho diário.

Não queremos aqui, atrevidamente, apresentar uma técnica ou método pessoal, preferimos recomendar aos interessados que consultem algumas obras específicas e escolham por si mesmos a que lhes parecer melhor. A nossa experiência é muito relativa e temos nos utilizado simplesmente dos processos de fácil emprego, em resumo compreendidos no que segue:

1º Em local isolado e silencioso, sentado, reclinado ou deitado, com pequeno gravador cassete, tocando baixinho músicas suaves de meditação e prece, em hora conveniente;

2º Começando por relaxar pausadamente, em ordem, dos pés à cabeça, descontraindo músculos e aliviando tensões, penetrando em profunda calma;

3º Pode-se respirar compassadamente com maior profundidade, algumas vezes, imaginar-se absorvendo energias vitalizantes e envolto numa atmosfera reconfortante de vibrações azul-claro;

4º Imaginando-se às margens de um lago sereno, numa paisagem tranqüila, identificado emocionalmente com aquelas irradiações, iniciamos, assim, a mentalização de algumas afirmações dentro do que esperamos alcançar, ou seja: obter equilíbrio emocional, dominar impulsos, superar tentações, vencer vícios, eliminar hábitos, transformar defeitos, adquirir virtudes, realizar o bem desinteressadamente, não reagir com violência, ser compreensivo, amigo, tolerante, benevolente, piedoso, laborioso, modesto, despretensioso, e assim por diante...

Essas afirmações devem ser claras, bem definidas e independentes umas das outras, fazendo-se uma por vez, sem se deixar saturar cansativamente por um prolongado e extenso número delas.

Essas práticas contribuem de forma generalizada para obtermos uma razoável condição de equilíbrio emocional e movimentarmos nossas potencialidades espirituais, no sentido das transformações íntimas. Desse modo, nos predispomos a reagir com serenidade e a controlar nossos impulsos, como também nos auxiliando a superar ansiedades e tensões.

O mecanismo em ação é: ao trabalharmos profunda e permanentemente as raízes do inconsciente, agimos magneticamente em nossos registros mentais, de maneira a modelar as suas manifestações.

Conversas consigo mesmo

Quantas vezes precisamos ponderar para nós mesmos as razões sérias em que nos apoiamos para não cometer esse ou aquele erro? As conclusões que tiramos sobre a maneira grosseira de agir para com alguém, o fazemos numa conversa silenciosa conosco mesmo.

Repreendemo-nos então, com frases articuladas mentalmente, reconhecendo nossa culpa e encorajando-nos a expressar nosso arrependimento num pedido de escusas.

Diante de um envolvimento forte, que possa nos induzir a um ato repreensível, precisamos balancear os "prós" e os "contras", trazendo à discussão íntima os conhecimentos apreendidos, pesando bem as conseqüências desastrosas e renunciando a algum prazer ilusório.

É como se conversássemos, persuadindo-nos amigavelmente a não nos deixar levar por esse ou aquele impulso, apelando para a própria compreensão dos prejuízos a causar, não valendo a pena, por tão pouco, destruir todo um esforço de edificação interior.

Nessa conversa bem consistente, vamos sentindo que o clima emocional muda e a fogueira que ardia vai abrandando até extinguir-se. Conseguimos, assim, reprimir o impulso e remover a ação prejudicial.

O Espiritismo nos reforça a necessidade prática dessa conversa interior, ao mostrar a influência oculta dos espíritos sobre os nossos pensamentos e ações. (*Id., ibid.* Capítulo IX. Intervenção no Mundo Corpóreo. Perguntas 459 e 472.) Desse modo, distinguindo sempre o bem do mal, separamos as más influências das boas, os próprios maus impulsos, as sugestões perniciosas, e afastamo-nos do proceder transgressor, repelindo as tentativas dos espíritos que nos incitam ao mal.

O caminho seguido para que nos utilizemos desse método é aproximadamente esse:

1º Ao começar a descobrir a inclinação disfarçada para cometermos algum deslize, mesmo na forma sutil, como uma expectativa de satisfação, prazer ou algo semelhante, vamos logo ao encontro dela;

2º Vamos, então, indagando o "porquê" daquela emoção sorrateira e sondemos onde estão as suas raízes. Podemos até dizer em pensamento: "Aproxime-se, quero lhe conhecer melhor", "Por que vou seguir a sua sugestão?", "Não é preferível saber primeiro os seus motivos?", "Acontece que não espero agradar-lhe", "Quero manter meu equilíbrio e não ceder às suas tentações", "Quais as suas necessidades?", "Não serão os chamamentos corpóreos, as predominâncias do ser animal que habita em mim?"

3º Assim prosseguimos, e identificando as origens das manifestações atraentes, ponderamos as conseqüências: "Se eu ceder, serei levado a colher profundas tristezas, depressões, sofrerei amargamente", "Assim fazendo prejudicarei a (A) e a (B), pois sucederá (isso) ou (aquilo)", "Será que eu gostaria que assim fizessem comigo?", "Ah! Não vale a pena, a minha tranqüilidade é mais importante!", "Quero seguir Jesus, ele me ensina a agir nessas ocasiões, (desse) e (daquele) modo", "É isso que vou fazer", "Estou decidido e basta!"

4º Recorrer à leitura de algumas páginas de livros como:

Conduta Espírita.	André Luiz.
Sinal Verde.	André Luiz.
Rumo Certo.	Emmanuel.
Coragem.	Espíritos Diversos.
Segue-me.	Emmanuel.
Pão Nosso.	Emmanuel.
Vinha de Luz.	Emmanuel.
Caminho, Verdade e Vida.	Emmanuel.
Fonte Viva.	Emmanuel,

e tantos outros que nos incentivam ao bem proceder, apoiados no Evangelho de Jesus.

Gritar Mentalmente

Algumas vezes, quando a conversa conosco mesmo não consegue mudar a impregnação de qualquer desejo, quando ainda ficamos alimentando-os e, apesar de compreender que não devemos e eles dar escoamento, permanecemos envolvidos sem afastá-los. Nessas ocasiões de indefinição corremos sérios riscos de cometê-los e necessitamos de um salva-vidas para não afundar.

Nesses casos é muito válido gritar mentalmente, com bastante energia, expressões como:

"Saia da minha cabeça!"
"Afaste-se de mim!"
"Não me atormente!"
"Não vou cair nesse erro!"
"Basta!" "Chega!" "Suma!"

Podemos gritar mentalmente em qualquer situação, sem chamar a atenção dos outros, cada vez que aparece um pensamento nocivo, uma emoção caprichosa, uma imagem erótica, um desejo incontido. Podemos gritar, se for necessário repetidamente, qualquer frase de contenção vigorosa, como uma ordem à fonte geradora, até que a emissão perigosa desapareça.

Ao emitir mentalmente um grito de alerta, respondemos com uma reação ao impulso destruidor e derrubamos a sua força de envolvimento, saindo, portanto, daquele instante perigoso.

Com um grito, diz o adágio popular, "se salva uma boiada", e podemos salvar a nós mesmos de cair num abismo.

Evitar as ocasiões de perigo

Ao observar o que nos leva a agir de modo indesejável, podemos muito bem identificar as situações que nos cercavam ao manifestar aquela reação incontrolada.

Ora, conhecendo as circunstâncias que possam nos envolver e assim nos fazer cometer ações que procuramos evitar, qual será a disposição mais inteligente para quem conhece as suas próprias fraquezas? É afastar-se dos momentos perigosos. Assim faz o alcoólatra em recuperação: evita experimentar um gole, mesmo inofensivo, de qualquer bebida contendo álcool. O jogador que combate a sua forte inclinação não vai a rodas de amigos que praticam esse hábito. Os glutões em regime preferem fugir dos restaurantes atraentes e dos pratos suculentos. Quem não quer poluir sua imaginação com erotismo não lê revistas pornográficas nem vai assistir filmes que exploram o sexo. E assim por diante...

Conhecer os defeitos que ainda não conseguimos vencer é medida de prudência, de precaução, em lugar de querer testar a nossa fortaleza, simplesmente contornar os precipícios que possam nos fazer cair naqueles abismos.

Podemos, então, antes de ser arrastados às circunstâncias que propiciem o acontecimento dos incidentes, ou que possam nos induzir a repeti-los, não aproximarmo-nos delas. Em discussões, por exemplo, sobre posições contrárias em aspectos religiosos, nas quais dificilmente convencemos alguém das nossas convicções, o melhor é não prosseguir em argumentos, mesmos que fundamentados na mais evidente comprovação, porque, conhecendo as nossas tendências, podemos terminar, no ardor do vozerio, em agressões e contrariedades que nada constroem.

Nessas eventualidades, trabalhemos como um vigilante e intimamente acendamos uma luz amarela, como sinal de atenção, colocando-nos em estado de alerta, e podemos também dizer para nós mesmos:

"Estou diante de uma situação perigosa. É preferível recuar pois mais vale um covarde vivo do que um herói morto". "Corajoso é aquele que, conhecendo os riscos de cair em erros, consegue evitá-los, afastando-se das situações que os possam provocar."

Desse modo, se soubermos modificar, contornar, evitar as ocasiões que nos cercam, poderemos com isso transformar as habituais ações defeituosas e nos aprimorar progressivamente. Conhecendo as nossas situações de perigo, por que iremos nos expor a elas? Não temos necessidade de dar ouvidos aos convites tentadores ou às sugestões hipnóticas invisíveis, de experimentar para dar provas.

Ler e orar

O livro é sempre um bom companheiro. Quase sempre os pensamentos bailam e a imaginação voa, explorando as esferas de atração, em que a nossa predominância animal se compraz, quando a mente está livre, vazia ou ociosa.

O hábito da leitura edificante sempre é salutar ao nosso espírito, com o meio de ampliação dos nossos conhecimentos, como enriquecimento do espírito na sintonia com as idéias renovadoras, como meio para encontrar respostas às nossas indagações, ou para fortalecer os nossos propósitos de reforma íntima.

O nosso trabalho de auto-aprimoramento pode ser grandemente intensificado pela leitura das obras que nos esclarecem e incentivam ao comportamento evangélico. É precisamente o meio que temos para renovar as nossas idéias, estimular a reflexão, saber como agir, escolher rumos e alimentar nosso espírito no trabalho permanente de efetiva aplicação.

Em quaisquer circunstâncias em que estejamos vivendo nossas provas, nos testes mais diretos dos defeitos a burilar, precisamos recorrer à leitura para colher subsídios que norteiem o nosso esforço. Isso é fundamental, é mesmo imperioso.

E o orar? Por que será que o Cristo deu tanta ênfase ao "orar"? No "orai e vigiai" o Mestre da Galiléia colocou-o em primeiro lugar. "Amar a Deus sobre todas as coisas..." é outra máxima que se eleva a tudo mais. Não será exatamente no "orar" que mais nos aproximamos do Criador e melhor expressamos a Ele o nosso amor? Evidentemente que dependerá do conteúdo, da essência das nossas preces, do que elas traduzem em profundidade. Não será por muito orar que seremos ouvidos, já o sabemos, bem como, "a oração não nos exime das faltas, o perdão rogado só se obtém mudando de conduta, e são as boas ações a melhor prece". (*Id., Ibid.* Pergunta 661.)

É também clara a resposta dada à pergunta 910 do mesmo livro, referindo-se à ajuda eficaz que os Espíritos possam nos dar para superarmos as paixões: "Se orar a Deus e ao seu bom gênio com sinceridade, os bons espíritos virão certamente em seu auxílio, porque essa é a sua missão".

"Orar constitui a fórmula básica da renovação íntima, pela qual o divino entendimento desce do Coração da Vida para a vida do coração." (**André Luiz**. *Mecanismos da Mediunidade.* Capítulo XXV. Oração, Prece e Renovação.)

Constantemente vemo-nos defrontados por vibrações desgastantes que nos atingem, causando depressões, fadiga, desânimo e irritação, provenientes de criaturas próximas ou afastadas, no próprio plano terreno ou já desencarnadas, em condições de revolta, ora curtindo ódios ocultos, invejas, ou mantendo desafetos recônditos, de certa forma relacionadas conosco, nessa ou em outras experiências, com as quais tenhamos convivido no erro, e agora unidos sob o mesmo teto ou comprometidos com objetivos profissionais comuns, sentimo-nos então vulneráveis, frágeis ainda, entre o estágio ideal a conquistar e a realidade íntima que nos condiciona ao mundo dos desejos. Encontramos, assim, na prece, o meio de renovação íntima, envolvendo-nos nas vibrações balsâmicas dos planos elevados ao estabelecer a sintonia com os Espíritos amigos e benevolentes, que nos impulsionam, convertidos em fiéis companheiros, que por já terem ascendido aos níveis sublimados, nos estendem a mão, desejosos de que os alcancemos.

Nos momentos de oração, despojados de interesses, sem repetir peditórios cansativos, abrimos simplesmente a nossa alma, desejosos de compreender mais e aceitar resignadamente as provas que escolhemos, empenhando a nossa persistência e a nossa resistência, para bem aproveitar as oportunidades de crescer interiormente, no trabalho de auto-aprimoramento e no serviço do bem comum.

O orar é espontâneo e informal. Quanto mais profundamente falar o coração, mais alto projetamos, em formas luminosas, os nossos sentimentos, sejam eles as expressões de intraduzíveis emoções, de dores dilacerantes, de súplicas aflitivas ou de sofrimentos buriladores. Nesses instantes emitimos irradiações de imenso poder transformador, que inundam a nossa alma de energias reconfortadoras, nos ajudando a caminhar e ampliando as potencialidades espirituais. (*Id., ibid.* Capítulo IV. Matéria Mental e Matéria Física.)

No nosso trabalho interior, as ocasiões de dificuldade em superar os defeitos arraigados ao espírito, ou os desfalecimentos do bom ânimo são precisamente os momentos para recorrermos à prece. Aí falará o nosso coração e a sinceridade nos fará chegar aos bons espíritos, que certamente virão em nosso auxílio.

A automatização do bem proceder

Até que ponto chegaremos, realizando esse trabalho interior? Sendo-nos tão dificultoso eliminar vícios e defeitos, quando nos libertaremos e concluiremos nossa empreitada?

Essas indagações que certamente faremos de início não podem ter respostas plausíveis, mesmo a contento dos nossos apressados anseios.

De certo modo, o que nos cabe fazer é desempenhar, da melhor maneira, a nossa parte, isto é, trabalhar, trabalhar e trabalhar, permanentemente e sem pretensões. A rigor, quanto mais nos conhecemos e melhor desvendamos nossos segredos seculares, mais amplamente abrem-se os horizontes da nossa compreensão, e também melhor aquilatamos as distâncias a serem galgadas.

Apesar de tudo, em lugar dos desânimos passamos a sentir incontáveis emoções sustentadoras e as expressões de humildade, de abnegação nos fazem penetrar num mundo novo de vivências.

Nada é mais animador do que as alegrias experimentadas no dever cumprido, na consciência reta.

Do mesmo modo, como os hábitos nocivos seguem um mecanismo em que nos viciamos pelos processos de respostas num sistema de reflexos condicionados — como automatismos repetitivos —, o contínuo modelar das nossas atitudes no bem proceder cria, com o tempo, respostas naturais e espontâneas, sem que para isso precisemos despender maiores esforços. Reagimos sempre evangelicamente, em quaisquer situações, como hábitos salutares adquiridos e já automatizados, resultantes das construções íntimas, conscientemente elaboradas.

Entendemos que, na condição de espíritos em vias de regeneração, muito temos a realizar, e não podemos achar que as remodelações interiores se façam todas numa única encarnação. No entanto, muito podemos transformar, mesmo numa atual existência, trabalhando de forma ordenada o burilamento das nossas diferentes facetas e ângulos de imperfeições.

No final, de regresso à pátria espiritual, com bagagem quase sempre aquém da realização desejada, é que avaliaremos os frutos do nosso esforço, e daí nos prepararemos para nova viagem ao mundo das provas.

Contamos, porém, com os relativos meios de aferição dos rumos seguidos nessa vida. A bússola ainda é a nossa consciência, dela recolhemos as respostas e por ela percebemos se estamos progredindo, isto é, conseguindo articular nossos automatismos no bem proceder. E o que periodicamente carecemos efetuar são as nossas auto-avaliações, assunto a ser abordado em capítulo próximo, de importante utilização no delineamento da trajetória em percurso, que nos solicita cotidiano exercício dos bons impulsos a se tornarem um dia espontâneos.

42 COMO DESENVOLVER A VONTADE

"O homem poderia sempre vencer as suas más tendências pelos seus próprios esforços?
— Sim, e às vezes com pouco esforço; o que lhe falta é a vontade. Ah! como são poucos os que se esforçam!"

(**Allan Kardec**. *O Livro dos Espíritos*. Pergunta 909.)

Vamos nos deter em analisar um pouco essa importante ferramenta, que está de alguma forma presente em tudo o que realizamos: "a vontade". De que modo podemos sempre vencer nossas más inclinações? Haveria algum meio prático de dinamizar e fortalecer a nossa vontade?

Como conseguir o controle sobre as nossas tendências comuns e sobrepujar diante do erro iminente?

Já que não estamos certamente incluídos entre aqueles "poucos" que se esforçam para vencer os vícios e defeitos, por faltar exatamente a "vontade", como então desenvolvê-la? Existe uma força de "vontade"?

Cremos tranqüilamente que todos admitem ser a "vontade" a chave das nossas conquistas em todas as áreas de trabalho. Cada um de nós já teve provas evidentes de que, quando nos dispomos firmemente a conseguir algum propósito, assim o obtemos. Isso nos tem sido ensinado nos tempos escolares, no primeiro emprego, no carro que sonhávamos, na casa que tanto desejávamos, na televisão que esperávamos, no trabalho, etc.

O que pretendemos, no entanto, é aplicar essa mesma "chave" das nossas conquistas em direção dos valores íntimos. Para isso perguntemos em primeiro lugar se estamos realmente dispostos e suficientemente interessados nesses valores. Tem dúvida? É natural, a vida é tão boa, as diversões nos agradam muito, o comodismo é indiferente ao esforço de se melhorar intimamente.

O interesse em reformar-se pode nos ter surgido de um impulso momentâneo, e então formulamos um propósito de aperfeiçoamento, mas na maioria das vezes ainda é como um devaneio, um sonho pouco sólido, nem sabemos o que nos aguarda.

No primeiro confronto com os testes de verificação, que naturalmente aparecem em nossa vida diária, vem aquela indisposição sorrateira e deixamos para depois, a "vontade" sucumbe. O que nos falta nesse caso? Força? Persistência? Interesse?

A nossa meta, no entanto, é de longo alcance; para atingirmos o nosso progresso moral será necessário automatizar o nosso comportamento dentro dos padrões evangélicos, isto é, reagirmos sempre, em quaisquer condições e situações, sem ódios, sem violências, como o Mestre Nazareno nos exemplificou. É uma empreitada paciente e contínua, requer esforço e tempo.

A vontade: Uma soma de fatores dinâmicos

A vontade é, assim, a expressão do nosso livre-arbítrio. Por ela damos os nossos testemunhos e demonstramos os nossos ideais no bem. Podemos, para facilitar a nossa análise, considerar que a vontade é constituída dos seguintes fatores dinâmicos: impulso, autodomínio, deliberação, determinação e ação. Todos eles interligados e decorrentes entre si.

Impulso

A vontade, como já vimos, surge, primeiro como um *impulso,* uma aspiração, um desejo, que pode ser de variada intensidade. Essa intensidade indica a profundidade, a carga emocional, o conteúdo, o grau de interesse que se relaciona com a permanência dentro de nós, ou seja, diz respeito ao afinco, à firmeza, à duração e à persistência.

Do *impulso* que surge no campo sentimental, a nível emocional, deveríamos começar a fazer a elaboração mental, articulando pensamentos, plasmando idéias, ponderando possibilidades, prevendo obstáculos, balanceando impedimentos, avaliando nossa própria capacidade de realização. É bem verdade que, de forma geral, as aspirações não são muito conscientizadas e nem tão mentalmente trabalhadas; elas ocorrem quase sempre na superfície, e por isso são fugazes. Essa elaboração, trazendo os bons impulsos aos níveis de consciência, deve ser intensificada, pois contribui grandemente para fundamentarmos com base aquelas importantes aspirações.

Nessa fase — a mais delicada e importante — a grande maioria dos iniciantes não passa das promessas, debanda e perde a oportunidade, que pode não se repetir. Não estão eles suficientemente convencidos da importância daqueles seus impulsos, vividos pela inspiração misericordiosa dos Amigos Espirituais que nos ajudam a caminhar. Desperdiçamos, então, preciosa chance de progresso espiritual. E por que isso acontece? Acontece porque ainda estamos muito presos aos interesses humanos e às ilusões do mundo físico; não amadurecemos o suficiente, não fomos bastante experimentados na própria carne pelos resultados desastrosos dos erros cometidos, e não valorizamos as oportunidades de redenção que aqueles impulsos renovadores nos ofereceram. Comprazemo-nos nos envolvimentos dos prazeres, das sensações e deixamos de seguir no trem do progresso que marcha sempre e não espera.

Autodomínio

Conseguindo, porém, contornar as dificuldades íntimas, combatendo os momentos de desânimo, exercemos domínio progressivo sobre as nossas paixões e apegos, vencemos os obstáculos criados pelas nossas próprias fraquezas, limitações psicológicas, receios e incertezas. Desenvolvemos, assim, o nosso **domínio próprio** nessa fase de combate dentro de nós mesmos, no silêncio operoso em que vamos firmando os bons propósitos, concretizando-os consistentemente.

Deliberação

Esse domínio vai refletir-se nas nossas *deliberações*. Para deliberarmos em causa própria, devemos ter conhecimento amplo das circunstâncias favoráveis e desfavoráveis, o que implica em dinamizar em nós o hábito de analisar, de observar, de avaliar os acontecimentos da vida diária. As indecisões representam a nossa falta de exame e de ponderação das situações vividas. Discernimos aferindo os resultados. Daí escolhemos os rumos, deliberamos o que fazer. Esse procedimento analítico, podemos cultivá-lo até mesmo sem grande esforço, é um hábito que nos agrada muito, coloca a nossa imaginação e a nossa criatividade em ação. Nos faz um bem enorme, amplia a nossa capacidade mental.

Determinação

Do conhecimento obtido, decidimos. E agora? Passamos para a execução, ou seja, determinamos o que fazer, as ações a serem executadas, a disposição de empreender, de cumprir as *deliberações*. A *determinação* é um primeiro ato da ação. Nessa fase programamos no tempo as ações a serem tomadas, relacionamos os passos a seguir e nos empenhamos em cumpri-los, um por um, com rigor e firmeza, com energia e coragem.

Ação

Finalmente a *ação* vem concluir toda a seqüência encadeada, é a prova das nossas intenções, é a manifestação viva, palpável, a concretização daqueles impulsos que foram articulados na esfera dos nossos pensamentos. É a própria idéia condensada, materializada numa realização.

Em resumo: A vontade é semelhante a um projétil

Os impulsos e pensamentos são emissões de energias que direcionamos para um certo alvo, as ações são as expressões concretas, dessas formulações, visíveis pelos seus efeitos.

A "vontade", como vimos, não estaciona no *impulso*, prossegue no *autodomínio*, se firma na *deliberação*, começa a tomar forma na *determinação* e se concretiza na *ação*. É um complexo dinâmico de fatores ativos que gera energia transformadora a partir dos impulsos, emitindo ondas indutoras, que se fortalecem pela intensidade na concentração dos pensamentos, constituindo nos campos mentais as conquistas, vencendo e bombardeando os princípios mentais cristalizados que se contrapõem àqueles impulsos renovadores.

A "vontade" é semelhante a um projétil dirigido que, ao ser acionado pelo impulso íntimo, se desloca, vencendo as barreiras das camadas atmosféricas, dentro de cada um, numa trajetória deliberada e calculada, para atingir com determinação aquele alvo desejado que, uma vez alcançado, se destrói pela ação detonadora da carga explosiva. O alvo representa, assim, o conjunto dos nossos vícios e defeitos.

Um método para desenvolver a vontade

Comentamos que cada um de nós já teve provas demonstrativas de sua capacidade de realização e, portanto, de obter ou conquistar um ideal. Quase sempre, o que nos movimenta numa atividade é o interesse próprio em desenvolvê-la. Em decorrência, concentramos a energia suficiente para vencer os empecilhos, ocorrendo a seqüência dinâmica que vai do impulso ao autodomínio, desse à deliberação e da determinação segue-se à ação.

O que desencadeou ou acionou a "vontade" foi o interesse que estava por trás. Assim, as nossas indagações num projeto estão nos "porquês" do seu objetivo. A que nos propomos? Por que desejamos? Estamos seguros do que queremos?

O trabalho de desenvolvimento da "vontade" aplicada à nossa reforma íntima, à vitória sobre as nossas más tendências, começa por avaliar o nosso interesse nesse propósito.

O Interesse na Reforma Íntima

O interesse no nosso próprio aperfeiçoamento desponta intimamente na esfera emocional. De alguma forma despertamos ou amadurecemos, surgem os anseios e buscamos valores outros para preencher o vazio que nos inquietava o espírito. Já havíamos peregrinado tentando as experiências que pudessem, ou que pensávamos poder alimentar a nossa alma. Tudo nos desenganara, a sede espiritual persistia e, afinal, depois de tanto buscar, vivendo angústias atrozes, encontramos o caminho da nossa redenção, um novo sol a luzir dentro de nós, uma esperança jubilosa a nos animar a vida. Então nos dispomos, dentro das próprias possibilidades, a seguir os novos rumos. É o que desejamos, é o que passa a nos interessar com profundidade.

Vemos que é um interesse sadio, não apegado a desejos mesquinhos e ilusórios; é o próprio ideal de auto-aperfeiçoamento. Esse interesse é que vai acionar, na mesma direção, a nossa "vontade", é ele que precisamos localizar e definir de uma vez por todas, dentro de nós mesmos. E como o fazemos? Sondando, indagando, verificando, revolvendo o terreno íntimo.

A concentração de esforços

Definido aquele nosso interesse, precisamos concentrar nele os próprios esforços, a nossa energia aplicada na direção pretendida, que se converterá em trabalho produtivo. Conjugamos ao interesse a carga energética. É a condição necessária para levarmos a bom termo o empreendimento formulado, para sermos bem sucedidos.

Em geral nos confrontamos, nos debates interiores, com as próprias dificuldades, pela nossa própria dispersão de pensamentos, em manter a concentração de esforços. Sabemos muito bem o que queremos conseguir, já fizemos nossas opções nos objetivos auto-renovadores, mas nos perdemos em meandros, desperdiçando tempo e dissipando energia, e em conseqüência verificamos a falta de persistência e o pouco resultado prático, produtivo.

No desenvolvimento da capacidade de concentração está a raiz do desenvolvimento da própria "vontade".

Vejamos uma experiência física muito simples que temos praticado e que nos elucida o valor da concentração de esforços. Ao tentar fixar um prego numa madeira, pela força que nele aplicamos com um martelo, logramos êxito porque concentramos num ponto único todo o esforço muscular desenvolvido. Invertendo a posição do prego e batendo agora contra a sua ponta, tentando fixá-lo na madeira pela cabeça, apenas marcamos a madeira e entortamos o prego. Isso nos faz concluir o simples fato de que a força aplicada sobre um único ponto age com mais eficiência do que se fosse distribuída em muitos pontos.

De modo análogo ocorre com a nossa capacidade de concentrar os pensamentos num objetivo firme e conduzi-los naquela direção. A nossa dificuldade reside exatamente nisso, os nossos pensamentos se dispersam, mudam de direção, pulam de um pólo a outro, se perdem na estratosfera.

É fator de progresso espiritual a condição indispensável de educar os pensamentos, o que significa selecioná-los, enfeixá-los, concentrá-los, centralizá-los numa direção, num objetivo.

Geralmente somos ainda muito dispersivos, damos lugar às idéias de desânimo, de fraqueza, de dificuldades e de obstáculos intransponíveis, o que nos leva, então, aos fracassos e aos males sofridos. A nossa própria escravidão ou libertação está dentro de nós mesmos, na esfera dos nossos pensamentos, mal conduzidos ou bem direcionados.

A Prática da Auto-sugestão

Evidentemente, a capacidade de concentração de esforços, de educação dos pensamentos pode ser desenvolvida pelo exercício, pela prática, o que também requer novamente um certo esforço.

Um dos métodos para esse desenvolvimento da própria "vontade" é o da auto-sugestão. Todos nós somos sensíveis a sugestões alheias. As palavras convincentes, com certa carga emocional, pronunciadas por alguém, nos impressionam e nos levam a refletir sobre as mesmas. Todos somos muito sugestionáveis.

O que vamos então aplicar voluntariamente é a sugestão própria em favor de nós mesmos, ou seja, a auto-sugestão.

Toda idéia emitida por pensamento ou palavras produz uma impressão mental. Quando essa idéia é suficientemente repetida, provoca a realização da ação que lhe corresponde. Esses princípios aplicados é o que vamos exercitar:

1º Coloquemo-nos num ambiente isolado e silencioso. Sentados, relaxemos o corpo, sem nada pensar. Respiremos profundamente, por três ou quatro vezes, permanecendo nessa situação por alguns minutos;

2º Vamos agora formular uma idéia com clareza e precisão, desejando que fique indelevelmente gravada na nossa mente. Na formulação dessa idéia, vamos impregná-la com o nosso potencial emocional, sentindo-a profundamente, desejando que os seus efeitos sejam realizados;

3º Pensemos, então, repetindo compassadamente:
"TENHO UMA VONTADE FIRME E REALIZADORA"...
"TENHO UMA VONTADE FIRME E REALIZADORA"...

4º À medida que a formos repetindo, ajudemos a fazer crescer dentro de nós a energia que aquela afirmação vai gerando. É como se carregássemos o nosso interior dessa energia impulsionadora;

5º No transcorrer do dia, lembremos de repeti-la muitas vezes, ainda que realizando atividades motoras que não ocupem esforço mental, fora do tempo da nossa prática. Mesmo ao deitar, tenhamo-la presente e deixemo-la agir no nosso subconsciente durante o sono. Façamos essa prática diariamente e pelo tempo necessário, até sentir que a idéia esteja suficientemente fortalecida dentro de nós. Isso se observa pela disposição incontida de trabalhar, de produzir, de realizar;

6º Numa etapa seguinte, depois da prática acima, vamos transformar em ação aqueles impulsos. O que tivermos que fazer, mesmo em assuntos corriqueiros e simples, identifiquemos cada um isoladamente e a seu tempo; tomemos a decisão firme de realizá-los com todo o empenho, até a sua execução, sem receios ou impedimentos.

Sintamos, então, a força dinâmica que cresce em nós quando finalizamos concretamente o propósito formulado. Esse método vai robustecendo a nossa "vontade", tornando-a cada vez mais indômita e inquebrantável;

7º Formulemos, agora que conhecemos o método e os seus resultados, as idéias que sejam importantes fixar e fortalecer em nós, repetindo-as do mesmo modo, pelo tempo necessário, até senti-las suficientemente resistentes, uma por vez, centralizadas e concentradas, e depois exercitadas nas ações voluntárias. Podemos, então, formular, por exemplo, idéias como:

"DEIXAREI CALMAMENTE O VÍCIO DE FUMAR"...
"DOMINAREI TRANQÜILAMENTE A MINHA AGRESSIVI–DADE"...
"SEREI PACIENTE E COMPREENSIVO COM MEUS FILHOS"...
"PROCURAREI SERENAMENTE CONHECER MEUS ERROS E DEFEITOS"...
"NÃO COMENTAREI O MAL EM TEMPO ALGUM"...
"NÃO GUARDAREI RANCOR DE NINGUÉM"...
"PERDOAREI SEMPRE A QUEM ME TIVER OFENDIDO"...

FAÇA SUA AVALIAÇÃO INDIVIDUAL

1. Como classifica sua "vontade"?
   a) Fraca
   b) titubeante
   c) inconstante
   d) em período de firmeza
   e) firme

2. Sente-se em condições de vencer sozinho, com esforço próprio, suas más inclinações?
   a) sim (sempre)
   b) algumas vezes
   c) não (nunca)

3. Lembra-se de alguma experiência, na época escolar, no trabalho que realiza no emprego ou no que conseguiu para seu bem-estar caseiro, onde realizou conquistas pelo esforço próprio? Procure analisá-las.

_____
_____
_____

4. Tem obtido normalmente na vida comum o que lhe interessa?
_____

5. Já se interessou em realizar sua reforma íntima? Em caso afirmativo, enumere os seus motivos.
_____
_____
_____

6. Sente necessidade de fortalecer sua vontade? Em caso afirmativo, cite as suas razões.
_____
_____
_____

7. Na seqüência em que a vontade se manifesta, onde tem encontrado maiores dificuldades?
   a) nos impulsos renovadores
   b) no autodomínio para vencer os impedimentos
   c) na deliberação de realizar os propósitos
   d) na determinação de consegui-los a todo custo
   e) na ação renovadora executada

8. Como classifica seus pensamentos?
   a) vagos
   b) sonhadores
   c) dispersivos
   d) concentrados no que quer
   e) dirigidos ao bem

9. Considera-se uma pessoa sugestionável? Em caso afirmativo, acha que tem provocado benefício ou lhe feito mal?
_____
_____
_____

10. Depois de experimentar o método da auto-sugestão, que resultados obteve?
    a) nulos
    b) sofríveis
    c) razoáveis
    d) significativos
    e) surpreendentes

LEIA PARA ALICERÇAR SEUS PROPÓSITOS

Allan Kardec.	*O Livro dos Espíritos.* Livro Terceiro. Capítulo XII. Perfeição Moral.
André Luiz.	*Mecanismos da Mediunidade.* Capítulo IV. Matéria Mental. Capítulo XI. Onda Mental.
Emmanuel.	*Pensamento e Vida.* Capítulo II. Vontade.
Ernesto Bozzano.	*Pensamento e Vontade.* As Forças Ideoplásticas.
Autor não citado.	*Educação Pessoal.* Lições IV e V. Ed. Pensamento.

PRATIQUE PARA SE AUTO-EDUCAR

André Luiz.	*Sinal Verde.* Capítulo XXIV. Desejos
André Luiz.	*Respostas da Vida.* Capítulo XV. Viver.

43 TRANSFORMAÇÕES PELO SERVIÇO AO PRÓXIMO

"Qual o meio mais eficaz de se combater a predominância da natureza corpórea?
— Praticar a abnegação."

(**Allan Kardec.** *O Livro dos Espíritos.* Livro Terceiro. Capítulo XII. Perfeição Moral. II. Das Paixões. Pergunta 912.)

Compreendemos que ainda vivemos predominantemente envolvidos pela nossa natureza animal. Como tal, manifestamos paixões, desejos, anseios, sentimentos possessivos. O princípio das paixões é natural, útil, faz parte da própria natureza humana, por isso não é um mal; é até uma necessidade dessa mesma natureza corpórea. São elas alavancas propulsoras da nossa evolução, desde que conduzidas e aplicadas a serviço do bem. Os abusos e exageros das necessidades humanas é o que torna as paixões más, provocando conseqüências desastrosas pelos prejuízos deixados, quando não são governadas adequadamente pela nossa vontade.

Deparamo-nos, então, com a imperiosa necessidade de combater os excessos dessas nossas predominâncias animais, reduzindo os exageros descontrolados, isto é, disciplinando os nossos desejos e inclinações na direção dos efeitos benéficos que elas possam realizar.

Nesse aspecto entendemos claramente que fazer o bem, praticar a caridade é o meio mais eficaz e de maiores resultados nessa canalização dos impulsos animais que regem, predominam, vivem, exigem e permanentemente se manifestam nas nossas ações.

Recordemos que abnegação é "sacrifício voluntário do que há de egoístico nos desejos e tendências naturais do homem, em proveito de uma pessoa, causa ou idéia". É "desinteresse, renúncia, desprendimento, devotamento". (**Aurélio Buarque de Holanda Ferreira.** *Novo Dicionário da Língua Portuguesa.*) É praticar o bem exclusivamente pelo próprio bem, sem outras intenções ocultas. "Toda a moral de Jesus se resume na caridade e na humildade..." (**Allan Kardec.** *O Evangelho Segundo o Espiritismo.* Capítulo XV. Fora da Caridade Não há Salvação. Item 3.) Além de recomendar a caridade, o Divino Mestre a coloca como única condição à nossa salvação, ou seja, à libertação dos nossos condicionamentos corpóreos, dos interesses pessoais que definem o ser egoísta.

Mas, como entender a caridade? Como caracterizá-la?

"A caridade é paciente; é branda e benfazeja; a caridade não é invejosa, não é temerária, nem precipitada; não se enche de orgulho; não é desdenhosa; não cuida de seus interesses; não se agasta nem se irrita com coisa alguma; não suspeita mal; não folga com a injustiça, mas folga com a verdade; tudo crê, tudo espera, tudo sofre. Agora, pois, permanecem estas três virtudes: a fé, a esperança e a caridade; mas dentre elas a mais excelente é a caridade." (Paulo, I–I Coríntios, 13: 1–7 e 13.)

O que nos levaria a aplicar a caridade como processo de realização da reforma íntima?

"Nada exprime melhor o pensamento de Jesus, nada melhor resume os deveres do homem do que esta máxima de ordem divina (Fora da caridade não há salvação)..."

"Com esta orientação o homem jamais se transviará. Dedicai-vos, portanto, meus amigos, a compreender-lhe o sentido profundo e as conseqüências de sua aplicação, e a procurar por vós mesmos todas as maneiras de aplicá-la. Submetei todas as vossas ações à prova da caridade, e a vossa consciência vos responderá: Não somente ela evitará que façais o mal, mas ainda vos levará a praticar o bem."

Allan Kardec. *O Evangelho Segundo o Espiritismo.* Capítulo XV. Fora da Caridade Não Há **Salvação**. Item 10. (Paulo, o Apóstolo. Paris, 1860.)

Quais as mudanças em nosso íntimo que a prática da caridade realizaria?

1º Saindo do nosso isolamento e passando a conviver com aqueles aos quais, de alguma forma, nos propusemos colaborar, tomamos parte nas suas dificuldades e sofrimentos e não raro vemos que nem por isso reclamam eles da sorte, fazendo-nos sentir a irreverência das nossas inconformações e a improcedência das nossas queixas. Passamos a valorizar as oportunidades que a vida nos oferece e a bendizer a nossa sorte. Naturalmente deixamos de nos irritar, atenuamos ódios, mágoas, reduzimos agressões, antipatias e afastamos enfermidades;

2º Ocupando o nosso tempo, muitas vezes ociosamente desperdiçado em futilidades, dedicando-nos, então, a um serviço ao próximo na condição de voluntários, sentimos as grandes alegrias na nossa alma, pelo trabalho útil que nos valoriza o sentimento e nos traz as recompensas pelo cumprimento do dever de caridade.

Desenvolvemos a nossa capacidade de dedicação e amor ao próximo realizando transformações profundas no nosso comportamento e na compreensão dos problemas humanos. Reagiremos com mais coragem e bom ânimo, renovando-se a nossa existência pelo desaparecimento das angústias e depressões que antes nos afligiam;

3º Movimentando nossos braços e pernas, articulando nossas mãos, agilizando nossos dedos em atividades que promovem as criaturas humanas pelos exercícios do bem, canalizamos nossas energias interiores muitas vezes concentradas nos viciamentos da imaginação doentia que nos desequilibram emocionalmente e nos prendem aos condicionamentos nocivos. A caridade nos ajuda definitivamente a nos libertar dos vícios e a vencer os defeitos;

4º Embora possamos utilizar razoável tempo em profundas autoanálises, na descoberta das recônditas origens dos nossos comportamentos conflitivos, as horas empregadas na caridade nos proporcionam os importantes treinamentos da benevolência, da piedade, da generosidade, da afabilidade, doçura, abnegação e devotamento, virtudes que só a prática constante nos fará edificá-las em nosso espírito;

5º A prática da caridade por todos os meios é igualmente um esforço de auto-remodelação interior, cujos resultados agirão em nós de modo semelhante ao trabalho de um exímio escultor que retira de dentro de um bloco de rocha a imagem delicada de uma angelical madona.

Podemos considerar, finalmente, que o trabalho de transformação interior só será completado pela aplicação da caridade em todas as nossas ações. Sem ela não atingiremos nossas metas de ascensão espiritual, e apenas por sua senda veremos um dia as criaturas humanas irmanadas no bem comum, vivendo e convivendo com igualdade, solidariedade e tolerância.

A Prática da assistência ao próximo

"Dispomos de estudos freqüentes, de reuniões sistemáticas, de preces diárias... Por que não instituir em nossas tarefas doutrinárias o culto semanal da assistência fraterna?"

Emmanuel. O Culto da Assistência. Mensagem recebida por Francisco Cândido Xavier, em 23 de julho de 1965. Centro Espírita "Humildade, Amor e Luz". Monte Carmelo. MG.

Procuremos, assim, os meios de, nem que seja por algumas horas de um dia na semana, prestarmos o nosso serviço ao próximo como um dever cristão. Desse modo, em primeiro lugar, vamos escolher o campo de trabalho em que melhor possamos produzir. Depois de estabelecermos o local a desempenhar o serviço, programaremos, então, o dia da semana e o horário.

Os Campos de Serviço ao Próximo

Embora as Casas Espíritas ofereçam sempre muitas oportunidades de assistência ao próximo, podemos dedicar nossa ajuda a outras instituições de caráter assistencial, como indicaremos mais adiante. Dessa maneira, vejamos quais os principais campos de serviço cristão que possamos escolher para o nosso voluntariado.

Nas Casas Espíritas

Caso não tenhamos certeza da atividade desinteressada que mais nos agrade participar, façamos um estágio temporário em cada uma delas para depois escolhermos aquela em que nos fixaremos. Entre outras, acreditamos que as tarefas mais comuns num Centro Espírita são as que enumeramos abaixo.

Para nosso controle, marquemos com um "X" aquelas que mais nos atraem realizar:

1. Atividades Administrativas:
   1. 1. Serviços de secretaria ( )
   1. 2. Serviços de livraria ( )
   1. 3. Serviços de tesouraria ( )
   1. 4. Serviços de contabilidade ( )
   1. 5. Serviços de cobrança ( )
   1. 6. Serviços de bazar ( )
   1. 7. Serviços de controle e estatística ( )
   1. 8. Serviços de limpeza e arrumação ( )
   1. 9. Outros serviços ( )   Quais? _____
2. Atividades de Atendimento ao Público:
   2. 1. Recepcionista ( )
   2. 2. Entrevistador para orientação e encaminhamento ( )
   2. 3. Controlador da ordem e movimentação do público ( )
   2. 4. Outra atividade ( )   Qual? _____
3. Atividades de Assistência Espiritual:
   3. 1. Aplicador de passe ( )
   3. 2. Expositor evangélico ( )
   3. 3. Dirigente de trabalhos de cura ( )
   3. 4. Médium em trabalhos de doutrinação ( )
   3. 5. Médium de consultas espirituais ( )
   3. 6. Auxiliar na ordem e movimentação dos atendidos ( )
   3. 7. Outra atividade ( )   Qual? _____
4. Atividades de Ensino:
   4. 1. Expositor de aulas ( )
   4. 2. Dirigente de cursos de estudos doutrinários ou escolas de aprendizes do evangelho ( )
   4. 3. Secretário(a) de turmas ( )
   4. 4. Dirigentes de cursos de desenvolvimento ou educação mediúnica ( )
   4. 5. Dirigente de cursos de formação de expositores e dirigentes ( )
   4. 6. Supervisor de ensino ( )
   4. 7. Outra atividade ( )   Qual? _____

5. Atividades de Assistência Social:
   5. 1. Trabalhos junto a gestantes ( )
   5. 2. Trabalhos junto a crianças ( )
   5. 3. Trabalhos junto aos velhos ( )
   5. 4. Trabalhos junto a favelas ( )
   5. 5. Serviços de costura ( )
   5. 6. Serviços de cozinha ( )
   5. 7. Expositor de aulas para crianças ( )
   5. 8. Serviços de dentista ( )
   5. 9. Serviços Médicos ( )
   5. 10. Serviços de assistente social ( )
   5. 11. Outros serviços ( ) Quais? _____
6. Atividades de Mocidade:
   6. 1. Estudos em grupo ( )
   6. 2. Serviços de moral cristã ( )
   6. 3. Visitas de assistência ( )
   6. 4. Atividades recreativas culturais ( )
   6. 5. Outras atividades ( ) Quais? _____
7. Atividades Artísticas:
   7. 1. Coral ou conjuntos vocais ( )
   7. 2. Teatro ou representações ( )
   7. 3. Declamações ( )

Em outras Instituições

Igualmente poderemos colaborar de inúmeras formas em outras instituições assistenciais como as enumeradas adiante. Caso nos sejam facilitadas oportunidades, ou procuremos pelo nosso interesse específico os serviços de voluntários nas instituições indicadas, também nelas é de capital importância a nossa colaboração, realizando o citado aprendizado através do trabalho ao próximo.

Marquemos com "X" o trabalho que mais desejaríamos prestar.

8. Em Hospitais:
   8. 1. Como recepcionista ( )
   8. 2. Como entrevistador(a) social ( )
   8. 3. Como atendente ( )
   8. 4. Como auxiliar de enfermagem ( )
   8. 5. Como enfermeiro(a) ( )
   8. 6. Como médico(a) ( )
   8. 7. Outros serviços ( ) Quais? _____

9. Em centros de Saúde Pública:
   9. 1. Como atendente ( )
   9. 2. Como auxiliar de enfermagem ( )
   9. 3. Outros serviços ( ) Quais? _____

10. Em Creches ou Orfanatos:
    10. 1. Como atendente ( )
    10. 2. Como auxiliar de enfermagem ( )
    10. 3. Como educador(a) ( )
    10. 4. Como orientador(a) pedagógico(a) ( )
    10. 5. Como auxiliar de administração ( )
    10. 6. Nos serviços de cozinha ( )
    10. 7. Nos serviços de limpeza ( )
    10. 8. Nos serviços odontológicos ( )
    10. 9. Nos serviços médicos ( )
    10. 10. Nos serviços de assistente social ( )
    10. 11. Outros serviços ( )   Quais? _____

11. Em Abrigos de Velhos:
    11. 1. Como atendente( )
    11. 2. Como auxiliar de administração ( )
    11. 3. Nos serviços de cozinha ( )
    11. 4. Nos serviços de limpeza ( )
    11. 5. Outros serviços ( )   Quais? _____

12. Em Albergues Noturnos:
    12. 1. Como plantonista ( )
    12. 2. Como auxiliar de administração ( )
    12. 3. Nos serviços de cozinha ( )
    12. 4. Nos serviços de limpeza e arrumação ( )

13. Em Centros de Prevenção ao Suicídio:
    13. 1. Como plantonista ( )

14. Em Serviços de Deficientes Físicos:
    14. 1. Como atendente ( )
    14. 2. Como terapeuta ( )
    14. 3. Como fisiologista ( )
    14. 4. Como educador(a) ( )
    14. 5. Nos serviços de cozinha ( )
    14. 6. Nos serviços de limpeza ( )
    14. 7. Outros serviços ( )   Quais? _____

Iniciar com um Estágio

É recomendável sermos cautelosos, até mesmo com os nossos repentes de entusiasmo, quando decidirmos ardentemente nos dedicar, de todo coração, a uma obra assistencial. Importantes são esses bons impulsos, mas a realidade poderá nos constranger e certamente arrefecerá a nossa possível euforia ao entregarmo-nos a tão bons propósitos.

Um estágio inicial para testarmos nossa resistência e averiguar nossos anseios de benevolência é muito necessário, em qualquer serviço assistencial que tenhamos escolhido. No contato direto com o trabalho vamos enfrentar as naturais dificuldades que as imperfeições das organizações assistenciais e dos próprios colaboradores apresentam. São condições até comuns que nos farão confirmar os ideais de realização.

Ninguém produz sem contar com o concurso de outros companheiros que conjuguem esforços no mesmo sentido e, onde está a criatura humana, estará também a imperfeição. Com ela vamos ainda conviver por muito tempo e precisamos aceitá-la como situação normal, sem que isso nos cause quaisquer dissabores ou nos afaste da tarefa abraçada.

Depois de um período de estágio experimental de trinta, sessenta ou noventa dias, reexaminemos nosso ânimo, reavaliemos nossos propósitos e daí sigamos com mais firmeza e segurança, ao termos sido bem sucedidos nos testes pelos quais passamos.

A Caridade começa dentro de casa

Está ao alcance de qualquer criatura praticar a caridade, e devemos considerar que mais valor terá quanto mais nos fizer falta o que estivermos a outrem oferecendo, isto é, tirando do que nos sobra não fazemos mais do que obrigação; tirando do que nos falta, praticamos a renúncia.

Embora possamos prestar os nossos serviços ao próximo, em locais carentes, a criaturas necessitadas, longe do nosso núcleo doméstico, indagaríamos: Quem são os nossos próximos mais próximos?

A resposta nos conduz a atenção para os familiares diretos e os secundários. Quase sempre temos à nossa volta, sem darmos muitos passos, aqueles que estão à espera de nosso carinho, compreensão e tolerância. Uma palavra, um olhar, um gesto, uma mão estendida, uma conversa reconfortante, uma visita de apoio, uma colaboração financeira silenciosa, um farnel em dias de penúria, um agasalho para as noites frias, enfim, em mil oportunidades existentes com relativa freqüência, no seio de qualquer família.

É isso mesmo, olhemos primeiro à nossa volta, e averigüemos se não estaríamos nos omitindo em nossos deveres de caridade para com os próximos mais próximos.

Vale fazer esse primeiro exame e, discretamente, sem alaridos, correspondermos com o nosso concurso fraterno, dentro de casa, e para com a parentela da qual fazemos parte.

44 AUTO-AVALIAÇÃO PERIÓDICA

> *"Por que sinais se pode reconhecer no homem o progresso real que deve elevar o seu Espírito na hierarquia espírita?*
> *— O Espírito prova a sua elevação quando todos os atos da sua vida corpórea constituem a prática da lei de Deus, e quando compreende por antecipação a vida espiritual."*
>
> (**Allan Kardec**. O Livro dos Espíritos. Pergunta 918.)

No nosso trabalho de transformação íntima podemos resumir o seu seguimento nas seguintes etapas:

AUTO–ANÁLISE: o conhecimento de nós mesmos — diagnóstico íntimo progressivo.

AUTO–OBSERVAÇÃO: o trabalho de aprofundamento detalhado do que queremos mudar — contagem, registro e programação.

AUTO–APRIMORAMENTO: trabalho efetivo de transformação íntima — substituição de defeitos por virtudes.

AUTO–AVALIAÇÃO: verificação dos resultados — aferição de esforços, reciclagem.

André Luiz, no livro *Opinião Espírita* (Capítulo 1. Examinemos a nós Mesmos. Ed. CEC.), diz-nos que "O dever do espírita-cristão é tornar-se progressivamente melhor". Desse modo, acrescenta: "Útil, assim, verificar, de quando em quando, com rigoroso exame pessoal, a nossa verdadeira situação íntima". E ainda enfatiza: "Espírita que não progride durante três anos sucessivos, permanece estacionário".

Ao seguirmos as recomendações sugeridas no capítulo sobre Como Programar as Transformações, ficou evidenciada a importância de estabelecer nossas metas para eliminação de vícios e defeitos com números definidos, isto é, metas numéricas, em termos específicos com objetivos claros e sem rodeios.

Assim, então, esperamos que tenhamos diminuído ou eliminado, por exemplo, o número de cigarros que fumávamos por dia, o número de vezes que ingeríamos bebidas alcoólicas, o número de ocorrências, no transcurso de uma semana, das nossas manifestações de orgulho, agressividade, etc. Registramos as contagens numéricas dos correspondentes impulsos, e em cima desses números, trabalhamos para reduzi-los progressivamente, se possível até eliminá-los.

Como conferirmos, de vez em quando, os nossos progressos íntimos?

Acha, o amigo preocupado em melhorar, que se poderia saber apenas pela contagem do número de ocorrências?

O processo de mudança, admitimos que vai se realizando intimamente num todo, isto é, amadurecemos ou crescemos espiritualmente num conjunto de fatores psíquicos e, portanto, os resultados se verificam em todos os aspectos do nosso comportamento, tanto nas expressões do sentir quanto nas do entender. Naturalmente, altera-se para melhor o nosso relacionamento no ambiente doméstico e no meio social, no emprego e com o público de forma geral. Os métodos de contagens e registros, no entanto, podem nos oferecer resultados específicos valiosos na libertação dos vícios e na substituição dos erros e defeitos por qualidades e virtudes. Servindo-nos desses recursos práticos, é-nos possível avaliar simultaneamente os resultados conseguidos, apenas por comparação dos números de ocorrências, de período a período, isto é, de mês a mês, ou de semana a semana.

No decorrer do tempo, a auto-avaliação assume, para o observador de si mesmo, um sentido prático, como preocupação natural de conseguir resultados sempre melhores nas transformações que deseja realizar dentro dele.

Somos nós mesmos, quando bem exercitados, que melhor podemos aquilatar os nossos aprimoramentos.

É necessário que assim o façamos, de modo consciente e individual, para fundamentar nossas possibilidades de realização, fazendo aumentar a autoconfiança nas próprias forças.

A experiência pessoal nos diz que fazermos auto-avaliações sem anotações dos controles diários e semanais é mais difícil para o interessado, e também menos exata. Quando nos sentamos por alguns instantes para escrever sobre os resultados observados na reforma íntima, começamos sempre por um exame retroativo dos acontecimentos que registramos, digamos, no último mês, ou na semana que passou. A memória, por melhor que seja, apresenta suas falhas, e deixamos quase sempre de refletir sobre muitas ocasiões em que reagimos sutilmente, sem perceber nitidamente as emoções, os reflexos, ou os nossos impulsos cometidos sem controle.

Continuamos nessa introspecção, perguntando como nos encontramos intimamente diante de alguns aspectos que conscientemente conhecemos como falhos em nosso comportamento ou em nosso modo de agir. Então carecemos de algumas observações anotadas para tomarmos como referência e, assim, fazermos comparações de como estávamos antes e como reagimos agora, após um certo intervalo de tempo. Surge em seguida a indagação: qual o período ideal de tempo para nos auto-avaliar?

André Luiz afirma: "de quando em quando", deixando, naturalmente, a nosso critério as ocasiões consideradas oportunas, que entendemos serem mais comuns quando os problemas nos pressionam. Só nesse momento saímos do comodismo e nos preocupamos em fazer as necessárias descobertas do que nos inquieta.

O que pretendemos, no entanto, é dirigir o nosso esforço de transformação íntima de modo disciplinar, eficaz, tão mais proveitoso quanto possível. Então surgem como evidentes os períodos: semanal, quinzenal, mensal. Achamos que além de trinta dias já se torna uma periodicidade muito extensa. Diríamos: no máximo de mês em mês, embora semanalmente fosse preferível.

Podemos, assim, fazer nossa apuração de resultados, na periodicidade escolhida, seguindo-se uma seqüência no exame íntimo, como sugerido adiante:

1º Resultados Obtidos no Combate aos Vícios

Admitindo-se que tenhamos esquematizado a nossa Programação de Combate aos Vícios, como recomendado no Quadro nº 2 (Capítulo 40), estejamos realizando o Controle dos Resultados Programados, conforme o Quadro nº 3. Nesse último podemos ter anotado, em cada semana, o número indicativo P (previsões programadas) e os resultados reais na coluna R. Fica, então, fácil verificar os progressos alcançados e, assim, teremos os comentários, descrevendo-os numa Caderneta Pessoal. É importante aí indagar a nós mesmos os motivos dos bons resultados, ou dos insucessos, para tirarmos algumas conclusões, deixando-as observadas por escrito. Dessas conclusões, novas metas e novos propósitos podemos estabelecer para resultados mais animadores, se for o caso. A Caderneta sugerida poderá, então, ser utilizada para os relatos sumários dos resultados conseguidos e para acompanhamento desses durante a nossa caminhada.

2º Resultados Obtidos no Combate aos Defeitos

No processo de exame de cada um dos quinze defeitos mais evidentes, podemos facilmente compor o Quadro nº 4 — Resumo dos Defeitos —, apresentado no Capítulo 40, e sobre aqueles resultados pesquisados pelo questionário das 15 perguntas, podemos também fazer na Caderneta alguns comentários bem resumidos, a respeito de como nos situamos em cada um dos citados defeitos.

Sobre cada um deles mais particularmente evidenciado, tendo programado o nosso combate, como sugerido graficamente pelo Quadro nº 5, e daí traçado o Diagrama, como ilustrado pelo Quadro nº 7, recolhemos deste último os resultados já obtidos. É facilitado, dessa maneira, o comentário que sobre eles possamos fazer, observando resumidamente as conquistas nas três áreas de ação a saber: na família, no trabalho e na sociedade. Citemos, então, na Caderneta Pessoal utilizada para esse fim, as reflexões de forma discreta e sem pormenores descabidos, incluindo-se também as proveitosas conclusões sobre as diminuições das ocorrências daqueles já mencionados defeitos.

Conhecendo-se também as características das Virtudes, que se opõem frontalmente aos respectivos Defeitos, num confronto realizado intimamente dos nossos valores vivenciados, podemos, naquelas ocasiões de retrospectiva, perceber os efeitos da boa semeadura no nosso terreno individual, pesando tranqüilamente a necessidade da aplicação de maiores esforços renovadores. Esse, talvez, seja um dos melhores meios para a aferição dos resultados obtidos nas tentativas de remoção do que nos impede evoluir, isto é, tomar as Virtudes como padrões de referência.

"Tudo caminha! Tudo evolui! Confiramos o nosso rendimento individual com o Cristo!" É o que também nos conclama André Luiz, no mesmo capítulo acima referido. Espelharmo-nos periodicamente, tomando como nosso modelo de comportamento o Nazareno, na constante preocupação de cada vez chegarmos mais perto Dele, resume bem as nossas aspirações, que podem ser corajosamente provadas nas auto-avaliações periódicas.

A Importância da Caderneta Pessoal

As auto-avaliações periódicas são adotadas nos meios escolares, a partir dos primeiros graus, para que os alunos desenvolvam sua capacidade de análise e autocrítica quanto ao próprio aproveitamento, dificuldades e falhas a corrigir. Nesses relatos os alunos reconhecem os seus descuidos nos deveres, o tempo desperdiçado em conversas e se propõem a melhorar dali em diante. Uma supervisora analisa essas auto-avaliações, discute num Conselho de Classe com os outros professores e faz as suas apreciações por escrito, devolvendo, em seguida, aquelas folhas para os alunos, que farão parte da sua pasta escolar.

Quando experimentamos esse tipo de prática, em que transferimos para o papel o que pode ser chamado de conteúdos psicológicos, articulamos um mecanismo de exploração do nosso inconsciente, que muito nos auxilia no conhecimento de nós mesmos.

Essa Caderneta a que nos referimos pode exercer a função de uma memória de resultados constatados nas nossas auto-avaliações temporárias, oferecendo-nos, ainda, o seguimento de todo o nosso trabalho de reforma íntima.

Poderá ela encerrar, de forma descritiva e conclusiva, o que tenhamos elaborado dinamicamente ao encetarmos a programação da nossa reforma interior, pela eliminação dos vícios e diminuição dos defeitos. A caderneta nos permitirá, também, anotar os efeitos do desenvolvimento da nossa vontade e os benefícios obtidos pela auto-análise, e relacionar os serviços prestados ao próximo como rumo para realização do nosso crescimento espiritual.

Exemplo Prático de Utilização da Caderneta

Consideremos que um leitor, interessado em fazer a sua reforma íntima, começando a pôr em prática, de algum modo, o roteiro indicado neste compêndio, tenha esboçado a sua programação e a esteja conduzindo de certa forma.

Admitamos que tenha optado fazer a sua auto-avaliação periódica no final de cada mês.

Descrevamos a imaginária experiência pela qual passa esse suposto leitor, e como estaria ele registrando-a na sua Caderneta Pessoal.

Podemos separar, para o primeiro ano, de uma a três páginas para anotações relativas ao Combate aos Vícios, determinando-se o número de páginas pelo número de vícios a serem combatidos. Igualmente, em seqüência, podemos separar na Caderneta, para esse mesmo ano, de três a cinco páginas em que comentaremos o que conseguirmos no Combate aos Defeitos. Deixemos, logo depois, apenas uma página para colocar os Serviços Prestados ao Próximo.

Vejamos o que teria escrito esse bem intencionado leitor:

Combate aos Vícios — 1981

12/03/81 — Início do trabalho de eliminação do cigarro.

30/03/81 — Embora com dificuldade, estou conseguindo reduzir o número de cigarros consumidos.

30/04/81 — Estou evitando completamente o cigarro há cinco dias.

30/05/81 — Larguei completamente o cigarro e estou controlando a tendência à gula.

30/06/81 — O álcool não exerce qualquer atração sobre mim. Posso experimentá-lo sem, no entanto, sentir desejo de repeti-lo por várias vezes.

30/07/81 — Localizo, por vezes, minha imaginação ligada a quadros eróticos.

30/08/81 — Tenho conseguido afastar alguns desejos inquietantes de relacionamento sexual extraconjugal.

30/09/81 — ... (seguir nas auto-avaliações dos vícios)

30/10/81 — ... (seguir nas auto-avaliações dos vícios)

Combate aos Defeitos — 1981

30/05/81 — Dediquei-me neste mês à observação do orgulho, da vaidade, da inveja e do ciúme. O orgulho é moderado, a vaidade é mais predominante. A inveja é também moderada e o ciúme é fraco. Tenho prestado mais atenção a eles e consigo identificá-los melhor.

30/06/81 — Observei mais diretamente neste mês a avareza, o ódio, os remorsos e a vingança. A avareza é mais predominante, o ódio e os remorsos são moderados, e a vingança é fraca. Comecei a combater a avareza e a indagar os motivos que me fazem ser assim.

30/07/81 — Continuei, neste mês, cuidando da agressividade, do personalismo, da maledicência e da intolerância. Fiz a avaliação do ódio e obtive nota 68. Preciso ter mais controle sobre a agressividade. Fiz o teste da maledicência e apurei a nota 72. Preciso me cuidar

	mais. O personalismo é moderado e a intolerância é fraca. Fiquei conhecendo reações que antes não entendia. Agora, ficou mais fácil contê-las.
30/08/81	— Este mês coube observar a impaciência, a negligência e a ociosidade. A impaciência é predominante, a negligência e a ociosidade são fracas. Ainda não consegui compreender por que sou, às vezes, tão impaciente. Vou batalhar em cima desse defeito.
30/09/81	— Trabalhei neste mês mais diretamente com a avareza e a impaciência. Fiz as contagens das ocorrências e estabeleci as metas numéricas para diminuí-las. Preparei algumas auto-afirmações para diariamente rememorá-las. Estou também procurando treinar a generosidade e a paciência em confronto com esses dois defeitos predominantes.
30/10/81	— Estou contente por ter conseguido diminuir a avareza. Estou mais paciente e descobri o que mais me deixava impaciente. A leitura de algumas páginas do livro *Calma*, de Emmanuel e as preces me têm feito muito bem e ajudado muito.
30/11/81	— ... (seguir nas auto-avaliações)
30/12/81	— ... (seguir nas auto-avaliações dos defeitos)

Serviços Prestados ao Próximo — 1981

30/08/81	— Comecei neste mês a colaborar como atendente num abrigo de velhos, uma noite por semana.
30/09/81	— Continuo colaborando no abrigo de velhos. Sinto que sou útil a eles e me alegra ajudá-los. Fiz uma visita a familiar doente e pude contribuir em seu benefício.
30/10/81	— Observei este mês que o meu trabalho junto aos velhinhos me tem deixado mais compreensivo e paciente. Isto tem me beneficiado muito.
30/11/81	— ... (seguir registrando as observações)
30/12/81	— ... (seguir anotando)

Até Onde Chegaremos?

Após concluído o ano em curso, podem-se reiniciar os comentários, de modo semelhante, dentro dos mesmos itens indicados, agora no ano seguinte.

Conseguindo-se a continuidade desse trabalho, por três anos, teremos realizado uma grande mudança em nós mesmos, e teremos transformado muitos dos nossos gestos e atitudes.

As nossas reações estarão naturalmente educadas pelos bons hábitos, nossos impulsos estarão controlados e possivelmente automatizados no bem. O agir corretamente e a ação consciente estará normal e espontaneamente de acordo com os ensinamentos evangélicos, sem que nos custe maiores esforços assim proceder!

Atingindo com razoável sucesso esse primeiro triênio, iremos prosseguir, cada vez melhor, burilando o nosso espírito, com resultados sempre proveitosos, embora lentos.

Estaremos aí no Caminho Infinito da evolução, em que as mais profundas alegrias serão vivenciadas nas oportunidades de servir. Vamos nos desprendendo de nós mesmos e nos doando cada vez mais, ampliando a nossa capacidade de amar e de integrar à Vontade Maior, Soberana, que tudo preside e governa, Inteligência Suprema, Causa Primária de Todas as Coisas.

Chegaremos um dia a nos identificar tanto com esse Todo Universal Único, que sentiremos e viveremos as palavras do Divino Mestre quando enunciou: "EU E O MEU PAI SOMOS UM..." O Seu EVANGELHO DE AMOR é "O CAMINHO, A VERDADE E A VIDA..." "NINGUÉM VAI AO PAI SENÃO POR MIM", disse-nos Ele.

Queridos amigos leitores, candidatos a Aprendizes do Evangelho, Aprendizes já em preparação, Servidores de Jesus em treinamento, Discípulos das últimas horas em tarefas: essa é a senda que o Cristianismo Redivivo, a Terceira Revelação, o Consolador Prometido, a Doutrina dos Espíritos codificada pelo mestre Allan Kardec nos oferece. Abracemo-la com todas as nossas forças, tomemos a nossa cruz e sigamos Jesus. É o que temos a fazer neste mundo nebuloso, como uma das poucas oportunidades de nos Salvar e nos Redimir. Que Jesus esteja conosco, animando os corações de boa vontade...

45. ESCOLA DE APRENDIZES DO EVANGELHO: DIDÁTICA APLICADA NA TRANSFORMAÇÃO ÍNTIMA

"Não se espantem os adeptos com esta palavra — ensino. Não constitui ensino unicamente o que é dado do púlpito ou da tribuna. Há também o da

simples conversação. Ensina todo aquele que procura persuadir outro, seja pelo processo das explicações, seja pelo das experiências."

(**Allan Kardec**. *O Livro dos Médiuns*. Capítulo III. Do Método. Item 18.)

"Os que não se contentam em admirar a moral espírita, que a praticam e lhe aceitam todas as conseqüências. Convencidos de que a existência terrena é uma prova passageira, tratam de aproveitar os seus breves instantes para avançar pela senda do progresso, única que os pode elevar na hierarquia do mundo dos Espíritos, esforçando-se por fazer o bem e coibir seus maus pendores. As relações com eles sempre oferecem segurança, porque a convicção que nutrem os preserva de pensarem em praticar o mal. A caridade é, em tudo, a regra de proceder a que obedecem. São os verdadeiros espíritas, ou melhor, os espíritas cristãos."

(*Id., ibid.* Item 28.)

"O verdadeiro espírita jamais deixará de fazer o bem. Lenir corações aflitos; consolar, acalmar desesperos; operar reformas morais, essa a sua missão."

(*Id., ibid.* item 30.)

Dispensável seria referirmo-nos à formação escolar do codificador da Doutrina dos Espíritos. Discípulo brilhante de Pestalozzi (Pai da Pedagogia), além de conhecedor profundo dos diversos ramos da ciência, das filosofias, das religiões e dos idiomas, sempre esteve atuante no mundo das letras e no campo do ensino, em sua época, naquela que reunia o centro da cultura mundial, Paris, da França revolucionária, das idéias libertadoras.

Kardec, "o bom senso encarnado", fez, do campo experimental, no trato com o mundo dos Espíritos, um Corpo Doutrinário, de conseqüências morais ineludíveis, restaurador do Cristianismo puro, fundamentando cientificamente os princípios da sabedoria antiga já enunciados pelos Profetas e por Jesus, confirmando-os e dando-lhes igualmente cumprimento no esclarecimento das criaturas para realizarem a evolução do espírito.

Os ramos da Educação e do Ensino, em nossos dias, atingiram os cumes do conhecimento no contínuo processo de evolução humana, em todos os níveis ou classes sociais.

Disciplina, trabalho, dever, comportamento social, respeito, amizade, responsabilidade, pontualidade, assiduidade são alguns dos importantes aprendizados que nas escolas cultivamos, principalmente na infância e na juventude, além do conhecimento propriamente dito que absorvemos. Hoje, até mesmo auto-avaliação os alunos estão fazendo nas escolas, o que representa importante treinamento da reflexão interior, da auto-análise, do conhecimento de si mesmo.

A Didática reúne todo o conjunto sistemático de princípios, normas e técnicas de orientação da aprendizagem. Ora, a vida é um processo contínuo de aprendizagem. A evolução do espírito é um processo infinito de aprimoramento, em que a aprendizagem é um dos mais importantes meios. Somos todos, sempre, até o infinito, aprendizes. A aplicação, portanto, da Didática no ensino do Espiritismo, dentro dos seus objetivos transformadores do caráter humano, no sentido evangélico, é o que procurou introduzir, na década de 1940, o Sr. Edgard Armond, quando nas funções de secretário-geral da Federação Espírita do Estado de São Paulo.

Foram assim criadas as Escolas de Aprendizes do Evangelho, cuja fundamentação precípua repousa exatamente na prática da reforma íntima, no ensino da vivência e da aplicação da Doutrina dos Espíritos.

A Escola de Aprendizes do Evangelho, que abreviaremos como EAE daqui por diante, sempre foi livre ao acesso de quem nela desejasse ingressar, embora esteja estruturada num regime escolar. E quem por ela optar, nela inscrevendo-se, toma conhecimento que a disciplina, o trabalho, o dever, a sociabilidade, o respeito, a amizade, a responsabilidade, a pontualidade, a assiduidade serão solicitados dos seus participantes.

A EAE está constituída para conduzir os alunos a praticar a moral espírita, a compreender a finalidade da existência terrena e a avançar pela senda do progresso, esforçando-se por coibir seus maus pendores, tornando-se, assim, verdadeiros espíritas, ou espíritas cristãos. (Allan Kardec. *O Livro dos Médiuns*. Capítulo III. Do Método. Item 28.)

A duração da EAE é de aproximadamente três anos, e a apuração do aproveitamento individual reside precisamente na apresentação periódica de testes e da auto-avaliação da sua reforma íntima relatada numa caderneta, que um dirigente capacitado analisa, fazendo-o com amor e alto espírito de compreensão, cônscio da importância e delicadeza da sua relativa função de orientador evangélico, assistido pelos Instrutores Espirituais.

O dirigente, o secretário e os expositores são preparados para conviverem com os alunos de modo fraterno, propiciando-lhes uma atmosfera receptiva, acolhedora, sem distâncias ou separações autoritárias, pois todos entendem que estão sempre na condição de aprendizes. O ensino é transmitido pelo processo das explicações e pela experimentação. *(Id., ibid.* Item 18.) Quando o dirigente é solicitado pelos aprendizes para prestar esclarecimentos ou ministrar orientações, em caráter coletivo ou mesmo individual, a abordagem é feita dentro de um princípio psicológico de não interferência, estimulando-os à reflexão e à descoberta dos seus próprios desejos, deixando-lhes totalmente livres para tomar e assumir suas decisões pessoais, valorizando, assim, os seus testemunhos. (**A. Benjamim.** *A Entrevista de Ajuda.)*

De que modo o ensino é transmitido pelo processo das experiências?

As experiências são vivenciadas no próprio ambiente da EAE e na vida prática fora dela, isto é: na turma o aluno apresenta os temas que desenvolve por escrito em casa, no seu Caderno de Temas, que por sua vez também vale nota de aproveitamento. Esses temas são todos alusivos ao nosso comportamento, e de aplicação no nosso convívio familiar, social, profissional. No grupo o aprendiz também se beneficia dos exemplos dos próprios colegas, todos interessados em se aprimorar intimamente. Fora da EAE as experiências cotidianas passam a ser mais observadas, são elas discutidas e abordadas em seus diferentes aspectos, pelos expositores, dirigente e secretário(a): transferem-se de dentro da EAE para a sua aplicação na vida diária, fora dela.

Na EAE o incentivo à caridade é acentuado, o trabalho ao próximo é estimulado, nas oportunidades criadas dentro das aptidões de cada aprendiz, seja na assistência espiritual, visitas a hospitais, creches, abrigos, nos serviços de moral cristã à infância, nas explanações evangélicas, no atendimento ao público que busca socorro, nas entrevistas de ajuda e orientação, na ordem da movimentação dentro do Centro Espírita, na livraria, no contrôle de fichas de atendimento, na limpeza e arrumação dos salões e tantos outros afazeres que os trabalhos numa Casa Espírita podem oferecer. Entende-se, na EAE, que "o verdadeiro espírita jamais deixará de fazer o bem". (**Allan Kardec.** *O Livro dos Médiuns.* Capítulo III. Do Método. Item 30.)

O "Conhece-te a ti mesmo" e a "prática da abnegação", como meios pragmáticos e eficazes de se melhorar, de resistir ao arrastamento do mal e de combater o predomínio da natureza animal *(Id. O Livro dos Espíritos.* Perguntas 912 e 919), são ensinados experimentalmente num aprendizado em grupo nas EAEs.

Nas EAEs são ensinadas As Bases do Transformar-se, como iniciá-las conhecendo O Que se Pode Transformar Intimamente, e como exercê-las aplicando Os Meios Para Realizar as Transformações, que constituem as partes I, II e III deste livro.

Pela apuração dos resultados do aproveitamento individual, os alunos passam por estágios, ou graus escolares, que são divididos em:

Aprendiz — preparação individual;
Servidor — serviço e testemunhação;
Discípulo — continuidade e perseverança (no âmbito da Fraternidade dos Discípulos de Jesus. Veja V Parte — Conclusões, deste livro).

O programa de aulas das EAEs inicia-se com um Curso Básico de Espiritismo, que pode variar de doze a vinte aulas, conforme as necessidades dos alunos e a orientação dos dirigentes do Grupo Espírita. Nesse Curso já são dados os esclarecimentos, em detalhes, de como funciona a EAE, os seus objetivos e o que se espera de um aprendiz [*Curso Básico de Espiritismo*. Ed. Aliança, e *Guia do Aprendiz* (Edgard Armond). Ed. Aliança].

Ao ingressar na EAE, o aluno já é levado a responder o primeiro teste de uma série de cinco, como também a adquirir o seu caderno de temas e a sua caderneta individual. Como a caderneta vai apenas resumir testes, títulos dos temas dados, serviços prestados ao próximo, auto-avaliações sumárias e notas dos exames espirituais, em alguns Centros, solicita-se também um caderno para o aluno relatar as suas experiências no terreno do aprimoramento íntimo, porém sem necessidade de apresentação na EAE. Esse caderno de reforma íntima pode ser utilizado como um diário pessoal para quem prefira registrar fatos e experiências, impulsos, reações, ajudando, desse modo, a sua auto-avaliação.

Na caderneta escolar, o aprendiz é solicitado a resumir periodicamente os resultados alcançados no tocante à reforma interior, relativamente aos vícios, aos defeitos e às virtudes (II Parte deste livro), sem necessidade, portanto, de incluir ou declinar particularidades, nem estender-se em casos pessoais.

Após o Curso Básico de Espiritismo, tem início o programa da EAE, que segue uma seqüência de aulas expositivas, aulas de revisão e onde também podem ser incluídas conversações esclarecedoras com a turma, quando necessário, entre dirigentes, supervisores e alunos.

As aulas expositivas, em número de aproximadamente 92, conforme

Programa adotado pela Aliança Espírita Evangélica, seguem a seguinte ordem:

A Criação	4 aulas	(I Vol.)
O Povo Hebreu e Moisés	6 aulas	(I Vol.)
A Vida de Jesus	29 aulas	(O Redentor)
Interpretação do Sermão do Monte	4 aulas	(III Vol.)
Vida e Atos dos Apóstolos	15 aulas	(III e IV Vols.)
Ciência e Religião	8 aulas	(V Vol.)
Estudo dos Seres e das Formas	4 aulas	(VI Vol.)
Leis Morais	11 aulas	(VII Vol. 1ª e 2ª partes)
Conduta Espírita	6 aulas	(VIII Vol.)
Estudos e Temas	5 aulas	(IX Vol.)
TOTAL GERAL	92 aulas	

A orientação para funcionamento de uma EAE e seu programa de aulas são indicados no livro *Aliança: Vivência do Espiritismo Religioso*, de Edgard Armond (Ed. Aliança), e as aulas acima estão em nove fascículos com o título *Iniciação Espírita* (Ed. Aliança), como também no livro *O Redentor*, de Edgard Armond, que constitui o II Volume com 29 aulas sobre a Vida de Jesus.

O Setor III da Fraternidade dos Discípulos de Jesus segue um programa semelhante, com algumas alterações na ordem e no conteúdo, como resumido abaixo:

Iniciação Espiritual	1 aula
A Criação	5 aulas
O Povo Hebreu e Moisés	6 aulas
A Vida de Jesus (Histórico)	13 aulas
Os Ensinos de Jesus — Parábolas	3 aulas
Os Ensinos de Jesus — Sermão do Monte	8 aulas
Vida e Atos dos Apóstolos	15 aulas
Conduta Espírita	9 aulas
Ciência e Religião	3 aulas
Estudo dos Seres e das Formas	4 aulas
Gênese	4 aulas
Leis Morais	14 aulas
Problemas Atuais	6 aulas
TOTAL	91 aulas
Prática da Reforma Íntima	13 aulas
TOTAL GERAL	104 aulas

A EAE oferece uma formação espírita prática a quaisquer níveis de escolaridade, ensinando como vivenciar o Evangelho de Jesus à luz do Espiritismo, preparando o aprendiz para ser um servidor dessa Doutrina e, pelo trabalho, constituir-se num autêntico discípulo de Jesus, que a partir de então torna-se um elemento mais atuante nas transformações próprias e do seu meio, contribuindo sempre na prática da caridade desinteressada e na propagação do bem.

Embora se desfaça a coesão do grupo que forma cada turma da EAE, o então discípulo, ao seu término, já se encontra engajado nas tarefas doutrinárias, que o auxiliam a se manter integrado nos ideais que alicerçou durante três anos. Passa, então, a fazer parte da Fraternidade dos Discípulos de Jesus (Veja Conclusão), que se caracteriza pela união de todos os que se esforçam e desejam permanecer ligados, realimentados nos seus propósitos pelo convívio fraterno no trabalho ao próximo, no estudo, no aprimoramento contínuo que naturalmente prossegue nessa e nas reencarnações sucessivas.

A Federação Espírita do Estado de São Paulo, pioneira a partir de 1950, quando iniciou a primeira turma da EAE, segue hoje nas Escolas um programa de estudo com a duração de quatro anos, em que no primeiro ano é conduzido o Curso Básico de Espiritismo, como estágio introdutório a qualquer curso da FEESP. A matéria desse Curso Básico está contida nos dois livros de autoria do Engenheiro Rino Curti, intitulados *Espiritismo e Reforma Íntima* e *Espiritismo e Evolução* (Ed. FEESP).

"A reforma íntima, de que as Escolas da FEESP se tornam promotoras, é esta de nos propiciar o conhecimento doutrinário, corrigindo nossas falsas noções, preconceitos, falhas de educação, arranhões de caráter, hábitos indesejáveis, a fim de que, com ele harmonizados, possamos nos constituir nesse homem íntegro, equilibrado, exemplo e força de uma sociedade bem constituída, fator de ordem, progresso e harmonia." **(Rino Curti.** *Espiritismo e Reforma Íntima.* Capítulo V. A Noção de Reforma Íntima. Item 5.2.)

A matéria que compreende o programa das aulas nas EAEs da FEESP, parcialmente publicada, se constituirá numa série de oito volumes, em dois ciclos, o primeiro com dois anos de duração.

Os cinco primeiros livros já foram lançados, são eles: *Monoteísmo e Jesus* – Tomo 1º, Volume 1º ; ... *Homem Novo* – Tomo 1º, Volume 2º ; *Do Calvário ao Consolador* – Tomo 2º, Volume 1º ; *Bem-Aventuranças e Parábolas...* – Tomo 2º, Volume 2º ; *As Epístolas de Paulo e o Apocalipse de João* – Tomo 3º, Volume 1º.

Os demais tomos e volumes (Tomo 3º — Volume 2º , Tomo 4º — Volumes 1º e 2º) acham-se em elaboração e fazem parte do segundo ciclo que "será dedicado exclusivamente ao estudo dos problemas do destino, da dor, do sofrimento, das leis e normas da vida espiritual, da conduta cristã, da conquista das virtudes evangélicas e da abordagem dos problemas da atualidade, do ponto de vista espírita". (*Monoteísmo e Jesus, Explicação*, FEESP, Área de Ensino, Edições FEESP.)

Comparando-se os três programas da EAE acima citados, observamos que todos incluem, em sua maioria, o estudo dos mesmos assuntos, numa ordem ou noutra, o que bem identifica a unidade de princípios.

Embora os programas de estudo possam apresentar variações na seqüência e na forma de abordagem dos assuntos neles incluídos, a essência e o sentido moral dos mesmos são mantidos.

Todas as EAEs, da FEESP, da Aliança Espírita Evangélica e do Setor III da FDJ, enfatizam e conduzem os seus alunos à realização do seu objetivo fundamental, ou seja: a transformação individual da criatura humana dentro do Evangelho de Jesus.

Nesse aspecto admitimos ser de suma importância, e de grande valia, ensinarmos nas EAEs não apenas a matéria de estudo que nos esclarece e conscientiza a necessidade das mudanças de comportamento, mas, também, introduzirmos o aprendizado prático de como trabalharmos com o nosso mundo interior, exercitando na própria turma esse treinamento, mostrando como poderá ser realizado eficazmente, oferecendo aos aprendizes um roteiro de como melhor aplicar os seus esforços, não deixando-os entregues a diferentes interpretações e sujeitos a fracassos.

Propomos que se faça a análise desse opúsculo, objetivando a sua utilização na forma de aulas práticas (Veja Capítulo IV.2.2. Programa de Aplicação — B), a serem introduzidas nas instituições que desenvolvem e promovem as Escolas de Aprendizes do Evangelho.

46 O PROCESSO DE MUDANÇA INTERIOR[17]

"Por que permite Deus que os Espíritos nos induzam ao mal?

[17] *As Escolas de Aprendizes do Evangelho no Processo Psicoterapêutico*. Revisão do artigo pubicado pelo autor no jornal *Folha Espírita*. Nº 13. Ano II, abril/75.

– *Os Espíritos imperfeitos são instrumentos destinados a experimentar a fé e a constância dos homens na prática do bem. Como Espírito, deves progredir na ciência do infinito, razão porque passas pelas provas do mal, a fim de chegares ao bem. Nossa missão é a de colocar-te no bom caminho e, quando más influências agem sobre ti, é que as atrais, pelo desejo do mal. Os Espíritos inferiores vêm em teu auxílio no mal, sempre que desejas cometê-lo; e só te podem ajudar no mal quando queres o mal. Então, se te inclinares para o assassínio, terás uma nuvem de Espíritos que te alimentarão esse pendor. Entretanto, terás outros que procurarão influenciar-te para o bem. Assim se restabelece o equilíbrio e ficas senhor de ti mesmo."*

"É assim que Deus deixa à nossa consciência a escolha da via que devemos seguir e a liberdade de ceder a esta ou àquela das influências contrárias que nos solicitam."

(Allan Kardec. *O Livro dos Espíritos*. Capítulo IX. Intervenção dos Espíritos no Mundo Corpóreo. Pergunta 466.)

A modificação da personalidade e do comportamento humano, segundo o psicólogo Carl R. Rogers, segue um processo contínuo de mudança. Ele chama a isso o processo de tornar-se pessoa (**Carl R. Rogers**. *Tornar-se Pessoa*. 3ª Parte. O Processo de nos Tornarmos Pessoa), e enumera sete fases sucessivas do processo, que vai da fixidez da personalidade para a fluidez, a movimentação interior, em relação a si mesmo.

É realmente preocupante para todos nós conhecer o que pode levar uma criatura a mudar de comportamento, e como isso acontece. De que forma e por quais meios podemos colaborar mais eficazmente para despertar em nós o desejo de melhorar? Quais argumentos convincentes poderiam tocar os nossos interesses, voltando-nos para a realização da reforma íntima?

Os interesses nos aspectos básicos de nossa vida, isto é, na satisfação das necessidades de subsistência, de conforto, segurança, bem-estar, procriação, dificilmente nos motivariam a ser mais dóceis na nossa maneira de ser, ou dividirmos o nosso prato com alguém faminto a nos bater à porta.

Quando já não nos satisfazemos com as coisas básicas e aspiramos a alguns valores espirituais, como cultivar uma arte, ampliar o conhecimento sobre alguma área do saber, ter um bom desempenho profissional, realizar algo proveitoso, dirigimos, ainda assim, o nosso esforço numa atividade que não necessariamente a de sermos melhores interiormente.

No entanto, quando ansiedades e conflitos indecifráveis, no sofrimento ou nos desajustes vividos, nos atormentam de alguma forma, buscamos correndo algo que nos liberte daquele estado, e não raro buscamos os recursos religiosos. Quase sempre achamos que o motivo está fora de nós, numa causa estranha, numa "influência espiritual". O Espiritismo tem contribuído freqüentemente para solucionar esses problemas da esfera psicológica do comportamento individual.

Uma entrevista com alguém pronto para ajudar, que ouve-nos pacientemente os problemas, e daí somos encaminhados para um tratamento espiritual, o "passe", como mais comumente acontece.

Antecedendo ao "passe", uma explanação evangélica, o ambiente é acolhedor, e dependendo da nossa condição os efeitos obtidos são mais ou menos profundos.

Caso estejamos suficientemente interessados e assim motivados de alguma forma, prosseguimos após a série de passes, quando então alguém nos diz: "O amigo já teve alta, precisa agora fazer a sua parte; não quer começar num Grupo de Estudo, ingressar numa Escola de Aprendizes do Evangelho? Deve cuidar da sua Reforma Íntima..." A essa altura pouco percebeu que os seus males são frutos do seu próprio comportamento, dependem de si mesmo e para deles libertar-se precisa mudar interiormente.

Os interessados, desse modo, estão também na categoria de "pacientes" e podem ser mesmo muitos dos que recorrem aos consultórios de psicólogos e psicoterapeutas, quando em condições de pagar os tratamentos.

O Dr. Rogers, no entanto, na sua pesquisa, preocupou-se em conhecer os fatores que intervêm na modificação da personalidade e do comportamento. O que existe de comum nessas alterações individuais, e qual o processo em que essas modificações ocorrem.

Considera o psicólogo, de início, que, à semelhança do mecanismo de crescimento das plantas, onde as condições extrínsecas de temperatura, de umidade e de iluminação devem ser mantidas, igualmente deve-se estabelecer um conjunto de condições básicas e constantes de modo a facilitar o desabrochar e as metamorfoses que progressivamente se desenvolvem na personalidade dos pacientes. Sejam quais forem os seus sentimentos: temor, desespero, insegurança, angústia, seja qual for o seu modo de expressão: silêncio, gestos, lágrimas ou palavras, deve o terapeuta manter e transmitir sua compreensão e aceitação do paciente tal como ele é. Acredita o Dr. Rogers que o processo como um contínuo vai de um estado íntimo de rigidez, de bloqueio, para o de mudança, pela conscientização das manifestações interiores, até o estado de aceitação pessoal dos sentimentos em transformação e chegando finalmente a uma confiança sólida na sua própria evolução.

O objetivo precípuo da Doutrina dos Espíritos é efetivamente a Reforma Íntima, a modificação da criatura, do seu comportamento interior e exterior, conduzindo-a progressivamente à vivência dos ensinamentos evangélicos, na sua pureza original à luz da Terceira Revelação. A aceitação das criaturas não é condicionada a raça, cor, filosofia, credo religioso, ou político; são aceitas como elas são; o importante é que se disponham a se modificar nas diretrizes ensinadas e exemplificadas pelo Mestre Jesus.

Pode-se analogamente considerar, no Espiritismo, que os indivíduos passam por um processo de renovação dentro de uma continuidade, onde três fases intermediárias e sucessivas têm lugar: a dor ou inquietação, o esclarecimento consolador e a redenção pelo próprio esforço.

No encaminhamento natural das pessoas que buscam o Espiritismo, na sua grande maioria trazida pela dor, os Centros Espíritas se constituem nos consultórios-escolas, que transmitem o tratamento psicoterápico-evangélico, acrescido do componente energético-espiritual, concretizado no apoio do Plano Espiritual, que age sobre as potencialidades do espírito e as estruturas sutis do perispírito, auxiliando na renovação integral das criaturas assim dispostas.

As ações combinadas das entidades espirituais e dos recursos dinâmicos do espírito, despertados nas criaturas, promovem as transformações íntimas dentro desse processo contínuo de conscientização de nós mesmos num sentido evolutivo-cristão.

As sete fases do Dr. Carl R. Rogers têm as características abaixo indicadas, que traduzem o estado íntimo dos pacientes com problemas de comportamento, de relacionamento e de conduta.

Primeira Fase: O indivíduo apresenta-se totalmente bloqueado intimamente. Recusa a comunicação sobre os assuntos pessoais. Não tem consciência dos problemas pessoais. Não existe desejo de mudança. Tende a ver-se como não tendo problemas, ou os problemas que reconhece são entendidos como inteiramente exteriores a si mesmo. Ele é intimamente fixo, em oposição a qualquer mudança.

Segunda Fase: A comunicação começa a ser mais fluente em relação a assuntos não-pessoais. Os problemas são ainda admitidos como exteriores ao próprio indivíduo. Os sentimentos podem ser exteriorizados, mas não são reconhecidos como tais, nem atribuídos ao próprio indivíduo. Não existe o sentimento de responsabilidade em relação aos seus problemas.

Terceira Fase: Há um fluir mais livre da expressão sobre si como um objeto. O paciente exprime e descreve os sentimentos e as opiniões pessoais que não são as atuais, como se as mesmas pertencessem ao seu passado. Há uma aceitação muito reduzida dos sentimentos e a maioria deles é revelada como coisa vergonhosa, má, anormal ou qualquer outra forma de não-aceitação.

Quarta Fase: O paciente descreve sentimentos mais intensos, como se fossem do seu passado. Os sentimentos são descritos como objetos do presente, e muitas vezes surgem como que contra os desejos do paciente. Há pouca abertura na aceitação dos sentimentos, embora já se manifeste alguma. O indivíduo toma consciência da sua responsabilidade perante os problemas pessoais, mas com certa hesitação.

Quinta Fase: Os sentimentos são expressos livremente como se fossem experimentados no presente. O indivíduo aceita cada vez com maior facilidade a sua própria responsabilidade perante os problemas que tem de enfrentar. O diálogo interior torna-se mais livre, melhora a comunicação interna e reduz-se o seu bloqueio.

Sexta Fase: Os sentimentos são experimentados, agora, de um modo imediato, e são aceitos desaparecendo a hesitação ou a negação dos mesmos. A comunicação interior é livre e relativamente pouco bloqueada. Nesta fase já não há "problemas" exteriores ou interiores.

O paciente está a viver subjetivamente uma fase de seus problemas.

Sétima Fase: Há um sentido crescente e continuado de aceitação pessoal dos sentimentos em mudança e uma confiança sólida na sua própria evolução. A comunicação interior é clara. Há a experiência de uma efetiva escolha de novas maneiras de ser.

Estas fases apresentam-se bem nítidas nos pacientes que chegam aos consultórios com problemas psicológicos, e são então conduzidos a se libertarem dos mesmos iniciando-se pela aceitação deles e da tolerância para com eles, compreendendo-os como naturais e passíveis de serem modificados.

Este não é igualmente o processo pelo qual despertamos para o sentido maior da nossa existência? O sofrimento e a dor não são os efeitos da não-aceitação das condições em que vivemos? Tudo não se passa realmente no nosso campo psicológico?

O conhecimento espírita conduz precisamente os indivíduos a realizarem o trabalho de auto-análise incentivando-os à auto-educação, num processo contínuo de conscientização e reforma, com um significado mais profundo, tendo como meta a vivência evangélica.

Nas Escolas de Aprendizes do Evangelho, citadas no capítulo anterior, ocorre aos seus iniciantes a passagem de uma fase a outra, no transcorrer do seu desenvolvimento, exatamente dentro desse mesmo processo de conhecimento e mudança interior. Seguindo *pari passu,* temos constatado o crescimento dos integrantes, como segue:

Primeira Etapa: Reflete bem o estado íntimo daqueles que chegam ao Centro Espírita em busca de algo que amenize a sua angústia, a sua dor, a sua inquietação, sem, no entanto, nada quererem fazer em seu próprio benefício. Ao serem encaminhados para ingressar na EAE, estão ainda fechados dentro de si mesmos, rígidos, sem compreenderem o mundo de sentimentos e pensamentos que tumultuam o seu espírito.

Segunda Etapa: Após verificar a abordagem compreensiva dos dirigentes da EAE sobre os problemas comuns a todos, sentem-se mais tranqüilos, como que acariciados no seu coração, e vão se descontraindo, se familiarizando, se adaptando ao grupo da turma.

Terceira Etapa: Tornam-se mais desinibidos, mais identificados com os companheiros de turma. Nas oportunidades de apresentação dos temas dados em aula, as dificuldades de desenvolver os assuntos ainda são observadas. Sentem-se bem no ambiente e já se esforçam por assistir às aulas.

Quarta Etapa: Os lampejos de consciência começam a surgir, os momentos de reflexão sobre o próprio comportamento, por vezes, aparecem. Nota-se uma nova disposição, embora não totalmente definida, em transformar-se interiormente. É visível o aumento de interesse na EAE. Algo, no aprendiz, começa a ser identificado no seu mundo interior. As primeiras alegrias, embora recônditas, são vividas.

Quinta Etapa: Desaparecem os receios, amplia-se a confiança em si mesmo, projetam-se os ideais de servir a Jesus, a compreensão e o próprio trabalho de Reforma Íntima se acentuam. A caderneta que a EAE adota para registrar as auto-avaliações periódicas é agora utilizada com mais freqüência. Tornam-se mais livres e desembaraçados dos sentimentos mesquinhos e indefinidos que antes lhes envolviam. Aceitam comentar e poderão até citar alguns defeitos que já reconhecem neles próprios.

Sexta Etapa: A participação na EAE está definida. O estágio de servidor é alcançado. O combate aos vícios já apresenta conquistas e a vigilância aos defeitos se efetua intimamente. O entendimento deles para com o próximo se apresenta mais tolerante, paciente, o que reflete a disposição íntima para com eles próprios, agora completamente flexíveis e muito mais compreensivos. A vontade de algo realizar e de se dar num serviço ao próximo já foi praticada e os seus benéficos efeitos foram experimentados.

Sétima Etapa: O servidor aproxima-se da passagem para o estágio final de discípulo. Algo de muito sólido realmente já foi alicerçado no seu espírito. O desejo de ser cada dia melhor é mais intenso. O trabalho em modificar-se é feito espontaneamente e o conhecimento deles mesmos chegou a um bom nível. Sentem e testemunham no trabalho doutrinário o seu ideal de servir a Jesus. Momentos de grande elevação espiritual são experimentados. Estão em condições de caminhar resolutamente na senda escolhida.

Esse processo de mudança interior, que pode mais facilmente se realizar num grupo, como foi mencionado, colocando a importante contribuição da EAE, ocorre também, constantemente, de forma isolada, entre os que compreendem as finalidades da Doutrina dos Espíritos e, iniciando-se pela leitura dos livros básicos da Codificação, começam a confrontar-se com os conhecimentos adquiridos. É também o próprio caminho de autoconscientização, da nossa natureza íntima, espiritual, e da destinação infinita, eterna, que inexoravelmente avançamos num processo incessante de percepções, de mutações, adequando-nos às leis da evolução que regem o Universo. Diríamos mesmo que a evolução se realiza por todos os meios e assim nos proporciona a Sabedoria da Criação, mas resta-nos conduzir nossos interesses nessa direção, compatibilizando-nos com aquelas leis de evolução, impulsionando-nos deliberadamente à realização das mutações íntimas num sentido cristão, evangélico. Esse é o Processo de Mudança Interior que o Espiritismo nos apresenta.

47 O MECANISMO DAS TRANSFORMAÇÕES ÍNTIMAS[18]

> *"Mas não basta ser convidado; não basta o nome de cristão, nem sentar-se à mesa para participar do banquete celeste: é imperioso, antes de tudo e como condição expressa, ter vestido o traje nupcial, isto é, ter a pureza de coração e praticar a lei segundo o espírito. Ora, esta lei se acha toda na frase: 'Fora da caridade não há salvação'. Mas entre todos quantos ouvem a palavra divina, quão poucos a guardam e a aproveitam! Quão poucos se fazem dignos de entrar nos planos superiores da espiritualidade! Por isso disse: "Muitos serão chamados e poucos escolhidos".*
>
> (**Allan Kardec.** *O Evangelho Segundo o Espiritismo.* Capítulo XVIII. Muitos os Chamados e Poucos os Escolhidos. Parábola do Festim de Núpcias, 2.)

No processo lento e progressivo da Reforma Íntima, vamos realizando transformações sutis nas estruturas magnéticas do nosso perispírito e ampliando as potencialidades do nosso espírito.

A libertação dos vícios comuns, como o fumo, o álcool, o jogo, a gula, os abusos do sexo, realiza uma higienização nessas mesmas estruturas magnéticas do nosso corpo espiritual, removendo as impregnações densas obstrutoras de energias que nos consumiam os fluidos vitalizantes mantenedores do nosso equilíbrio orgânico e espiritual. O nosso campo de energias vitais passa a vibrar com mais intensidade em todas as suas regiões, exercendo maior ação restauradora da saúde e do equilíbrio emocional.

---
[18] Artigo publicado pelo autor no jornal *Folha Espírita*. N.º 53. Ano V, agosto/1978.

A disposição saudável, o bem-estar, a calma interior, o ânimo forte tomam seu lugar em nós, contribuindo para uma completa renovação no nosso sentir.

Libertando-nos dos vícios, deixamos de alimentar as entidades que usufruíam das mesmas sensações e prazeres, a nós ligadas nos processos de simbiose e vampirização. Rompemos os laços fluídicos viscosos que nos ligavam a esses espíritos, presos à nossa animalidade. Em conseqüência, libertamo-nos dessas influências perniciosas que nos condicionam aos vícios e nos transmitem depressão, mal-estar, desânimo, irritação, além de abrir fendas nas regiões dos campos magnéticos do nosso perispírito, acarretando desequilíbrio e comprometendo o fluir das energias vitalizantes, abastecedoras do metabolismo celular orgânico.

Erradicamos, assim, certos distúrbios vibratórios que se estendiam no perispírito, com imediatos reflexos no funcionamento dos nossos órgãos, aparelhos e sistemas.

Deixamos de ser joguetes das vontades e desejos desses espíritos nocivos, passando a exercer maior domínio sobre nós mesmos.

Prosseguindo no trabalho de Reforma Íntima, tomando consciência dos defeitos, tendências, reações e modos de sentir, iniciamos, pela vontade de transformar, uma ação dinâmica, movimentadora das potencialidades do nosso espírito.

A nossa mente é semelhante a um grande dínamo, que movimenta e alimenta o fabuloso conjunto de pequenos motores elétricos representados pelas células orgânicas[19].

A mesma ação mental, imprimindo pela vontade as modificações no nosso comportamento, no modo de ser, controlando conscientemente nossos impulsos, começa a movimentar e dinamizar campos magnéticos de maior penetração e alcance na nossa esfera mental. Mudamos aos poucos nossa maneira de pensar, refletindo-a no agir e, portanto, no relacionamento com o próximo.

Em decorrência desse trabalho, naturalmente vamos modificando a nossa compreensão para com tudo e com todos que nos cercam, os nossos pensamentos se abrem para os aspectos dignificantes e nobres da nossa existência e passamos a emitir ondas mentais indutoras do bem, sintonizando com planos vibratórios mais elevados e colaborando positivamente para a melhoria dos que nos cercam.

---

[19] André Luiz. *Mecanismos da Mediunidade*. Capítulo IX. Cérebro e Energia. Gerador do Cérebro. p. 69.

As irradiações que partem da nossa região cardíaca, refletindo o nosso sentir, igualmente vão, de modo progressivo, se ampliando. Passamos a vibrar mais amor, compreensão, tolerância, o que se transmite em forma de energias renovadoras, influindo dentro e fora de nós.

A somatória das ondas mentais e emocionais intensificadas no bem compõem o campo colorido e luminoso da nossa aura, que também se altera em decorrência das nossas transformações interiores.

Tecemos, assim, o halo magnético, envoltório ao nosso espírito, a aura de que nos fala André Luiz[20], pelo nosso próprio esforço em renovação constante.

Criamos um campo vibratório de maior intensidade e alcance, à semelhança de uma cortina vibratória protetora, que precisa ser mantida com a nossa vigilância, auxiliando a nossa evolução nesse contínuo esforço de aperfeiçoamento.

As emissões de amor no serviço ao próximo, nas obras assistenciais, na tarefa mediúnica, na doação de energias fluido-dinâmicas, nas explanações evangélicas, na orientação à criança, no amparo ao velho, são as oportunidades que temos de exercitar e ampliar as nossas possibilidades, solidificando o trabalho de Reforma Íntima.

Reforma Íntima sem serviço cristão é obra interrompida que parou nos alicerces. O trabalho que se inicia no íntimo das criaturas transborda espontaneamente para o exterior como conseqüência natural da sua continuidade e ampliação.

André Luiz também nos esclarece[21] que as irradiações emitidas, nas ocasiões em que as dores profundas nos atingem e são recebidas com resignação, realizam efeitos transformadores no nosso espírito. As preces sentidas com emoções profundas propagam vibrações íntimas de avanço espiritual. Tudo se realiza de modo semelhante aos campos vibratórios e eletromagnéticos que se desenvolvem nas estruturas atômicas dos elementos físicos. As irradiações de maior penetração e alcance são aqueles realizadas no interior do núcleo atômico. Igualmente movimentamos energias do mais elevado padrão nos campos mentais que emitimos quando os sentimentos mais nobres e as disposições mais edificantes são vividas interiormente.

---

[20] *Id., ibid.* Capítulo X. Fluxo Mental. Campo da Aura. p. 76.

[21] *Id., ibid.* Capítulo IV. Matéria Mental e Matéria Física. p. 43.

As mudanças que vamos realizando interiormente vão assim transformando nosso campo de radiações, que passa a refletir as vibrações do íntimo do nosso espírito, nos indumentando magneticamente da "veste nupcial" de que nos fala a parábola das Bodas, condição de que precisamos estar revestidos para adentrar a Espiritualidade Superior.

IV

ESQUEMA PARA APLICAÇÃO INDIVIDUAL, EM GRUPOS E POR CORRESPONDÊNCIA

"O homem, ao buscar a sociedade, obedece apenas a um sentimento pessoal, ou há também nesse sentimento uma finalidade providencial mais geral?
— O homem deve progredir, mas sozinho não o pode fazer, porque não possui todas as faculdades: precisa do contato dos outros homens. No isolamento, ele se embrutece e se estiola."

(Allan Kardec. *O livro dos Espíritos.* Lei de Sociedade. Pergunta 768.)

IV.1. APLICAÇÃO INDIVIDUAL E EM GRUPOS

Com a finalidade de melhor conduzir o trabalho daqueles que desejarem aplicar individualmente o que está apresentado neste manual, indicamos um esquema, que certamente ajudará, como sugestão, a dirigir com aproveitamento nossos esforços no sentido do auto-aprimoramento.

O empenho isolado, se bem que válido e necessário, poderá se transformar numa atividade conjunta, em que alguns se reúnam para aplicar em grupo o conteúdo desse compêndio.

Aos diversos grupos de estudos doutrinários, já funcionando nas Casas Espíritas, aos grupos familiares reunidos para o Evangelho no Lar, e principalmente às Escolas de Aprendizes do Evangelho, submetemos, para consideração dos seus dirigentes e integrantes, a possibilidade de introduzir periodicamente aulas práticas de reforma íntima, complementando qualquer outro programa já elaborado, quer tenha como objetivo o conhecimento do Espiritismo, a formação de divulgadores ou a preparação de Aprendizes do Evangelho.

Como Proceder?

Como primeiro passo, quer venha a se constituir numa atividade individual ou em grupo, deve-se fixar o dia e a hora da semana, caso ainda não estejam estabelecidos.

O propósito firmado, como requisito disciplinar, pressupõe pontualidade e assiduidade. Entendemos que esse tipo de atividade, pelo que pode resultar em benefícios, passará a contar com o apoio de Companheiros Espirituais interessados nas nossas transformações íntimas.

Embora a centralização dos assuntos, nas suas abordagens ou discussões em grupo, seja realizada uma vez por semana, as aplicações se farão nos nossos convívios diários, em todas as ocasiões em que se apresentarem as oportunidades. Nos intervalos semanais, quando retomamos a seqüência do que iremos focalizar para ser aplicado, também nos enseja momentos de auto-avaliação para aferição de resultados.

Roteiro de Cada Reunião

Cada reunião individual ou em grupo poderá seguir basicamente o seguinte roteiro:

1º **Leitura de uma Página Evangélica:**
(Indicamos, entre outros, os livros *Vinha de Luz, Pão Nosso, Fonte Viva, Caminho, Verdade e Vida, Rumo Certo e Coragem.*)

2º **Prece de Abertura:**
Espontaneamente e de improviso, estabelecendo sintonia com os Amigos Espirituais que nos inspiram para o bem e com o nosso Divino Mestre Jesus. (Evitar preces decoradas ou proferidas mecanicamente.)

3º **Estudo e Aplicação da Reforma Íntima:**
Seguir o programa apresentado adiante para as aulas de aplicação, assim também as indicações de como conduzir o mesmo.

4º **Vibrações:**
Realizadas mentalmente, quando individual, ou verbalmente quando em grupos. Seguem um pequeno roteiro e se constituem em doações de vibrações reconfortantes, emitidas com o nosso carinho em benefício da paz, da união fraterna entre as criaturas, pela implantação do Evangelho de Jesus, pelos que sofrem, pelos lares em conflito, pelos nossos inimigos, amigos e familiares, e também por nós mesmos.

Tempo para Cada Reunião:
O tempo de duração para cada reunião, individual ou em grupo, poderá variar de 60 (sessenta) a 90 (noventa) minutos.

IV.2. PROGRAMAS DE APLICAÇÃO

Apresentamos adiante dois programas orientativos, para utilização de forma disciplinar, da matéria contida neste livro.
Em resumo, são os programas a seguir comentados:

IV.2.1. Programa de Aplicação — A

Mais extenso, em 21 aulas, para ser empregado individualmente ou por grupos de interessados que desejarem se reunir com a finalidade de fazerem a prática do "Conhece-te e Transforma-te".

Apesar desses objetivos renovadores serem, nesta obra, abordados dentro da fundamentação doutrinária espírita, admitimos também a sua utilidade de aplicação a pessoas não-espíritas.

É também indicada adiante a maneira de conduzir esse programa nas formas seguintes:

I — Individualmente;
II — Em grupos pequenos, de até aproximadamente 20 pessoas;
III — Em grupos maiores, acima de 30 pessoas.

O Material Didático individual que achamos necessário é recomendado mais adiante.

Apresentamos, ainda, um Esquema para Elaboração dos Planos de Aula, que poderão ser distribuídos entre os participantes nos grupos dos tipos II e III, como encargo a desempenhar.

Como decorrência da aplicação deste Manual, os participantes não totalmente familiarizados com o Espiritismo poderão estudá-lo, seguindo as suas obras básicas, conforme indicado posteriormente.

IV.2.2. Programa de Aplicação — B

Esse programa foi pensado para ser introduzido em grupos já constituídos nos Centros Espíritas, em grupos familiares de Evangelho no Lar, e principalmente nas Escolas de Aprendizes do Evangelho.

O que nos levou a isso foi a observação de que cada instituição tem, em geral, o seu próprio programa de estudo doutrinário e, uma vez que os seus dirigentes venham a aceitar a importância do aspecto prático da vivência espírita que estamos propondo, poderão encaixar essa atividade nos próprios grupos em andamento.

O Programa de Aplicação — B se constitui em 12 aulas. A maneira de conduzi-lo é semelhante à do Programa de Aplicação — A.

Para o Programa de Aplicação — B elaboramos e apresentamos um Roteiro e Seqüência das Aulas, que ajudará aos que tiverem a incumbência de conduzir as aulas de forma dinâmica.

Para as Escolas de Aprendizes do Evangelho, que já têm como propósito a reforma íntima, somos de opinião que todo esse trabalho se enquadra bem, embora, com a experiência adquirida, os seus responsáveis farão as necessárias adequações para se obter os resultados desejados.

IV.2. 3. PROGRAMA DE ESTUDO E APLICAÇÃO DO ESPIRITISMO

Esse programa, apresentado mais à frente, visa não apenas a aplicar o que constitui o assunto desse opúsculo, mas principalmente a desenvolver, de forma mais completa, o estudo de toda a fundamentação na Doutrina dos Espíritos, que antecede cada capítulo dessa obra.

É um programa de aproximadamente dois anos de duração, em que se começa estudando os capítulos d'*O Livro dos Espíritos* e do *Evangelho Segundo o Espiritismo,* que dão maior ênfase ao escopo desse nosso trabalho, ou seja: "O Conhecimento de Nós Mesmos e a Realização das Nossas Transformações Íntimas".

Iniciando-se por essa trilha objetiva, admitimos que logo entenderemos o sentido renovador do Espiritismo e o aplicaremos em nosso auto-aprimoramento. A necessária complementação, pelo estudo dos capítulos restantes desses dois principais livros de Allan Kardec, e também dos demais indicados, poderá ser feita, em aditamento, num segundo ciclo.

Temos a certeza de que quem ao menos estudar os referidos capítulos programados por essa forma prática e objetiva, conhecerá o extrato da Doutrina dos Espíritos, nos seus aspectos mais importantes, e ficará sabendo muito mais a respeito do que ela pode fazer em benefício do aperfeiçoamento moral da Humanidade.

O valor da sua essência vivencial, percebido pelos resultados em cada um de nós, nos levará a estudá-la sempre e a amá-la cada vez mais.

IV.2.1. PROGRAMA DE APLICAÇÃO – A

PARA A PRÁTICA INDIVIDUAL E EM GRUPOS NOVOS

1ª aula — Em que se fundamenta a Reforma Íntima?
  Cap. 1 — Allan Kardec Estabelece as Bases
  Cap. 2 — Reforma Íntima em Seis Perguntas

2ª aula — Como Conhecer-se a Si Mesmo (I)
  Cap. 3 — O Conhecimento de Si Mesmo
  Cap. 4 — Como Conhecer-se
  Cap. 5 — O Conhecer-se no Convívio com o Próximo

3ª aula — Como Conhecer-se a Si Mesmo (II)
  Cap. 6 — O Conhecer-se pela Dor
  Cap. 7 — O Conhecer-se pela Auto-Análise
  Cap. 8 — Faça sua Avaliação Individual: O Conhecimento de Si Mesmo

4ª aula — Como Eliminar os Vícios Comuns (I)
  Cap. 9 — Os Vícios
  Cap. 10 — Fumar é Suicídio
  Cap. 11 — Os Malefícios do Álcool

5ª aula — Como Eliminar os Vícios Comuns (II)
  Cap. 12 — Os Malefícios do Jogo
  Cap. 13 — Os Malefícios da Gula
  Cap. 14 — Os Malefícios dos Abusos Sexuais

6ª aula — Como Combater os Defeitos (I)
  Cap. 15 — Os Defeitos
  Cap. 16 — Orgulho e Vaidade
  Cap. 17 — A Inveja, o Ciúme, a Avareza

7ª aula — Como Combater os Defeitos (II)
  Cap. 18 — Ódio, Remorso, Vingança, Agressividade
  Cap. 19 — Personalismo
  Cap. 20 — Maledicência

8ª aula — Como Combater os Defeitos (III)
  Cap. 21 — Intolerância e Impaciência
  Cap. 22 — Negligência e Ociosidade
  Cap. 23 — Reminiscências e Tendências

9ª aula — As Virtudes a Serem Cultivadas (I)
    Cap. 24 — As Virtudes
    Cap. 25 — Humildade, Modéstia, Sobriedade
    Cap. 26 — Resignação

10ª aula — As Virtudes a Serem Cultivadas (II)
    Cap. 27 — Sensatez, Piedade
    Cap. 28 — Generosidade, Beneficência
    Cap. 29 — Afabilidade, Doçura

11ª aula — As Virtudes a Serem Cultivadas (III)
    Cap. 30 — Compreensão, Tolerância
    Cap. 31 — Perdão
    Cap. 32 — Brandura, Pacificação

12ª aula — As Virtudes a Serem Cultivadas (IV)
    Cap. 33 — Companheirismo, Renúncia
    Cap. 34 — Indulgência
    Cap. 35 — Misericórdia

13ª aula — As Virtudes a Serem Cultivadas (V)
    Cap. 36 — Paciência, Mansuetude
    Cap. 37 — Vigilância, Abnegação
    Cap. 38 — Dedicação, Devotamento

14ª aula — Como Fazer uma Auto-Análise
    Cap. 39 — Um Método Prático de Auto-Análise

15ª aula — Como Programar a Nossa Reforma Íntima
    Cap. 40 — Como Programar as Transformações

16ª aula — Como Trabalhar Intimamente
    Cap. 41 — Como Trabalhar Intimamente

17ª aula — Como Desenvolver a Vontade
    Cap. 42 — Como Desenvolver a Vontade

18ª aula — Transformações pelo Serviço ao Próximo
    Cap. 43 — Transformações pelo Serviço ao Próximo

19ª aula — Como Fazer as Nossas Auto-Avaliações
    Cap. 44 — Auto-Avaliação Periódica

20ª aula — O Que a Reforma Íntima Realizará em Você
    Cap. 46 — O Processo de Mudança Interior
    Cap. 47 — O Mecanismo das Transformações

21ª aula – Conclusão
V Parte – Conclusão

RESUMO DO PROGRAMA – A

As Bases da Reforma Íntima:	3 aulas
A Eliminação dos Vícios:	2 aulas
O Combate aos Defeitos:	3 aulas
O Cultivo das Virtudes:	5 aulas

Práticas: Auto-Análise
        Programação
        Trabalho Íntimo
        Desenvolvimento da Vontade
        Serviços ao Próximo
        Auto-Avaliações

Total:	6 aulas
Conseqüências e Conclusões:	2 aulas
Total de aulas	21 aulas

Tempo Previsto: 5 meses

COMO CONDUZIR O PROGRAMA DE APLICAÇÃO – A

I. – Individualmente

    a) Ler os capítulos mencionados para cada aula, recorrer às fontes das citações feitas no início dos mesmos, grifando os aspectos, frases ou narrações que mais lhe chamarem a atenção ou que se refiram mais de perto às suas próprias experiências e aspirações.
       Preencher, quando for o caso, os testes ou questionários de auto-avaliações.

    b) Resumir as conclusões tiradas da leitura e dos testes de auto--avaliação, relacionando por escrito, numa ordem de seqüência, o que deve ser observado na prática individual, como trabalho a desenvolver intimamente.

    c) Fixar o que ficou anotado no resumo como algo a ser atingido, memorizando com firmeza para lembrar no transcurso da semana seguinte.

Material Didático Necessário

Um dos livros mencionados para leitura de uma página evangélica. *O Livro dos Espíritos* e *O Evangelho Segundo o Espiritismo*, de Allan Kardec.
O livro *Manual Prático do Espírita*.
Um caderno para anotações dos resumos das conclusões e das observações consideradas importantes.
Uma caderneta individual para anotações das auto-avaliações periódicas.

Observação: No caderno dos resumos das conclusões é recomendável indicar para cada reunião o que segue:

Dia: ... / ... / ...   Hora de início: ....
                        Hora do término: ....
Página evangélica lida: ....
Aula do programa de aplicação: ....
Pessoas presentes: ....

Resumo das conclusões:
1º ....
2º ....
3º ....
4º ....

II — Em Grupos Pequenos de Até Aproximadamente 20 Pessoas

a) Leitura, distribuindo-se trechos de cada capítulo e as citações no início dos mesmos entre os presentes, de modo que todos se familiarizem com a participação, começando pela leitura da matéria a ser aplicada.

b) Discussão, no grupo, do assunto lido, feita sobre um capítulo por vez, e sobre as fontes das citações apresentadas no início dos mesmos, com a colaboração de todos os presentes, que podem ser convidados nominalmente a externar suas idéias a respeito. Quando houver, cada um poderá preencher em seguida os testes ou questionários de auto-avaliação, por alguns minutos, em caráter pessoal.

c) Num sistema de rodízio, um por vez, por capítulo discutido, poderá fazer um resumo das conclusões importantes sobre o que foi lido e discutido, como também sobre os testes de auto-avaliação preenchidos.

d) Cada participante poderá anotar, em seu caderno, essas conclusões, relacionando desse modo o que deverá ser observado na prática individual, como trabalho a desenvolver intimamente, fixando e memorizando com firmeza, para aplicar no transcurso da semana seguinte.

Material Didático Necessário
O mesmo indicado acima para cada um dos integrantes do grupo.

III — **Em Grupos Maiores, com mais de 30 Pessoas**
   a) Distribuir, entre os integrantes do grupo, dentro de uma programação prévia, os capítulos a serem antecipadamente estudados e posteriormente apresentados aos demais, expondo-se, então, do que trata os mesmos, dentro de um Plano de Aula, elaborado conforme esquema sugerido adiante.

   b) Havendo dificuldades iniciais para a indicação de expositores entre os próprios integrantes do grupo, ou mesmo com o intuito de provocar maior motivação do assunto, poderão ser periodicamente escalados alguns elementos de reconhecida aptidão para fazer a apresentação da matéria programada por aula.

   c) Após a apresentação da aula, de preferência de forma dinâmica estimulando-se a reflexão e a participação dos componentes do grupo, poderá o auditório ser dividido em quatro ou seis equipes de seis a doze pessoas cada, que se agruparão, no próprio local, para discutir o assunto apresentado, tendo a incumbência de responder duas ou três perguntas diferentes sobre a matéria dada, propostas pelo expositor. A cada duas equipes serão solicitadas as mesmas perguntas, de modo a criar um clima de competição entre os subgrupos.
   Quando houver testes ou questionários de auto-avaliação a serem preenchidos, devem ser os mesmos feitos nessa ocasião, no âmbito das equipes, quando também serão os mesmos discutidos e resumidas as conclusões.

   d) Cada equipe terá um elemento escolhido para apresentar, em alguns minutos, as respostas das perguntas formuladas, bem como sumarizar as conclusões sobre os testes, quando for o caso.

e) Cada participante poderá anotar em seu caderno as respostas e as conclusões, relacionando desse modo o que deverá ser observado na prática individual, como trabalho a desenvolver intimamente, fixando e memorizando com firmeza, para aplicar no transcurso da semana seguinte.

Material Didático Necessário

O mesmo indicado acima para cada um dos integrantes do grupo.

Observação: Quando forem constituídos os grupos, tanto no caso II quanto no III, pressupõe-se a designação de um coordenador e de um secretário que deverão conduzir as atividades, bem como o necessário controle escolar, ou seja:

- relacionar os participantes num Diário de Classe;
- controlar a freqüência;
- anotar aulas estudadas, data, expositor, resumos;
- anotar coisas relativas à colaboração dos participantes;
- arquivar em pastas os Planos de Aula, para deles se utilizar em outras ocasiões.

Esquema para Elaboração dos Planos de Aula

Os Planos de Aula poderão ser preparados pelos expositores conforme esquema abaixo:

1. **Aula, Assunto, Tema**

    1.1. TÍTULO: _____
    1.2. CURSO, ESCOLA: _____
    1.3. Nº: _____

2. **Estudo e Pesquisa Bibliográfica**

    2.1. OBRAS BÁSICAS DA CODIFICAÇÃO (ALLAN KARDEC) — (livros, capítulos):

    _____
    _____
    _____

2. 2. OBRAS COMPLEMENTARES (livros, autores, capítulos):

_____
_____
_____
_____

3. **Indicar os Objetivos do Assunto**

   3. 1. A que se propõe: _____
   _____

   3. 2. Objetivo essencial a ser destacado: _____
   _____

   3. 3. Conseqüências práticas individuais: _____
   _____

   3. 4. Conseqüências práticas sociais: _____
   _____

4. **Como Apresentar o Assunto**

   4. 1. A quem será transmitido: _____
   _____

   4. 2. Como motivar: _____
   _____

   4. 3. Exemplos práticos como ilustração: _____
   _____

   4. 4. Como obter a criatividade e a reflexão dos ouvintes: _____
   _____

   4. 5. Como obter a participação e a contribuição dos ouvintes:
   _____
   _____

5. **Recursos Didáticos a Utilizar**

   5. 1. Cartazes, quadro-negro, etc.: _____
   _____

   5. 2. Projeções: _____

6. **Avaliação do Aproveitamento**
   6. 1. Distribuição de testes ou questionários: _____
   _____

   6. 2. Perguntas aos ouvintes: _____
   _____

7. Roteiro e Seqüência da Aula – Resumo

1. _____
2. _____
3. _____
4. _____
5. _____
6. _____
7. _____
8. _____
9. _____
10. _____

Observação: Utilize folhas anexas para desenvolver por escrito a matéria da aula em maiores detalhes.

Data: _____ / _____ / _____
Preparador do plano de aula: _____
Endereço: _____
Bairro: _____ CEP: _____ Telefone: _____

O Que se Espera dos Praticantes

Obviamente, a aplicação desse trabalho é livre a qualquer pessoa interessada em experimentar os seus efeitos, até mesmo pòr mera curiosidade. No entanto, admitimos, por decorrência natural, que os iniciantes ainda não familiarizados com as proposições que a Doutrina Espírita apresenta, em termos de transformações íntimas, estarão certamente nela adentrando pela via prática, sem inteirar-se completamente do que a mesma consiste como um todo científico-filosófico-religioso.

Em caráter geral, entendemos que para quem estiver amadurecido, ou constituir-se em terreno fértil, o estudo e a aplicação prática do Espiritismo transcorrerá naturalmente como algo familiar e espontaneamente aceito. Espera-se, então, do praticante que se inicia, além da dose de boa vontade persistente, o estudo complementar da Doutrina Espírita, começando pelas obras básicas, escritas por Allan Kardec. Como seguem:

> *O Livro dos Espíritos*
> *O Evangelho Segundo o Espiritismo*
> *O Livro do Médiuns*
> *A Gênese*
> *O Céu e o Inferno*
> *Obras Póstumas*

Precisamente, não só para fundamentar cada assunto como também para estimular esse estudo complementar, é que inserimos, no início de cada capítulo, uma citação de Allan Kardec. Recomendamos aos amigos praticantes que busquem as fontes citadas, e mesmo de modo fragmentado comecem a ler aqueles capítulos correspondentes, compondo aos poucos o mosaico doutrinário e armando no seu entendimento a estrutura espírita. "Conhecereis a verdade, e a verdade vos libertará", ensinou-nos o Mestre Jesus...

IV.2. 2. PROGRAMA DE APLICAÇÃO – B

PARA A PRÁTICA EM GRUPOS DE ESTUDOS JÁ CONSTITUÍDOS
EM GRUPOS FAMILIARES – EVANGELHO NO LAR
NAS ESCOLAS DE APRENDIZES DO EVANGELHO

1ª aula — Como Conhecer-se a Si Mesmo
        Cap. 4 – Como Conhecer-se
        Cap. 5 – O Conhecer-se no Convívio com o Próximo
        Cap. 6 – O Conhecer-se pela Dor
        Cap. 7 – O Conhecer-se pela Auto-Análise
        Cap. 8 – Faça sua Avaliação Individual – O Conhecimento de Si Mesmo

2ª aula — Como Eliminar os Vícios Comuns
        Cap. 9 – Os Vícios
        Cap. 10 – Fumar é Suicídio

　　　　　　　Cap. 11 – Os Malefícios do Álcool
　　　　　　　Cap. 12 – Os Malefícios do Jogo
　　　　　　　Cap. 13 – Os Malefícios da Gula
　　　　　　　Cap. 14 – Os Malefícios dos Abusos Sexuais

3ª aula – Como Combater os Defeitos
　　　　　Cap. 15 – Os Defeitos
　　　　　Observações:
　　　　　　　1. – Citar de forma geral os defeitos abordados nos capítulos 16 a 22.
　　　　　　　2. – Deter-se um pouco mais nos defeitos: Orgulho, Agressividade e Maledicência.

4ª aula – Como Reconhecer Reminiscências e Tendências
　　　　　Cap. 23 – Reminiscências e Tendências

5ª aula – As Virtudes a Serem Cultivadas (I)
　　　　　Cap. 24 – As Virtudes
　　　　　Cap. 25 – Humildade, Modéstia, Sobriedade
　　　　　Cap. 26 – Resignação

6ª aula – As Virtudes a Serem Cultivadas (II)
　　　　　Cap. 29 – Afabilidade e Doçura
　　　　　Cap. 31 – Perdão
　　　　　Cap. 32 – Brandura, Pacificação

7ª aula – Como Fazer uma Auto-Análise
　　　　　Cap. 39 – Um Método Prático de Auto-Análise

8ª aula – Como Programar a Nossa Reforma Íntima
　　　　　Cap. 40 – Como Programar as Transformações

9ª aula – Como Trabalhar Intimamente
　　　　　Cap. 41 – Como Trabalhar Intimamente

10ª aula – Como Desenvolver a Vontade
　　　　　 Cap. 42 – Como Desenvolver a Vontade

11ª aula — Transformações pelo Serviço ao Próximo
Cap. 43 — Transformações pelo Serviço ao Próximo

12ª aula — Como Fazer as Nossas Auto-avaliações
Cap. 44 — Auto-avaliações Periódicas

Recomendações:

1. Dentro de um Programa de Estudo já elaborado e em andamento, a cada quatro ou cinco aulas poderá ser encaixada uma aula do Programa de Aplicação — B.
2. Embora a seqüência do Programa de Aplicação — B seja sugerida numa ordem natural de assuntos, a mesma poderá ser alterada dentro das necessidades que possam aparecer.
3. Dentro do Programa de Estudo adotado nas Escolas de Aprendizes do Evangelho, com duração de dois anos e meio, as aulas do Programa de Aplicação — B poderão ser dadas nas aulas de revisão, previstas ou incluídas após cada seis aulas do Programa de Estudo.

COMO CONDUZIR O PROGRAMA DE APLICAÇÃO — B

Consideraremos as mesmas condições indicadas para o Programa de Aplicação — A, relativamente ao número de integrantes do grupo, isto é: II — grupos pequenos de até 20 pessoas, e III — grupos maiores com mais de 30 pessoas.

As mesmas recomendações antes expressas em II e em III poderão ser seguidas para o Programa de Aplicação — B, assim como o Material Didático necessário.

ROTEIRO E SEQÜÊNCIA DAS AULAS PARA O PROGRAMA DE APLICAÇÃO — B

Elaboramos, como sugestão, os Roteiros das Aulas, com a seqüência dos assuntos a serem comentados, para as doze aulas do Programa de Aplicação — B, que a seguir apresentamos isoladamente:

1ª aula — Como Conhecer-se a Si Mesmo

Item 1. Qual o meio prático mais eficaz para se melhorar nesta vida e resistir ao arrastamento do mal?

– Um sábio da Antiguidade vos disse:
"CONHECE-TE A TI MESMO".

(Allan Kardec. *O Livro dos Espíritos*. Pergunta 919.)

Comentários:

a) Por que "Conhecer-se a si mesmo" é o meio prático mais eficaz para melhorar intimamente?
b) Que tipo de prática será essa?

(Colocar uma pergunta por vez, fazendo reflexões sobre aspectos práticos, estimulando os alunos a trazerem algumas contribuições.)

Item 2. O que manifestamos inconscientemente, sem às vezes pensar ou refletir? Quais os conflitos que nos provocam essas manifestações?
Impulsos, desejos, paixões, emoções, sentimentos.
Intrigas, inimizades, separações, ódios, vinganças, aflições.

(Fazer uma pergunta por vez e, antes de dar a resposta, perguntar aos ouvintes o que acham a respeito.)

Comentários:

a) Por que não conseguimos refrear os nossos impulsos?
b) O que está no inconsciente pode chegar ao consciente?
c) O homem que age muito de forma inconsciente está mais próximo ou mais distante dos seres irracionais?
d) O esforço de melhorar poderá ser realizado de forma inconsciente?

(Colocar uma pergunta por vez, animando os alunos a darem suas respostas e comentando o que eles disserem.)

Item 3. Como a vida nos ensina a conhecer a nós mesmos?

No convívio com o próximo, quando transgredimos os limites de nossa liberdade e direitos.

Pelo sofrimento que nos desperta e nos faz refletir.

Quando conduzimos deliberadamente a nossa reflexão.
(Colher as idéias dos alunos antes de apresentar as respostas.)

Comentários:

a) Citar algumas situações no convívio familiar, no ambiente de trabalho e no relacionamento com a sociedade, em que somos levados a colher os resultados dos nossos abusos e transgressões.

b) Colocar exemplos em que os momentos dolorosos e penosos nos possam levar a transformações íntimas.

c) De que modo podemos conduzir pela própria vontade a reflexão ou análise de alguma situação que nos tenha atingido intimamente?

(Trabalhar com os participantes sobre exemplos práticos trazidos por eles mesmos.)

Item 4. Faça sua Avaliação Individual — Preencher Questionários:

(Distribuir para ser preenchido em classe. Solicitar que sejam analisadas as respostas e tiradas as conclusões, individualmente.)

Os questionários poderão ser recolhidos pelo expositor ou pelo coordenador do grupo, que os analisará e até poderá fazer algumas recomendações esclarecedoras para cada aluno, na própria folha do teste.

Na aula seguinte do próprio Programa de Estudo em andamento, o coordenador do grupo poderá fazer uma abordagem geral, sem descer a particularidades pessoais, no intuito de dinamizar o "conhecimento de si mesmo" entre os alunos.

As folhas dos questionários preenchidos e analisados deverão ser devolvidas aos seus donos.

2ª aula — Como Eliminar os Vícios Comuns

Item 1. "Entre os vícios, qual o que podemos considerar radical?
— Já o dissemos muitas vezes: o egoísmo. Dele se deriva todo o mal. Estudai todos os vícios e vereis que no fundo de todos existe o egoísmo..."

(**Allan Kardec**. *O Livro dos Espíritos*. Pergunta 913.)

Comentários:

a) Como podemos identificar em nós mesmos as manifestações de egoísmo?
b) O que são vícios?
c) De que forma a nossa imaginação participa quando contraímos algum vício?
d) Como entender as tentações?

(Colocar uma pergunta por vez, movimentando entre os alunos suas opiniões sobre as mesmas e comentando-as.)

Item 2. Quais os vícios mais comuns?
O Fumo
O álcool
O Jogo
A gula
Os abusos do sexo

(Solicitar aos presentes a indicação das respostas.)

Comentários:
a) Quais os prejuízos do fumo?
b) Quais os prejuízos do álcool?
c) Quais os prejuízos do jogo?
d) Quais os prejuízos da gula?
e) Quais os prejuízos dos abusos sexuais?

(Obter os comentários dos alunos para depois arrematá-los, complementando com o que achar adequado.)

(Fazer uma pergunta por vez aos alunos, animando-os a respondê-las. Tecer comentários conclusivos sobre o item.)

Item 3. Faça sua avaliação Individual — Preencher os Questionários:
Vícios
Fumo
Álcool
Jogo
Gula
Abusos Sexuais

Distribuir para serem preenchidos em classe. Solicitar que sejam analisadas as respostas e tiradas as conclusões de cada um.

Os questionários poderão ser recolhidos pelo expositor ou pelo coordenador do grupo, que os analisará e até poderá fazer algumas recomendações esclarecedoras para cada aluno, na própria folha do teste.

Na aula seguinte do próprio Programa de Estudo em andamento, o coordenador do grupo poderá fazer uma abordagem geral, sem descer a particularidades pessoais, no intuito de dinamizar o "como eliminar os vícios comuns" entre os alunos.

As folhas dos questionários preenchidos e analisados deverão ser devolvidas a seus donos.

3ª aula — Como Combater os Defeitos

Item 1. "O egoísmo se funda na importância da personalidade; ora, o Espiritismo bem compreendido, repito-o, faz ver as coisas de tão alto que o sentimento de personalidade desaparece de alguma forma, perante a imensidade. Ao destruir essa importância, ou pelo menos ao fazer ver a personalidade naquilo que de fato é, ele combate necessariamente o egoísmo."

(**Allan Kardec.** *O Livro dos Espíritos.* Pergunta 917.)

Comentários:

a) Por que o verdadeiro sábio desconhece que o é? Quais seriam os reais valores que podemos guardar?
b) Quase sempre somos orgulhosos e vaidosos, será isso resultado da importância que nos damos?
c) Que imensidade será essa, na qual desaparece o sentimento de personalidade?

(Fazer uma pergunta por vez aos alunos, animando-os a respondê-las. Tecer comentários conclusivos sobre o item).

Item 2. Como devemos iniciar a batalha contra os nossos defeitos?
— Procurando conhecer como eles se manifestam em nós.
(Antes de responder, saber dos alunos o que acham a respeito).

Comentários:

a) Quais os defeitos mais evidentes a serem citados?
b) De que modo podemos identificá-los?

c) Já sentiu-se entristecido por algum erro cometido? Nesse caso, descobriu o que lhe levou a cometê-lo?

(Levar as perguntas para os alunos responderem, uma por vez e desenvolver comentários complementares.)

Item 3. Apenas o conhecimento dos defeitos basta para deles nos libertar?

— Embora seja o começo da empreitada, o diagnóstico dos nossos males, só com o esforço em seguir a medicação prescrita conseguiremos sarar.

(Colocar a pergunta para os alunos e trabalhar com eles sobre as respostas dadas.)

Comentários:

a) Depois de identificadas as manifestações dos defeitos em nós, qual será o passo seguinte?
b) O exame dos defeitos como poderá ser feito?

(Procurar que os alunos respondam e depois fazer as conclusões como meios a serem adotados na prática.)

Item 4. Faça sua Avaliação Individual — Preencher Questionário:

(Distribuir para ser preenchido em classe. Solicitar que analisem depois as próprias respostas. Deixar em poder dos alunos.)

Item 5. Teste da Maledicência e Auto-avaliação do Ódio:

(Distribuir para ser preenchido em classe e se não houver tempo o farão em casa. Solicitar que sejam analisadas as respostas e tiradas as próprias conclusões.)

Os questionários poderão ser recolhidos pelo expositor ou pelo coordenador do grupo que os analisará e até poderá fazer algumas recomendações esclarecedoras para cada aluno, na própria folha do teste.

Na aula seguinte do próprio Programa de Estudo em andamento, o coordenador do grupo poderá fazer uma abordagem geral, sem descer a particularidades pessoais, no intuito de dinamizar o "como combater os defeitos", entre os alunos.

As folhas dos questionários preenchidos, analisadas, deverão ser devolvidas aos seus donos.

4ª aula — Como Reconhecer Reminiscências e Tendências

Item 1. "As tendências instintivas do homem, sendo uma reminiscência do seu passado, segue-se que, pelo estudo dessas tendências, ele poderá conhecer as faltas que cometeu?

— Sem dúvida, até certo ponto, mas é necessário ter em conta a melhora que se possa ter operado no Espírito e as resoluções que ele tomou no seu estado errante. A existência atual pode ser muito melhor que a precedente."

(Allan Kardec. *O Livro dos Espíritos*. Pergunta 398.)

Fazer a pergunta para os alunos, solicitando deles a definição de:

O que são tendências?
O que são reminiscências?

Comentários:

a) As aptidões musicais são tendências que trazemos de outras existências?
b) As predileções por algumas áreas do conhecimento podem ser resultantes de aquisições do passado?
c) As animosidades ou antipatias, as intolerâncias ou implicâncias, entre irmãos, entre pais e filhos, podem indicar reminiscências de inimizades reencarnatórias?

(Levar uma pergunta por vez, deixando as respostas aos alunos; solicitar outros exemplos deles mesmos, que possam caracterizar tendências e reminiscências.)

Item 2. O que faz o espírito, antes de reencarnar-se, visando à própria melhoria?

— Antes da reencarnação, nós mesmos, em plenitude de responsabilidade, analisamos os pontos vulneráveis da própria alma, advogando em nosso próprio favor a concessão dos impedimentos físicos que, em tempo certo, nos imunizam, ante a possibilidade de reincidência nos erros em que estamos incursos.

(**Emmanuel**. *Leis de Amor*. Capítulo I. Causas Espirituais das Doenças. Pergunta 5.)

(Colocar a pergunta; situar um exemplo figurativo de alguém que foi em vida comprometido com o vício e que, na Espiritualidade, prepara-se para reencarnar. Que desejaria ele para melhor aproveitar sua próxima existência?)

Comentários:

a) A mente invigilante pode instalar doenças no organismo?
b) O que pode, nessa própria vida, provocar doenças de causas espirituais?
(*Id., ibid.* Pergunta 12.)

Observação:
Movimentar as perguntas, situando exemplos como:
Imprudência, revolta, intolerância, agressividade podem causar doenças cardíacas, hepáticas e nervosas.
Ociosidade, desânimo, desmazelo, preguiça podem alojar parasitas destruidores e a falta de movimentação atrofia membros e órgãos.

Item 3. A caridade pode auxiliar na cura dos males humanos?

— O pensamento reto é o agente preservativo da saúde moral, como a caridade é a terapêutica de alívio e correção de todos os males.

(*Id., ibid.* Capítulo VII. O Tratamento das Doenças e o Espiritismo, Pergunta 9.)

(Apresentar a pergunta e deixar que surjam comentários sobre a caridade e a sua grande importância em nossa vida. Lembrar: por que razões Jesus estabeleceu "Fora da Caridade não há salvação?".)

Item 4. Apresentar o quadro das causas e efeitos para ser individualmente analisado, devendo cada aluno marcar os itens que se referem a si mesmos.

(Distribuir cópias para serem marcadas em classe pelos participantes.)

Comentários:
Com o quadro já marcado por todos, solicitar que cada um analise melhor cada item marcado e indague-se o que deverá fazer para se corrigir, se aprimorar, se conscientizar, vencendo as tendências e reminiscências das próprias imperfeições.

Os quadros poderão ser recolhidos pelo expositor ou coordenador do grupo, para os analisar e indicar algumas possíveis recomendações em benefício dos próprios alunos. Isso será feito na mesma folha.

Na aula seguinte do Programa de Estudo em andamento o coordenador do grupo poderá fazer uma abordagem geral, sem descer a particularidades pessoais, no intuito de dinamizar os esforços corretivos das "reminiscências e tendências" entre os alunos.

As folhas marcadas pelos integrantes e já analisadas deverão ser devolvidas.

5ª aula — **As Virtudes a Serem Cultivadas (I)**

Item 1. Qual a mais meritória de todas as virtudes?

— Todas as virtudes têm o seu mérito, porque todas são indícios de progresso no caminho do bem. Há virtude sempre que há resistência voluntária ao arrastamento das más tendências; mas a sublimidade da virtude consiste no sacrifício do interesse pessoal para o bem do próximo, sem segunda intenção. A mais meritória é aquela que se baseia na caridade mais desinteressada.

(Allan Kardec. *O Livro dos Espíritos.* Pergunta 893.)

(Apresentar a pergunta aos alunos para que tentem falar o que pensam a respeito.)

Comentários:

a) O que valoriza em cada um e faz aumentar o seu mérito nas virtudes praticadas? (O amor com que as praticamos.)
b) O que significa resistir voluntariamente ao arrastamento das más tendências? Citar exemplos.
c) O que compreende o sacrifício próprio em favor do próximo sem segunda intenção? Citar exemplos. (Abnegação, renúncia, devotamento.)
d) Qual o sentido de caridade?

Esmola pode ser caridade? Quando?
Um gesto pode ser caridade? Quando?
Uma palavra pode ser caridade? Quando?

Observações:
1. Conduzir cada pergunta por vez, colocadas para os ouvintes.
2. Dinamizar as respostas deles.
3. Pedir-lhes exemplos.

Item 2. Está ao alcance de qualquer um praticar virtudes?
— Sim, todos estão em condições, qualquer que seja a situação em que se encontrem, de praticar virtudes.

(Fazer a pergunta para os alunos, deixando a eles a resposta.)

Comentários:
a) É difícil praticar as virtudes?
b) Ser virtuoso implica em ser perfeito?
c) O desejo de ser melhor é virtude? (O desejo apenas é o começo, o que vale são as realizações.)
d) Quais são as características fundamentais das virtudes?

Observações:
1. Fazer as perguntas aos alunos.
2. Recolher deles as respostas.
3. Concluir que todos nós temos necessidade de cultivar virtudes, praticando-as.

Item 3. Como se pode ser humilde, modesto, sóbrio? (Retirar do capítulo 25 as características indicadas.)

Observações:
1. Obter dos alunos as idéias a respeito.
2. Solicitar-lhes exemplos.
3. Indagar se haveria dificuldades em praticá-la.

Item 4. Como se pode ser resignado? (Retirar do capítulo 26 as características indicadas.)

Observações:
1. Obter dos alunos o que pensam a respeito.
2. Solicitar-lhes exemplos.
3. Saber das dificuldades na prática.

6ª aula — As Virtudes a Serem Cultivadas (II)

Item 1. Como vivenciar Afabilidade e Doçura?

(Reportar-se ao capítulo 29.)

Comentários:

a) Entende que a afabilidade e a doçura são formas de manifestação da benevolência, fruto do amor ao próximo? Por quê?
b) Podemos aparentar socialmente afabilidade sem a sentirmos de coração? Isso tem algum valor?
c) Como é ser afável? Cite algumas situações em que podemos ser afáveis de coração.

Observações:
1. Desenvolver com os alunos as respostas às perguntas feitas.
2. Procurar exemplificar com casos e situações.
3. Conscientizar que as pequenas dificuldades de aplicação podem ser vencidas.

Item 2. Como perdoar sempre?

(Reportar-se ao capítulo 31.)

Comentários:

a) O que nos impede de perdoar sempre? (O nosso orgulho.)
b) A visão estreita da grandiosidade da Criação seria uma explicação para as nossas reações tão personalistas e inflexíveis?
c) Exemplifiquemos algumas situações em que podemos exercitar o perdão.

Observações:
1. Trabalhar com os alunos nas respostas dadas por eles mesmos.
2. Procurar mostrar exemplos práticos na vida diária.
3. Conscientizar que as dificuldades de perdoar devem ser superadas com nosso esforço.

Item 3. Como reagir com brandura e pacificação num mundo de violências e agressões?

(Referir-se ao capítulo 32.)

Comentários:

a) Por que reagimos freqüentemente com violência aos que nos agridem?
b) Será a falta do conhecimento da nossa destinação evolutiva, o motivo de permanecermos em conflitos?
c) Podemos colaborar nas mudanças dos sentimentos humanos? Como?
d) Exemplifiquemos algumas situações em que podemos ser brandos e pacíficos.

Observações:
1. Movimentar com os alunos as respostas às perguntas feitas.
2. Buscar ilustrar com exemplos comuns.
3. Concluir que para transformar o mundo de violência cada um deve colaborar com a sua parte, praticando a brandura e a pacificação.

Item 4. Faça a sua Avaliação Individual — Prática:

Numa folha de papel, ou mesmo num caderno separado, pode-se solicitar dos alunos que façam em classe sua própria avaliação por alguns minutos, posicionando-se em relação a cada uma das virtudes estudadas.

As auto-avaliações poderão ser recolhidas para análise pelo expositor ou pelo coordenador do grupo, devolvendo-as depois, na aula seguinte, com algumas recomendações esclarecedoras e úteis.

7ª aula — Como Fazer uma Auto-Análise

Item 1. Quais as fases do método de auto-análise sugerido?

Resposta:

1ª fase: Preparação
2ª fase: Sintonia espiritual
3ª fase: Reflexão
4ª fase: Detalhamento
5ª fase: Renovação

(Basear-se no capítulo 39.)

Comentários:

a) Quando aplicaríamos a auto-análise?
b) Podemos nos auto-analisar sem que alguma ocorrência marcante nos leve a fazê-la? Quando? (Diariamente, como o fez Santo Agostinho.)
c) Em que consiste cada fase do método de auto-análise sugerido? (Ver capítulo 39.)

Observações:

1. Comentar a experiência de Santo Agostinho, apresentada na resposta à pergunta 919-a do *Livro dos Espíritos*.
2. Obter dos alunos suas idéias sobre as respostas às perguntas a) e b).
3. Ensinar o método explicando como seguir cada fase do mesmo.

Item 2. Escolha individual de uma situação vivida para aplicação do método de auto-análise.

Observações:

1. Solicitar aos alunos que tomem papel e caneta para fazer anotações.
2. Levá-los a um retrospecto, na semana transcorrida, dia por dia, fazendo-os localizar algum acontecimento que tenham vivido com impulsos íntimos que devam ser corrigidos.
3. Caso tenham individualmente alguma situação vivida anteriormente à semana que passou e que seja importante analisar, poderá ser a mesma utilizada.

Item 3. Prática individual do método de auto-análise.

Procedimento:

1º Conduzir os alunos à 1ª fase — Preparação — conforme ensinado;
2º Conduzi-los à 2ª fase — Sintonia Espiritual —, como já conhecido;
3º Fazer, sobre o acontecimento que cada um escolheu, a aplicação da 3ª fase — **Reflexão** — que, individualmente, os alunos elaborarão em silêncio;
4º Levá-los agora à 4ª fase — Detalhamento em que cada um responderá a si mesmo, anotando:

a) O que deu origem ao acontecimento?
b) Quais os impulsos íntimos vividos?
c) Quais os motivos ou as causas que geraram os acontecimentos?
d) Quais as conseqüências provocadas?

5º Conduzi-los, agora, a verificar se estão intimamente dispostos a se renovarem, ou seja, a trabalhar para se corrigirem, iniciando a 5ª fase — Renovação;

6º Pedir aos próprios alunos que relacionem, agora, o que devem fazer para se corrigir, tomando como metas a seguir.

Item 4. O que acharam da experiência?

Comentários:

a) Quais as dificuldades encontradas?
b) Seguiram bem fase por fase?
c) Poderão repetir a prática sozinhos?

Observações:

1. Obter uma avaliação da prática realizada com os alunos.
2. Conhecer as dificuldades comuns para aprimorar a prática que deverá ser feita depois pelos alunos isoladamente.
3. Motivar os alunos a repetir sempre a prática, sozinhos em casa.

8ª aula — Como Programar a Nossa Reforma Íntima

Item 1. Podemos dirigir os nossos esforços de auto-aprimoramento com maior eficiência?

Resposta:

— Sim, aplicando os mesmos com disciplina, estabelecendo nossas metas a cumprir, dentro das próprias possibilidades.

(Antes de responder, obter as impressões dos alunos sobre a pergunta feita.)

Comentários:

a) Quais as metas básicas a serem alcançadas no trabalho de auto-aprimoramento? (Eliminar vícios, remover defeitos, cultivar virtudes.)

b) Como iniciar o trabalho de eliminar os vícios? (Preenchido o Quadro 1: Resumo dos Vícios.)
c) Que processo usaria para eliminar os vícios? (Fixando resultados progressivamente menores.)
d) Alguém já teve experiências reforçando a vontade com auto-sugestões?

Observações:

1. Movimentar com os alunos as respostas às perguntas feitas.
2. Deixar as metas estabelecidas.
3. Apresentar o Quadro 1 e o Quadro 2 do capítulo 40.
4. Comentar o método de fixar resultados progressivamente menores.
5. Indicar algumas auto-sugestões a serem usadas.

Item 2. Como combater, na prática, os nossos defeitos?

Comentários:

a) Como examinar os defeitos relacionados? (Observando-os isoladamente por 5 a 7 dias e respondendo às 15 perguntas indicadas no capítulo 40. Preenchendo o Quadro nº 4.)
b) Como podemos contar as ocorrências dos defeitos? (Veja no capítulo 40 — Preenchendo o Quadro nº 6.)
c) O que devemos nos propor na prática? (Diminuir sempre o número de ocorrências dos defeitos.)

Observações:

1. Dinamizar, entre os alunos, sugestões a serem utilizadas na prática.
2. Mostrar o método sugerido no capítulo 40 como uma alternativa.
3. Conscientizar que todos podem diminuir o número de ocorrências dos defeitos.
4. Sugerir, se desejarem, a aplicação individual do método apresentado.

Item 3. Como cultivar as virtudes, praticamente?

Comentários:

a) Para quais renovações devemos conduzir nosso esforço de aprimoramento?

b) Como fazê-lo na prática? (Substituindo os defeitos pelas virtudes que os correspondem. Exemplificar com o trabalho do lavrador.)

Observações:
1. Obter sugestões próprias dos alunos.
2. Mostrar que o processo discutido é de esforço mental e realizado com o sentimento.
3. Reforçar que todo indivíduo pode e deve cultivar virtudes.
4. Fixar o processo discutido com um método a seguir.

9ª aula — Como Trabalhar Intimamente

Item 1. "Não existem paixões de tal maneira vivas e irresistíveis, que a vontade seja impotente para as superar?

— Há muitas pessoas que dizem: 'Eu quero', mas a vontade está somente em seus lábios. Elas querem, mas estão muito satisfeitas que assim não seja. Quando o homem julga que não pode superar suas paixões, é que o seu Espírito nelas se compraz, por conseqüência de sua própria inferioridade..."

(Allan Kardec. *O Livro dos Espíritos*. Pergunta 911.)

Comentários:
a) Ninguém carrega um fardo maior do que pode suportar. Relacionar esse princípio com os defeitos que cada um tem.
b) Haverá algo tão irresistível que não possamos conter?
c) Como acontecem as lutas íntimas quando queremos controlar nossos desejos grosseiros?

(Colocar, cada comentário por vez, na forma de pergunta aos participantes, fazendo considerações sobre questões práticas, colhendo contribuições que os alunos façam.)

Item 2. Além da auto-análise, diante dos perigos, como trabalharmos intimamente?

Resposta:
— Aplicando a nossa energia e a nossa coragem para afastar os desejos e as tentações.

(Antes de dar a resposta, movimentar entre os freqüentadores as opiniões a respeito, procurando encaminhá-los ao sentido da resposta apresentada.)

Comentários:

a) Exemplifiquemos alguns meios e algumas ocasiões em que precisamos aplicar nossa energia corajosamente.
b) Como são as conversas com nós mesmos?
c) Já experimentou gritar mentalmente, sem articular palavras?

(Colher os exemplos citados pelos próprios assistentes, bem como as suas respostas. Enfeixar no final a necessidade de utilizarmos na prática.)

Item 3. O bom hábito de ler e orar pode nos auxiliar a sair dos envolvimentos aos quais estamos sujeitos?

Resposta:

— Sem dúvida, pois além de nos ampliar o entendimento, intensificam nossa sintonia com os planos mais elevados da Espiritualidade, que podem nos encorajar nas dificuldades.

(Antes de dar a resposta, solicitar dos presentes o que pensam a respeito e daí levá-los à necessidade de colocar em prática.)

Comentários:

a) Que tipo de leituras nos elevam?
b) Conhece os efeitos das orações emitidas com profundo amor?

(Movimentar com os alunos, buscando a contribuição deles nas respostas a serem dadas.)

Item 4. Até que ponto veremos concluída a nossa meta nesse objetivo de auto-remodelação?

Resposta:

— Até quando nossas reações e nossos hábitos refletirem naturalmente as construções íntimas do Evangelho, sem que para isso nos custe maiores esforços.

(Antes de citar a resposta, conseguir dos presentes as suas idéias a respeito da indagação.)

Comentários:

a) Poderemos, com o tempo, pelo trabalho constante, imprimir ao nosso espírito apenas impulsos benevolentes?

b) Quanto tempo leva para a isso chegarmos?
c) A que níveis de consciência precisamos atingir?

(Colocar uma pergunta por vez, dinamizando entre os assistentes suas respostas, evidenciando a necessidade da persistência, da paciência e da dedicação.)

10ª aula — Como Desenvolver a Vontade

Item 1. "O homem poderia sempre vencer as suas más tendências pelos seus próprios esforços?
— Sim, e às vezes com pouco esforço; o que lhe falta é a vontade. Ah, como são poucos os que se esforçam!"

(A. Kardec. *O Livro dos Espíritos*. Perg. 909.)

Comentários:

a) Haverá algum meio prático de dinamizar e fortalecer a nossa vontade?
b) Como entendemos o que seja "força de vontade"?
c) Acha que o esforço de algo realizar está ligado à vontade?

(Conseguir as respostas dos alunos, fazendo uma pergunta por vez, procurando identificar na prática as experiências individuais.)

Item 2. Num estudo mais direto como poderíamos compreender a vontade?

Resposta:

— Como um conjunto de fatores dinâmicos originados no "impulso" que para se concretizar requer "autodomínio", esse se fundamenta em nossa "deliberação" que requer "determinação" para, enfim, se revestir numa realização nas "ações."

(Antes de responder solicitar dos presentes as respostas conduzindo-as para os fatores indicados que podem ser identificados entre eles.)

Comentários:

a) Do "impulso" à "ação" como vencer sempre as más tendências?
b) A nossa motivação em lutar pelo auto-aprimoramento pode ser provocada? De que modo?

c) Acha que concentrar esforços num propósito é um dos meios para concretizá-lo?

(Movimentar com os alunos as respostas e colocar o que trata o cap. 42.)

Item 3. As idéias ou pensamentos de alguém podem nos induzir desejos ou necessidades. Será possível explorar os próprios pensamentos para estimular nossas realizações?

Resposta:

— Sim, pela auto-sugestão.

(Movimentar com exemplos apresentados pelos alunos, chegando-se à conclusão da resposta.)

Comentários:

a) Em que consiste a auto-sugestão?
b) Poderá ser indicado algum método para sua aplicação?
c) Cite alguns pensamentos que possamos nos auto-sugerir.

(Discutir as respostas com os assistentes, fazendo-os ver como aplicar em proveito deles.)

Item 4. *Faça Sua Avaliação Individual — Preencher Questionário*

(Distribuir para ser preenchido em classe. Solicitar que sejam analisadas as respostas e tiradas as conclusões de cada um.) Os questionários poderão ser recolhidos pelo expositor ou pelo coordenador do grupo que os analisará e até poderá fazer algumas recomendações esclarecedoras para cada aluno, na própria folha do teste.

Na aula seguinte do próprio Programa de Estudo em andamento, o coordenador do grupo poderá fazer uma abordagem geral, sem descer a particularidades pessoais, no intuito de dinamizar o "Como Desenvolver a Vontade" entre os alunos.

As folhas dos questionários preenchidos, analisadas, deverão ser devolvidas aos seus donos.

11ª aula — Transformações Pelo Serviço ao Próximo

Item 1. Qual o meio mais eficaz de se combater a predominância da natureza corpórea?

— Praticar a abnegação.

(**A. Kardec**, *O Livro dos Espíritos*. Perg. 912.)

Comentários:

a) Quais são as predominâncias da nossa natureza animal? (desejos, paixões, anseios, sentimentos possessivos.)
b) As paixões em sua natureza são prejudiciais ou úteis ao homem? (São o princípio natural do amor embrionário.)
c) O que entendemos por abnegação? (Ver definição no cap. 43.)
d) Por que praticar a abnegação é o meio mais eficaz de se combater a predominância corpórea? (Porque a abnegação se opõe ao egoísmo.)

Observações:

1. Apresentar as perguntas aos ouvintes obtendo deles suas próprias respostas;
2. Deixar claro o objetivo da abnegação como prática de combate aos exageros das paixões resultantes do egoísmo;
3. Estimular a prática da abnegação.

Item 2. Por que "Fora da Caridade Não Há Salvação?"

Resposta:

— Porque toda a moral de Jesus se resume na caridade e na humildade.

Comentários:

a) Por que a caridade é um dever para o homem? (É a própria condição para evoluir.)
b) Se em tudo que fizermos estiver presente em nós o espírito de caridade, jamais nos transviaremos. Concorda?
c) Quais as mudanças que a caridade praticada pode realizar em nosso íntimo? (Ver capítulo 43.)

Observações:

1. Fazer as perguntas para recolher o que pensam a respeito os alunos;
2. Enfatizar a caridade em tudo que fizermos;

3. Mostrar o caminho da caridade como indispensável para nossas transformações íntimas;
4. Salientar bem que a caridade começa dentro de casa.

Item 3. Os Campos de Serviço ao Próximo — Questionário.

Observações:

1. Distribuir entre os alunos a Relação de Serviços ao Próximo indicada no cap. 43 para ser preenchida;
2. Apresentar comentando as opções que a Relação indica;
3. Sugerir iniciar com um estágio nas atividades que cada um sente inclinação;
4. Orientar os interessados, encaminhando-os devidamente, em coordenação com os setores de trabalho no próprio Centro Espírita ou de outros locais conhecidos.

12ª aula — Como Fazer as Nossas Auto-Avaliações:

Item 1. Por que sinais se pode reconhecer no homem o progresso real que deve elevar o seu Espírito na hierarquia espírita?

— O Espírito prova a sua elevação quando todos os atos da sua vida corpórea constituem a prática da lei de Deus, e quando compreende por antecipação a vida espiritual.
(A. Kardec. *O Livro dos Espíritos*. Perg. 918.)

Comentários:

a) Por quais razões, de quando em quando devemos verificar a nossa situação íntima?
b) Acha que é nossa obrigação tornarmo-nos progressivamente melhores?
c) De que modo podemos fazer na prática essas verificações?
d) De quanto em quanto tempo devemos nos examinar retroativamente?

Observações:

1. Colocar as perguntas, incluindo a inicial de nº 918, para os alunos apresentarem suas impressões;
2. Colher subsídios entre os próprios alunos para depois sugerir a prática da auto-avaliação ao menos cada mês.

Item 2. *Auto-avaliações na prática* — *Treinamento Individual* — *Procedimento:*
1. Solicitar dos alunos que tomem papel e caneta para fazer anotações;
2. Recomendar que se detenham alguns minutos para o exame de:
— Quais os resultados obtidos até hoje no combate aos vícios?
(Utilizar-se dos Quadros nºs: 2 e 3 do Capítulo 40.)
3. Após os exames introspectivos, indicar aos alunos para realizarem as anotações das observações.
4. Recomendar agora que analisem por alguns minutos;
— Quais os resultados obtidos até hoje no combate aos defeitos?
(Utilizar-se dos Quadros nºs: 4 e 5 do Capítulo 40.)
5. Indicar para que eles façam as anotações referentes aos defeitos.
6. Conduzir os alunos para fazerem a apuração própria das verificações e anotarem as conclusões tiradas do que precisam desenvolver para a obtenção de melhores resultados:
— estabelecer novas metas.

Item 3. Como utilizar a Caderneta Pessoal?
Procedimento:
1. Estabelecer o período das auto-avaliações;
2. Separar as páginas como indicado no cap. 44;
3. Fazer as auto-avaliações e anotar os resultados do combate aos vícios dentro da periodicidade estabelecida;
4. Fazer as auto-avaliações e anotar os resultados do Combate aos Defeitos dentro da periodicidade estabelecida;
5. Fazer as auto-avaliações e anotar o que tem realizado como Serviços Prestados ao Próximo.

Item 4. O que acharam da experiência?

Comentários:

a) Quais as dificuldades encontradas?
b) Seguiram bem etapa por etapa?
c) Poderão repetir a prática sozinhos?

Observações:

1. Obter uma avaliação da prática realizada com os alunos;

2. Conhecer as dificuldades comuns para aprimorar a prática que deverá ser feita depois pelos alunos isoladamente;
3. Motivar os alunos para praticarem o processo individualmente em casa.

Para o expositor recolher subsídios dos assistentes ou alunos, sobre o assunto apresentado, e daí procurar aperfeiçoar sempre a forma de exposição e aumentar o aproveitamento da matéria dada, recomendamos, sempre que possível, distribuir o TESTE DE AVALIAÇÃO DO APROVEITAMENTO como adiante indicado.

Avaliação do Aproveitamento da Aula:

Aula, Assunto, Tema: _____
Curso, Escola: _____
Data.: _____ / _____ / _____   Expositor: _____
Grupo, Centro, Instituição: _____

Marque com um "X" a resposta correspondente à sua opção:

1. Acha que o assunto apresentado lhe trouxe alguma contribuição para o seu próprio esclarecimento?
   Sim ( )   Não ( )   Mais ou Menos ( )
2. O assunto tratado foi desenvolvido com clareza?
   Sim ( )   Não ( )   Mais ou Menos ( )
3. Sentiu-se interessado no assunto durante toda a exposição?
   Sim ( )   Não ( )   Mais ou Menos ( )
4. Sua participação na exposição do assunto foi:
   Passiva Negativa ( )   Atuante Positiva ( )
   Passiva Positiva ( )   Atuante Negativa ( )
   Indiferente ( )
5. Qual o seu grau anterior de informação sobre o assunto?
   Desinformado ( )   Mal-Informado ( )   Bem Informado ( )
6. Que tipo de reação o assunto lhe provocou?
   Reflexão sobre si mesmo ( )
   Preocupação em aplicá-lo ( )
   Satisfação de alguma descoberta ( )
   Desinteresse ou sonolência ( )
   Dúvida ou descrédito ( )
   Desejo de aprofundar-se ( )

7. Quais as críticas que faz à forma de apresentação do assunto:
   a) _____
   b) _____
   c) _____

IV.2. 3. — PROGRAMA DE ESTUDO E APLICAÇÃO DO ESPIRITISMO

1ª aula — Introdução ao Estudo da Doutrina Espírita — L.E.
VI — Resumo da Doutrina dos Espíritos

2ª aula — (1ª aula do Programa de Aplicação — A: Em que se fundamenta a Reforma Íntima)

3ª aula — Conclusão — L. E.
Itens V, VI e VII
(Abertura e Apresentação do Livro *Manual Prático do Espírita.)*

4ª aula — Livro Terceiro. Capítulo XII. Perfeição Moral — L. E.
V — Conhecimento de Si Mesmo

5ª aula — Capítulo XVII. Sede Perfeitos — E. S. E.
Caracteres da Perfeição (itens 1 e 2)
O Homem de Bem (item 3)

6ª aula — Capítulo XVII. Sede Perfeitos — E. S. E.
Os Bons Espíritas (item 4)
Parábola do Semeador (itens 5 e 6)
O Dever (item 7)

7ª aula — Livro Segundo. Capítulo IV. Pluralidade das Existências — L. E.
I — Da Reencarnação
II — Justiça da Reencarnação

8ª aula — Capítulo IX. Amar ao Próximo Como a Si Mesmo. — E. S. E.
Instruções dos Espíritos — A Lei do Amor
(Lázaro, Fénelon, Sansão)

9ª aula — Capítulo V. Bem-Aventurados os Aflitos — E. S. E.
Justiça das Aflições (itens 1, 2 e 3)
Causas Atuais das Aflições (itens 4 e 5)

10ª aula — (2ª aula do Programa de Aplicação — A: Como Conhecer-se a Si Mesmo — I)

11ª aula — (3ª aula do Programa de Aplicação — A: Como Conhecer-se a Si Mesmo — II)

12ª aula — Aula prática: Experimentar fazer uma avaliação dos resultados indicados no teste preenchido do capítulo 8 do livro *Manual Prático do Espírita*.

13ª aula — Livro Terceiro. Capítulo XII. Perfeição Moral — L. E.
    I — As Virtudes e os Vícios

14ª aula — Livro Terceiro. Capítulo XII. Perfeição Moral — L. E.
    II — Das Paixões

15ª aula — Livro Terceiro. Capítulo XII. Perfeição Moral — L. E.
    III — Do Egoísmo
    IV — Caracteres do Homem de Bem

16ª aula — Livro Terceiro. Capítulo I. A Lei Divina ou Natural — L. E.
    I — Caracteres da Lei Natural
    II — Conhecimento da Lei Natural

17ª aula — Livro Terceiro. Capítulo I. A Lei Divina ou Natural — L. E.
    III — O Bem e o Mal
    IV — Divisão da Lei Natural

18ª aula — Livro Terceiro. Capítulo X. Lei de Liberdade. — L. E.
    V — Livre-arbítrio
    VIII — Resumo Teórico do Móvel das Ações Humanas

19ª aula — Livro Terceiro. Capítulo X. Lei de Liberdade. — L. E.
    VI — Fatalidade
    VII — Conhecimento do Futuro

20ª aula — (4ª aula do Programa de Aplicação — A: Como Eliminar os Vícios Comuns — I)

21ª aula — Livro Terceiro. Capítulo X. Lei de Liberdade — L. E.
    I — Liberdade Natural
    II — Escravidão
    III — Liberdade de Pensamento
    IV — Liberdade de Consciência

22ª aula — Livro Terceiro. Capítulo IX. Lei de Igualdade — L. E.
  I   — Igualdade Natural
  II   — Desigualdade de Aptidões
  III — Desigualdades Sociais

23ª aula — Livro Terceiro. Capítulo IX. Lei de Igualdade — L. E.
  IV   — Desigualdade das Riquezas
  V   — Provas da Riqueza e da Miséria

24ª aula — Livro Terceiro Capítulo IX. Lei de Igualdade — L. E.
  VI   — Igualdade dos Direitos do Homem e da Mulher
  VII — Igualdade perante o Túmulo

25ª aula — Livro Terceiro. Capítulo V. Lei de Conservação — L. E.
  I   — Instinto de Conservação
  II   — Meios de Conservação
  III — Gozo dos Bens da Terra

26ª aula — Livro Terceiro. Capítulo V. Lei de Conservação — L. E.
  IV   — Necessário e Supérfluo
  V   — Privações Voluntárias. Mortificações

27ª aula — Livro Terceiro. Capítulo IV. Lei de Reprodução — L. E.
  I   — População do Globo
  II   — Sucessão e Aperfeiçoamento das Raças.

28ª aula — Livro Terceiro. Capítulo IV. Lei de Reprodução — L. E.
  III — Obstáculos à Reprodução
  IV   — Casamento e Celibato
  V   — Poligamia

29ª aula — Livro Segundo. Capítulo VII. Retorno à Vida Corporal — L. E.
  I   — Prelúdio do Retorno

30ª aula — Livro Segundo. Capítulo VII. Retorno à Vida Corporal — L. E.
  II   — União da Alma com o Corpo

31ª aula — Livro Segundo. Capítulo VII. Retorno à Vida Corporal — L. E.
  III — Faculdades Morais e Intelectuais

32ª aula — Livro Segundo. Capítulo VII. Retorno à Vida Corporal — L. E.
  IV   — Influência do Organismo

33ª aula — Livro Segundo. Capítulo VII. Retorno à Vida Corporal — L. E.
  I   — Idiotismo e Loucura

34ª aula – Livro Segundo. Capítulo VII. Retorno à Vida Corporal – L. E.
I – Idiotismo e Loucura

35ª aula – Capítulo XIII. Bem-Aventurados os Puros de Coração – E. S. E.
Pecado por Pensamentos. Adultério (itens 5, 6 e 7)

36ª aula – (5ª aula do Programa de Aplicação – A: Como Eliminar os Vícios Comuns – II)

37ª aula – Aula Prática Complementar: Para complementar o preenchimento dos testes de auto-avaliação dos vícios.

38ª aula – Livro Quarto. Capítulo I. Penas e Gozos Terrenos – L. E.
I – Felicidade e Infelicidade Relativas – Perguntas 920 a 928

39ª aula – Livro Quarto. Capítulo I. Penas e Gozos Terrenos – L. E.
I – Felicidade e Infelicidade Relativas – Perguntas 928 a 933

40ª aula – Capítulo IX. Bem-Aventurados os Brandos e Pacíficos – E. S. E.
Injúrias e Violências (itens de 1 a 5)
A Cólera (itens 9 e 10)

41ª aula – Capítulo XVI. Não se Pode Servir a Deus e a Mamom – E. S. E.
Emprego da Riqueza (itens 11, 12 e 13)
Desprendimento dos Bens Terrenos (item 14)

42ª aula – (6ª aula do Programa de Aplicação – A: Como Combater os Defeitos – I)

43ª aula – Capítulo XII. Amai os Vossos Inimigos – E. S. E.
A Vingança (item 9)
O Ódio (item 10)
O Duelo (item 15)

44ª aula – Capítulo VI. O Cristo Consolador.
O Advento do Espírito de Verdade (itens 5, 6, 7 e 8)

45ª aula – (7ª aula do Programa de Aplicação – A: Como Combater os Defeitos – II)

46ª aula – Capítulo X. Bem-Aventurados os Misericordiosos – E. S. E.
O argueiro e a trave no olho (itens 9 e 10)
Não julgueis para... (itens 11, 12 e 13)

47ª aula – Capítulo X. Bem-Aventurados os Misericordiosos – E. S. E.
(itens 19, 20 e 21)

48ª aula— Livro Terceiro. Capítulo III. Lei do Trabalho — E. S. E.
I — Necessidade do Trabalho
II — Limite do Trabalho. Repouso.
49ª aula— Capítulo XXV. Buscai e Achareis — E. S. E.
Ajuda-te e Deus te Ajudará (itens 1, 2, 3, 4 e 5)
Olhai as Aves do Céu (itens 6, 7 e 8)
50ª aula— Livro Segundo. Capítulo VII. Retorno à Vida Corporal
VII — Simpatias e Antipatias Terrenas
VIII — Esquecimento do Passado
51ª aula— (8ª aula do Programa de Aplicação — A: Como Combater os Defeitos — III).

(TÉRMINO DO 1º ANO DO PROGRAMA DE ESTUDOS E DE APLICAÇÃO DO ESPIRITISMO)

52ª aula— Capítulo IX. Bem-Aventurados os Brandos e Pacíficos —E.S.E.
Obediência e Resignação (item 8)
53ª aula— (9ª aula do Programa de Aplicação — A: As Virtudes a Serem cultivadas — I)
54ª aula— Capítulo XIII. Que a Mão Esquerda Não Saiba... — E. S. E.
Fazer o Bem sem Ostentação (itens 1, 2 e 3)
Os Infortúnios Ocultos (item 4)
55ª aula— Capítulo XIII. Que a Mão Esquerda não Saiba... — E. S. E.
O Óbulo da Viúva (itens 5 e 6)
Convidar os Pobres e Trôpegos (itens 7 e 8)
56ª aula— Capítulo XIII. Que a Mão Esquerda Não Saiba... — E. S. E.
A Caridade Material e a Caridade Moral (itens 9 e 10)
A Beneficência (item 11)
57ª aula— Capítulo XIII. Que a Mão Esquerda Não Saiba... — E. S. E.
A Beneficência (itens 12, 13, 14, 15 e 16)
58ª aula— Capítulo XIII. Que a Mão Esquerda não sabia... — E. S. E.
A Piedade (item 17)
Os Órfãos (itens 18, 19 e 20)
59ª aula— Capítulo IX. Bem-Aventurados os Brandos e Pacíficos — E. S. E.
A Afabilidade e a Doçura (item 6)
A Paciência (item 7)

60ª aula – (10ª aula do Programa de Aplicação – A: As Virtudes a Serem Cultivadas – II)

61ª aula – Capítulo X. Bem-Aventurados os Misericordiosos – E. S. E.
Perdão às Ofensas (itens 14 e 15)

62ª aula – Capítulo X. Bem-Aventurados os Misericordiosos – E. S. E.
A Indulgência (itens 16, 17 e 18)

63ª aula – Capítulo X. Bem-Aventurados os Misericordiosos – E. S. E.
Perdoai para que Deus vos Perdoe (itens 1, 2, 3 e 4)

64ª aula – Capítulo X. Bem-Aventurados os Misericordiosos – E. S. E.
Reconciliação com o Adversário (itens 5 e 6)
O Sacrifício mais Agradável a Deus (itens 7 e 8)

65ª aula – (11ª aula do Programa de Aplicação – A: As Virtudes a Serem Cultivadas – III)

66ª aula – Capítulo XVII. Sede Perfeitos – E. S. E.
A Virtude (item 8)
Superiores e Subalternos (item 9)

67ª aula – (12ª aula do Programa de Aplicação – A: As Virtudes a Serem Cultivadas – IV)

68ª aula – Capítulo XXVIII. Coletânea de Preces Espíritas – E. S. E.
Para Resistir a Uma Tentação (item 20)

69ª aula – (13ª aula do Programa de Aplicação – A: As Virtudes a Serem Cultivadas – V)

70ª aula – Livro Segundo. Capítulo VI. Vida Espírita – E. S. E.
V – Escolha das Provas

71ª aula – Capítulo VI. Ninguém Pode Ver o Reino de Deus... – E. S. E.
Ressurreição e Reencarnação (itens de 1 a 17)

72ª aula – (14ª aula do Programa de Aplicação – A: Como Fazer uma Auto-Análise)

73ª aula – Aula prática: Experimentar fazer no grupo a aplicação do método sugerido na 72ª aula.

74ª aula – Capítulo XX. Os Trabalhadores da Última Hora – E. S. E.
Os Últimos Serão os Primeiros (itens 2 e 3)

75ª aula – Capítulo XX. Os Trabalhadores da Última Hora – E. S. E.
Missão dos Espíritas (item 4)
Trabalhadores do Senhor (item 5)

76ª aula — Capítulo XXIV. A Candeia debaixo do Alqueire — E. S. E.
Coragem da Fé (itens 13, 14, 15 e 16)
Carregar sua Cruz (itens 17, 18 e 19)

77ª aula — Capítulo XVIII. Muitos os Chamados e Poucos os Escolhidos
— E. S. E.
A Porta Estreita (itens 3, 4 e 5)
Os Que dizem: Senhor! Senhor! (itens 6, 7, 8 e 9)

78ª aula — (15ª aula do Programa de Aplicação — A: Como Programar a Nossa Reforma Íntima)

79ª aula — Aula prática: Experimentar fazer em grupo a aplicação da 78ª aula

80ª aula — Livro Terceiro. Capítulo II. Lei de Adoração — L. E.
IV — Da Prece

81ª aula — Capítulo XXVII. Pedi e Obtereis — E. S. E.
Qualidade da Prece (itens 1, 2, 3 e 4)
Eficácia da Prece (itens 5, 6, 7 e 8)
Ação da Prece, Transmissão do Pensamento (itens 9, 10, 11, 12, 13, 14 e 15)

82ª aula — Capítulo XXVII. Pedi e Obtereis — E. S. E.
Preces Inteligentes (itens 16, 17, 18, 19, 20 e 21)

83ª aula — (16ª aula do Programa de Aplicação — A: Como Trabalhar Intimamente)

84ª aula — Livro Segundo. Capítulo IX. Intervenção dos Espíritos no Mundo Corpóreo — L. E.
I — Penetração do Nosso Pensamento pelos Espíritos

85ª aula — Livro Segundo. Capítulo IX. Inst. dos Espíritos no Mundo Corpóreo — L. E.
II — Influência Oculta dos Espíritos Sobre os Nossos Pensamentos e as Nossas ações

86ª aula — Livro Segundo. Capítulo IX. Inst. dos Espíritos no Mundo Corpóreo — L. E.
VIII — Influência dos Espíritos sobre os Acontecimentos da Vida

87ª aula — (17ª aula do Programa de Aplicação — A: Como Desenvolver a Vontade)

88ª aula — Livro Terceiro. Capítulo XI. Lei de Justiça, Amor e Caridade L. E.
    I   — Justiça e Direito Natural
    III — Caridade e Amor ao Próximo

89ª aula — Capítulo XV. Fora da Caridade não há Salvação — E. S. E.
Parábola do Bom Samaritano (itens 1, 2 e 3)

90ª aula — Capítulo XV. Fora da Caridade não há Salvação — E. S. E.
O Mandamento Maior (itens 4 e 5)
Necessidade da Caridade Segundo o Apóstolo Paulo (itens 6 e 7)
Fora da Caridade não há Salvação (item 10)

91ª aula — (18ª aula do Programa de Aplicação — A: Transformações pelo Serviço ao Próximo)

92ª aula — Aula prática: Para discussão no grupo e programação de atividades de serviço ao próximo.

93ª aula — Capítulo VII. Bem-Aventurados os Pobres de Espírito — E. S. E.
O Orgulho e a Humildade (itens 11 e 12)
Missão do Homem Inteligente na Terra (item 13)

94ª aula — Capítulo XI. Amar ao Próximo como a Si Mesmo — E. S. E.
O Egoísmo (itens 11 e 12)
A Fé e a Caridade (item 13)

95ª aula — (19ª aula do Programa de Aplicação — A: Como Fazer as Nossas Auto-Avaliações)

96ª aula — Aula prática: Para discussão no grupo sobre a aplicação do indicado na 95ª aula

97ª aula — Livro Segundo. Capítulo I. Dos Espíritos — L. E.
    I — Origem e Natureza dos Espíritos
    II — Mundo Normal Primitivo

98ª aula — Livro Segundo. Capítulo I. Dos Espíritos — L. E.
    III — Forma e Ubiqüidade dos Espíritos
    IV — Perispírito
    V   — Diferentes Ordens dos Espíritos

99ª aula — Capítulo XVIII. Muitos os Chamados e Poucos os Escolhidos — E. S. E.
A quem Muito foi Dado, Muito será Pedido (itens 10, 11 e 12)
Ao que Tem se lhe Dará (itens 13, 14 e 15)
Reconhece-se o Cristão pelas Suas Obras (item 16)

100ª aula — (20ª aula do Programa de Aplicação — A: O que a Reforma Íntima Realizará em Você)

101ª aula — Livro Segundo. Capítulo II. Encarnação dos Espíritos — L. E.
    I — Finalidade da Encarnação
    II — Da Alma

102ª aula — Livro Terceiro. Capítulo VII. Lei de Sociedade — L. E.
    I — Necessidade da Vida Social
    II — Vida de Isolamento. Voto de Silêncio
    III — Laços de Família

103ª aula — (21ª aula do Programa de Aplicação — A: Conclusão)

IV.3. — GRUPOS DE ESTUDO E APLICAÇÃO DO ESPIRITISMO — POR CORRESPONDÊNCIA

NORMA DE PROCEDIMENTO

Consideramos aqui um esquema de trabalho, cuja criação e implantação são sugeridas aos Centros Espíritas, como uma atividade de divulgação a ser desenvolvida para o público interessado, utilizando o processo por correspondência.

1. **Objetivo**

Para indivíduos ou pequenos grupos que, pelas dificuldades locais ou mesmo pessoais, não possam freqüentar os Centros Espíritas e deles se beneficiar nas atividades de estudo e de aplicação do Espiritismo.

Pressupõe-se a criação, nos Centros Espíritas que desejarem introduzir essa atividade, de uma equipe de colaboradores que constituirá o Grupo de Estudo e Aplicação do Espiritismo — GEAE — por correspondência.

2. **Processo Utilizado**

O processo utilizado é o de correspondência entre o interessado, ou o responsável do pequeno grupo interessado, e o GEAE — por correspondência do Centro Espírita mais próximo geograficamente que o adotar.

3. **Norma, Instruções, Programa, Questionários**

O material a ser enviado na correspondência compreenderá:
Norma de Procedimento
Instruções Gerais
Instruções Pessoais
Programa de Estudo e de Aplicação do Espiritismo
Programa de Aplicação
Questionários e Testes de Avaliação

3. 1. **Norma de procedimento**
Conforme aqui apresentado.

3. 2. **Instruções gerais**
A serem enviadas em partes, junto com os Planos de Aulas para Estudo e os Planos de Aulas para Aplicação.

3. 3. **Instruções pessoais**
A serem enviadas quando surgirem dúvidas ou perguntas de caráter pessoal sobre questões não contidas nas instruções Gerais, e comentários aos Questionários e Testes de Avaliação preenchidos.

3. 4. **Programa de estudo e de aplicação do espiritismo**
Conforme a seqüência das citações de Allan Kardec em capítulo desse livro, elaboramos um Programa de Estudo e de Aplicação do Espiritismo que, uma vez desenvolvido nos Centros espíritas, poderá ser divulgado com os Planos de Aula, por este processo de correspondência. O Programa em referência acha-se apresentado acima.

3. 5. **Programa de aplicação**
Conforme Programa de Aplicação — A, já exposto anteriormente, contendo a ordem dos assuntos a serem desenvolvidos dentro de uma dinâmica de grupo (quando possível).

3. 6. **Questionários e testes de avaliação**
Periodicamente enviados junto com os Planos de Aula para Estudo e os Planos de Aula para Aplicação, a serem preenchidos individualmente, com a finalidade de avaliar-se o aproveitamento.

Esses questionários e testes serão comentados pelos colaboradores que conduzirem nos Centros Espíritas o GEAE — por correspondência, e posteriormente devolvidos novamente aos correspondentes que, assim, os apreciará e os manterá numa pasta em arquivo.

4. **Roteiro de Cada Reunião**

   Para cada reunião individual, ou do pequeno grupo correspondente, basicamente poderá seguir o mesmo roteiro já apresentado no início desta IV parte.

   1º Leitura de uma página evangélica.
   2º Prece de abertura.
   3º Estudo ou aplicação do assunto da aula: leitura e discussão, individual ou com o pequeno grupo, do assunto da aula, conforme Programa de Estudo e Programa de Aplicação, seguindo-se as Instruções Gerais. Faz-se também, de preferência no início do Estudo, a apresentação dos temas desenvolvidos como indicados no Programa de Estudo.
   4º Vibrações.

   – *Registro de Presença e de Aula:* É importante que o aluno, isoladamente ou cada um do grupo, registrem, num caderno próprio, um para cada participante, numa página por aula, de modo sumário, as informações seguintes:

   Dia: ___ /___ / _____ Hora de Início: _____

   Hora do Término: _____

   Presenças: _____

   Assuntos estudados e discutidos: _____

   Observações importantes: _____

5. **Procedimento do Correspondente**

   O interessado que se disponha, pelo seu próprio desejo, e assumindo consigo mesmo o propósito de ingressar no Grupo de Estudo e Aplicação do Espiritismo – Por Correspondência, deverá proceder dentro da orientação seguinte:

   5. 1. Ingresso no GEAE – por correspondência

   Individualmente ou com mais de um componente poderá ser

constituído, de início, um grupo, ou núcleo correspondente. O ingresso no Grupo de Estudo e Aplicação do Espiritismo — GEAE — por correspondência, se fará por solicitação através de uma carta ao Centro Espírita que o tiver instalado em suas atividades doutrinárias.

Recebendo a solicitação, o GEAE — por correspondência, enviará uma ficha de inscrição, conforme modelo anexo, que será preenchida pelos interessados e devolvida ao local de origem, como também será incluída para informação esta Norma de Procedimento.

5. 2. Local, Dia e Hora

É importante estabelecer, para trabalho individual ou com outros componentes, o local para se reunirem, um dia da semana e o horário de início e término.

O compromisso firmado, entendemos, passará a ser apoiado por Companheiros Espirituais, dispostos a levar o importante auxílio a tão nobre tarefa. Desse modo, a pontualidade e a assiduidade são requisitos fundamentais da disciplina e, portanto, do desejado sucesso no empreendimento.

5. 3. Correspondência Inicial e Posterior

O contato realizado inicialmente com o GEAE — por correspondência, através de uma carta, onde o interessado manifesta as razões do seu desejo em assim seguir o trabalho, tem, a partir daí, o seu andamento rotineiro, facilitado por impressos, questionários e fichas padronizadas que deverão formar uma pasta organizada por indivíduo ou núcleo correspondente.

5. 4. Gravador cassete

O único equipamento às vezes necessário para a realização de conversações mais próximas dentro desse processo é um gravador do tipo cassete, quando assim for desejado pelo correspondente.

5. 5. Recebimento e Devolução de Impressos

Mediante o ingresso no GEAE — por correspondência, os interessados passarão a receber os impressos necessários, já mencionados (item 3), que poderão ser enviados, na quantidade desejada, de conformidade com o número dos integrantes do núcleo.

Alguns dos impressos, como questionários, testes e avaliações, deverão ser devolvidos preenchidos, quando solicitado.

5. 6. Material Escolar Individual

Cada um dos correspondentes deverá conseguir e manter em ordem, em caráter pessoal, o seguinte material escolar:

Pasta: para arquivar toda correspondência e impressos recebidos do GEAE;

Caderno (tipo espiral de 100 folhas): para controle da presença e dos assuntos estudados, e de algumas observações julgadas importantes, de caráter geral ou pessoal;

Caderno de temas (tipo espiral de 100 folhas): para desenvolvimento dos temas indicados no Programa de Estudo e nos Planos de Aula para Estudo.

Caderneta pessoal (tipo diário de 50 folhas): para registro dos processos no combate aos vícios e aos defeitos, no cultivo das virtudes e dos serviços prestados ao próximo, como trabalho de auto-avaliação periódica.

6. Trabalhos Prestados ao Próximo

No decorrer dos estudos e das aplicações, serão recomendados alguns trabalhos a serem prestados ao próximo pelos correspondentes, como treinamento necessário, dentro do propósito de testemunhar os ensinamentos aprendidos no GEAE — por correspondência.

Orientação específica poderá ser dada no transcurso da correspondência, quando espontaneamente os interessados, de livre vontade, se dispuserem a realizar alguma atividade de assistência ao próximo.

7. Ampliação do Trabalho Individual

Antes de atingir o final dos programas, o trabalho individual tenderá a ampliar-se, não só pela própria natureza associativa do ser humano, que busca, por instinto, a sociedade, devendo todos concorrer para o progresso, ajudando-se mutuamente (**Allan Kardec**. *O Livro dos Espíritos*. Pergunta 767), como também pelo encaminhamento que os Amigos Espirituais podem fazer das criaturas amadurecidas.

O Grupo de trabalho que se espera assim formar dará continuidade às atividades, apoiando os novos interessados que se irão multiplicar, constituindo novas turmas de Estudo e Aplicação do Espiritismo, transformando-se naturalmente num atuante e produtivo Centro Espírita.

Poderão permanecer todos interligados com o GEAE que lhes deu origem, pelos mesmos ideais de trabalho e dentro do espírito de confraternização.

O desejo de conhecerem-se é também uma decorrência natural do relacionamento epistolar, e surgirão, certamente, visitas periódicas que devem ser estimuladas como necessidade de expansão e permuta de experiências, conquistas e valores humanos.

"Nenhum homem dispõe de faculdades completas, e é pela união social que eles se completam uns aos outros, para assegurarem seu próprio bem-estar e progredirem. Eis por que, tendo necessidade uns dos outros, são feitos para viver em sociedade e não isolados."

(**Allan Kardec**. *O Livro dos Espíritos*. Pergunta 768.)

8. Anexo

Anexo I — Ficha de Inscrição.

9. Escola de Aprendizes do Evangelho — Por correspondência

Os Centros Espíritas que adotam e desenvolvem em suas atividades doutrinárias o programa das Escolas de Aprendizes do Evangelho, já têm naturalmente uma estrutura que poderá ser utilizada para organizar esse mesmo trabalho por correspondência.

O Programa de Estudo, nesse caso, será o próprio programa da EAE, inserindo-se nele o Programa de Aplicação — B anteriormente já apresentado. Toda a sistemática escolar da EAE poderá, assim, ser facilmente adaptada para esse tipo de atividade por correspondência.

FICHA DE INSCRIÇÃO

Curso: _____
Nome: _____
Data de Nascimento: _____ / _____ / _____   Cidade: _____
Filiação: Pai: _____
           Mãe: _____
Religião dos Pais: _____
Profissão: _____ Estado Civil: _____
Religião da(o) Esposa(o) _____
Tem Filhos: _____ Nº de Filhos: _____

ENDEREÇO DOMICILIAR:
Rua: _____ Nº____ Fone: _____
Cidade: _____ Bairro: _____ Cep: _____

ENDEREÇO DE TRABAHO:
Nome da Empresa: _____
Rua: _____ Nº____ Fone: _____
Cidade: _____ Bairro: _____ Cep: _____
Se tem cursos de formação intelectual ou técnico profissional — Quais?
_____
_____

Quais os cursos de formação filosófico-religiosa que fez? _____
_____

Interessa-se por espiritismo? _____ Há quanto tempo? _____
Tem alguma ocupação como amador? Qual? _____
Cultiva alguma arte? Qual? _____
Conhece alguma língua além da portuguesa? _____
Colabora com alguma instituição de caridade? Qual? _____

_____   _____
Local e Data   Assinatura

V.
CONCLUSÃO

48 VIVER HOJE COM JESUS

> *"A perfeição, como asseverou Jesus, encontra-se inteiramente na prática da caridade sem limites, pois os deveres da caridade abrangem todas as posições sociais, desde a mais ínfima até a mais elevada. Nenhuma caridade teria a praticar o homem que vivesse isolado. Somente no contato com semelhantes, nas lutas mais penosas, ele encontra a ocasião de praticá-la. Aquele que se isola, portanto, afasta de si, voluntariamente, o mais poderoso meio de perfeição: só tendo de pensar em si, sua vida assemelha-se à de um egoísta."*
>
> **(Allan Kardec.** *O Evangelho Segundo o Espiritismo.* Capítulo XVIII. Sede Perfeitos. O Homem no Mundo. Um Espírito Protetor.)

Após a vinda do Meigo Rabi da Galiléia entre nós, nos dias distantes da Palestina, muitos rumos empreendemos para conduzir a sua Boa-Nova. Lamentavelmente tomamos sempre os atalhos que mais satisfizeram nossos apegos e interesses em cada época.

Com a institucionalização, em Roma, do Cristianismo, certamente decidido com a melhor das intenções dos potentados contemporâneos, seguiram-se as páginas sombrias da força, do desamor e da perseguição, culminando-se com as atrocidades dos inquisidores da Idade Média, que tantos imolaram em nome do Cordeiro de Deus.

Foi impraticável conciliar o modelo de caridade, na vida humilde e pura que Francisco de Assis reviveu do Cristo, com as pretensões da corte hierárquica que a poderosa Igreja de Roma, ricamente ornamentada, chegara a estabelecer; os absurdos contrastes que se perpetuaram até nossos dias. Em vão, quem está no poder parece que dele não quer abdicar...

Era sacrificial e significava expor a vida às feras, ou nas fogueiras, declarar-se, no princípio, seguidor do Sublime Filho de Nazaré. Os que por Ele foram tocados revestiam-se espontaneamente de uma coragem inquebrantável, a tudo resistindo com amor e serenidade.

Quais seriam as experiências íntimas profundas, vividas na alma daqueles primeiros cristãos? Que amor! Que devoção!

Aqueles que conviveram mais diretamente com Jesus e Dele receberam o impulso magnético renovador, experimentaram verdades profundamente entendidas e passaram a viver no mundo fora do próprio mundo. Mudaram os seus objetivos e o sentido da existência. Começaram se agrupando na Casa do Caminho para realizar a caridade, disseminando dali, entre aqueles abrigados pelo sofrimento, a mensagem do Evangelho exemplificado. Cumpriram, os primeiros discípulos, a tarefa de propagação dos ensinamentos do Mestre de Amor, vivenciando-os no trabalho diário. Eram eles respeitados pelo que realizavam em favor do próximo, com desprendimento e por dedicação a uma causa.

Séculos transcorreram, mas as suas boas obras resistiram e continuaram a espalhar nos homens simples a semente do Evangelho Imortal...

Quantos exemplos deixaram para ser seguidos?

Quantas criaturas conduziram ao rebanho do Bom Pastor?

Viver hoje com Jesus também é ainda muito difícil...

Os sacrifícios físicos aos quais eram submetidos aquelas pobres criaturas desapareceram.

As dificuldades hoje estão dentro do próprio homem e não mais fora dele.

Como resistir aos próprios impulsos hoje? Esse é o desafio a enfrentar, em lugar das feras, das lanças perseguidoras ou das fogueiras ardentes de ontem!.

Ninguém tem os seus dias contados na atualidade por seguir qualquer líder religioso ou dedicar-se a qualquer filosofia.

O problema está em querermos hoje sair do comodismo, em renunciar à satisfação dos prazeres sensoriais, de tudo que nos é pertencido e que muito nos agrada, como os vícios, por exemplo.

Ninguém hoje aceita o sofrimento com resignação por entender que *os aflitos serão bem-aventurados e consolados...*

Ninguém resiste às reações de orgulho por desejar cultivar a humildade, na compreensão de que *os pobres de espírito serão bem-aventurados e deles será o reino dos céus...*

Ninguém controla ou combate o desenfreado adultério, praticado livremente ou mesmo por pensamento, por acreditar que os *puros de coração serão bem-aventurados e verão a Deus...*

Ninguém, nesse nosso mundo, atenua a violência ou modera as agressões e ódios por deliberado esforço admitindo que os *brandos e pacíficos serão bem-aventurados e herdarão a Terra...*

Ninguém quer perdoar, aceitar os erros humanos, tolerar as falhas, por procurar viver compativelmente com o ensinamento de que *os misericordiosos serão bem-aventurados e obterão misericórdia...*

Ninguém procura minorar a miséria no mundo, não apenas pela esmola mas proporcionando aos pobres e fracos melhores condições de vida, em renúncia ao muito que possuímos, por entender que *fora da caridade não há salvação...*

Então, continuaremos como somos, até que as crises e as instabilidades econômicas nos sacudam; os saques e os assaltos nos despertem; a destruição e as guerras fratricidas nos façam mudar as estruturas que edificamos para exaltação do orgulho e do prazer.

Nos assustam a quantidade de armas nucleares, mísseis teleguiados, aviões fantasmas e submarinos atômicos, prontos para disparar, colocados nas mãos dos mais instáveis dirigentes das chamadas superpotências. Quanta veleidade... Quanta insensatez...

Ao avaliarmos pelo grau de intolerância, vingança e ira predominante entre governantes e governados, em defesa dos seus poderes econômicos e regimes políticos, é de se esperar que muito sangue ainda irá correr, muitas cabeças deverão rolar, muita dor atingirá os homens endurecidos na força para fazê-los entender que nada disso soluciona os graves e enormes problemas do homem moderno.

A nossa grande esperança é fazermos a nossa parte, o melhor possível, vivendo hoje com Jesus, nas transformações lentas para o novo amanhã, que se inicia dentro de cada um de nós, apoiados com a fé na Misericórdia Divina, que atenderá as rogativas dos corações de boa-vontade e poderá salvar este nosso planeta das autodestruições...

49 A CONTRIBUIÇÃO DE KARDEC

> *"Os Espíritos, dizem algumas pessoas, nos ensinam uma nova moral, qualquer coisa de superior ao que o Cristo ensinou? Se essa moral não é outra senão a do Evangelho, que vem fazer o Espiritismo?"*
>
> **(Allan Kardec.** O Livro dos Espíritos. Conclusão VII.)

A Doutrina dos Espíritos, codificada por Allan Kardec, segundo ele mesmo, vem confirmar a moral do Evangelho de Jesus, e ainda, mostrar-nos a sua utilidade prática.

"As comunicações com os seres de além-túmulo tiveram por resultado nos fazer compreender a vida futura, nos fazer vê-la..."

O Espiritismo, diz o mestre lionês, na conclusão VII d'*O Livro dos Espíritos*, "mostra os inevitáveis efeitos do mal, e por conseguinte a necessidade do bem"

"O número dos que ele conduziu a sentimentos melhores, neutralizando as suas tendências más e desviando-os do mal, é maior do que se pensa e aumenta todos os dias."

Ao constatarmos que a vida prossegue em outras dimensões, às quais pertencem os espíritos após a morte, "quem quer que testemunhe isso é levado a meditar, e sente a necessidade de se conhecer, de se julgar a si mesmo e de se emendar". Isso porque os Espíritos nos vêm dizer dos resultados daquilo que fizeram na Terra, ora transmitindo suas lamentações pelos erros cometidos, ora traduzindo suas alegrias pelo bem realizado. Desse modo, entendemos a Doutrina Espírita como uma dinâmica a ser vivida individualmente, contribuindo de forma consciente e voluntária para as necessárias mudanças do nosso comportamento, dentro dos princípios evangélicos.

"Reconhece-se o verdadeiro espírita pela sua transformação moral e pelo esforço que empreende no domínio das más inclinações", repetimos esse trecho já enunciado, colocando desse modo o que se espera dos espíritas.

Poderemos conhecer todas as ciências, compreender todas as filosofias, conquistar todos os benefícios materiais em nossa vida, angariar todas as amizades, desfrutar de todo o reconhecimento humano, receber as maiores homenagens dos correligionários, mas se não tivermos realizado a nossa Reforma Íntima, muito pouco ou quase nada daquilo tudo adiantará para nós.

A contribuição de Kardec consiste exatamente no esclarecimento da nossa destinação espiritual, em realizarmos o esforço de auto-aprimoramento.

50 O EXEMPLO DE BEZERRA DE MENEZES

> *"Será suficiente trazer a libré do Senhor para ser um fiel servidor? Será bastante dizer: 'Sou Cristão' para seguir a Cristo? Procurai os verdadeiros cristãos e os reconhecereis pelas suas obras. 'Uma árvore boa não pode produzir maus frutos, nem uma árvore má produzir bons frutos'."*
>
> (**Allan Kardec.** *O Evangelho Segundo o Espiritismo.* Capítulo XVIII. Muitos os Chamados e Poucos os Escolhidos. Reconhece-se o Cristão pelas suas Obras. Item 16. Simeão.)

Graças rendemos todos nós brasileiros e espíritas pelo marcante exemplo que tivemos do Dr. Adolfo Bezerra de Menezes na diretriz imprimida à Doutrina Consoladora em nossa pátria, com o traço indelével do seu caráter benemérito.

O reconhecimento aos frutos por ele deixados é muito grande: pela caridade distribuída de um médico abnegado; pela divulgação das verdades de um jornalista incansável; pela ação firme na defesa dos interesses da Nação de um parlamentar honesto; pelas obras esclarecedoras de um escritor culto e lúcido; pela garantia da sobrevivência da Casa Mater do Espiritismo no Brasil de um presidente desinteressado e idealista, e por tantos outros que só a Espiritualidade Maior pode registrar.

"A obra de Bezerra de Menezes revela sua inteireza moral, sua convicção espírita inabalável, a segurança com que tratava os temas e a extrema sensibilidade que lhe permitiu escrever ao mesmo tempo para os doutos e para os simples." (**Freitas Nobre.** *Estudos Filosóficos.* 1ª Parte. Apresentação. Edicel.)

Como "Médico dos Pobres" a quantos pequeninos de Jesus não beneficiou? Legou-nos, nos mais belos episódios de sua vida, os exemplos do desprendimento e da generosidade, da afabilidade e da doçura.

O trabalho cristão do Dr. Bezerra de Menezes contribuiu decididamente para que o Espiritismo no Brasil fosse conduzido com prevalência dos testemunhos evangélicos através das obras assistenciais. Os corações sensibilizados, de grande contingente dos seus adeptos, inspirados nos exemplos dele, fizeram crescer em muito o número de hospitais, creches, orfanatos, abrigos e casas espíritas, onde a caridade é praticada.

Nossa gente simples e pacífica foi o terreno fértil que as sementes do nosso querido benfeitor encontrou para reproduzir os seus melhores frutos.

E quanto o seu espírito continua realizando para todos nós? A sua preocupação de unir a grande família espírita brasileira, e o auxílio das suas equipes de socorro espiritual nos cobrem com as misericórdias de muitos e muitos acréscimos.

Qual não foi o seu grande desejo quando, homenageado em assembléia reunida no Plano Espiritual, na mensagem da Mãe de Jesus levada por Celina, mostrando-lhe o caminho luminoso que lhe aguardava nas Regiões mais Elevadas do Espaço, roga ele humildemente que, se possível fosse, dedicaria os seus cuidados aos planos da dor, nas regiões das sombras, até quando fosse derramada a última lágrima... No que foi então atendido... Ah! meus amigos, não há quem não se emocione com os gestos amoráveis desse Apóstolo Brasileiro de Jesus. A sua vinda até nós é muito significativa e pode bem simbolizar o que espiritualmente se espera desse Continente Americano. Sim, porque espíritas de todas as terras americanas e de outros rincões continentais lhe admiram os exemplos, como bem pronunciou Léon Denis, na França, referindo-se na época ao seu desenlace: "Quando homens como ele desaparecem, é um luto não somente para o Brasil, mas para os espíritas do mundo inteiro". (**Freitas Nobre.** *Doutrina Espírita.* Coleção Bezerra de Menezes. 1ª Introdução. Edicel.)

Unamo-nos! Instruamo-nos! E transformemo-nos! E por muito nos amar possamos ser um dia reconhecidos como verdadeiros cristãos, discípulos de Jesus!

51 O ACRÉSCIMO DE EMMANUEL E ANDRÉ LUIZ

"Não se confia o comando de um exército senão a um general hábil e capaz de dirigi-lo. Acreditais que Deus seja menos prudente que os homens? Ficai certos de que Ele só confia missões importantes aos que sabe que são capazes de cumpri-las, porque as grandes missões são pesados fardos, que

esmagariam homens demasiado fracos para carregá-los. Como em todas as coisas, também nisso o mestre deve saber mais do que o discípulo."

(Allan Kardec. *O Evangelho Segundo o Espiritismo*. Capítulo XXI. Falsos Cristãos e Falsos Profetas. Caracteres do Verdadeiro Profeta — Erasto.)

"Lembrai-vos, ainda, de que quando uma verdade deve ser revelada à Humanidade ela é comunicada, por assim dizer, instantaneamente, a todos os grupos sérios, que dispõem de médiuns também sérios, e não a tais ou quais, com exclusão dos outros."

(Id., ibid. Os Falsos Profetas na Erraticidade — Erasto, Discípulo de Paulo.)

Vale ressaltar, aqui, a contribuição mediúnica de Francisco Cândido Xavier, hoje completando mais de duzentas obras de diferentes autores espirituais que, reportando, historiando, descrevendo, ilustrando, versando em narrações, contos, poesias, romances, registros, apontamentos, oferecem extensa obra literária, abrindo de forma ampla as portas do Mundo Espiritual ao entendimento dos homens viventes.

Entre os muito valorosos autores da Espiritualidade, pela importância das suas obras, nos referimos particularmente a Emmanuel e a André Luiz como fontes inesgotáveis de ensinamentos, subsídios inestimáveis, estímulos constantes às nossas reformulações interiores pautadas no Evangelho de Jesus.

De quantas formas e meios não nos dizem seus livros como nos conhecer e transformar?

Instruções como as contidas nos opúsculos *Conduta Espírita* e *Sinal Verde*, transmitidas por André Luiz, nos dizem objetivamente o modo de agir, nas diferentes situações em que nos encontremos, dentro do preceituado pelo Divino Amigo.

Ainda de André Luiz, a série de descrições que tem início na obra *Nosso Lar* e termina em *E a Vida Continua* nos apresenta em 16 livros um tratado de "causa e efeito" nos ciclos "vida física — vida espiritual".

Os romances de Emmanuel, contando registros da Espiritualidade, sobre os acontecimentos históricos do início da Era Cristã, em *Há 2.000 Anos, 50 anos Depois, Ave Cristo* e *Paulo e Estêvão*, nos transportam aos lindos episódios vividos naquela época, nos fazendo participar deles. É muito grande o acervo dos comentários evangélicos de Emmanuel na série *Pão Nosso, Vinha de Luz, Caminho, Verdade e Vida* e *Fonte Viva*, páginas de reflexão, bálsamos de luz para nossa alma.

Praticamente todos os desvios de comportamento, situações vividas e problemas humanos da atualidade são abordados por André Luiz e Emmanuel, nos seus trabalhos psicografados, sempre aclarados pelas luzes orientadoras do Evangelho Eterno do Peregrino da Galiléia.

Como se já nada nos faltasse para bem nos conduzir, o acréscimo desses dois abnegados espíritos nos fazem eternamente agradecidos ao mesmo tempo em que nos comprometemos com toda obra que eles nos fazem conhecer:

"A quem muito foi dado, muito será pedido."

"Aos espíritas, pois, muito será pedido, porque muito receberam, mas aos que aproveitaram os ensinos, muito será dado em recompensa." **(Allan Kardec.** *O Evangelho Segundo o Espiritismo.* Capítulo XVIII. Muitos os Chamados e Poucos os Escolhidos. Item 12. A quem Muito Foi Dado, Muito Será Pedido.)

Será que não dá para compreender que tudo o que nos tem sido trazido por acréscimo nos torna seriamente responsáveis pelo que já sabemos e deixamos de realizar?

Estaremos todos nós, espíritas, atentos a esses compromissos que em nossos dias de transformações estamos assumindo?

É esse arrepio frio, que mesmo nos assustando, deve nos impulsionar ao "conhecer-se" e "transformar-se", enquanto há tempo, porque deixando para depois poderá ser tarde...

52 A FRATERNIDADE DOS DISCÍPULOS DE JESUS

> *"Aproxima-se o tempo em que se devem realizar as coisas anunciadas para a transformação da Humanidade. Ditosos serão os que tiverem trabalhado no campo do Senhor, com desinteresse e sem outro móvel, senão a caridade. Seus dias de trabalho serão pagos pelo cêntuplo do que tenham esperado. Ditosos os que houverem dito a seus irmãos: 'Trabalhemos juntos e unamos os nossos esforços, a fim de que o Senhor, ao chegar, encontre*

terminada a obra, porquanto o Senhor lhes dirá: 'Vinde a mim, vós que sois bons servidores, vós que soubestes impor silêncio às vossas rivalidades e às vossas discórdias, a fim de que daí não viesse dano para a obra!' Mas, infelizes os que, por efeito das suas dissensões, houverem retardado a hora da colheita, pois a tempestade virá e eles serão levados no turbilhão!"

(Allan Kardec. O Evangelho Segundo o Espiritismo. Capítulo XX. Os Trabalhadores da Última Hora. Item 5. Trabalhadores do Senhor. O Espírito de Verdade.)

Embora a criatura humana traga em sua essência espiritual a característica nata da sociabilidade, as exacerbações do personalismo têm dado motivos a dissensões e desagregações de muitas sociedades, abalando inclusive a solidez da família, arruinando dessa forma o esteio da moral e da união entre os homens.

A imperiosa necessidade em nossos dias da união de esforços no bem, principalmente entre as correntes religiosas de quaisquer matizes, implica na renúncia ao personalismo, condição de que ainda distantes nos achamos, de chegar a esse ponto.

O que nos revelam os intermediários da Espiritualidade é precisamente a existência de muitos contingentes de espíritos agrupados ordenadamente para prestarem relevantes serviços de socorro, de combate às influências perniciosas, de esclarecimento cristão, de reconciliação, de descobertas científicas significativas, de recuperação de desencarnados, de sustentação planetária e de tantos outros serviços especializados. Esses verdadeiros exércitos espirituais são identificados, em geral, pelos símbolos que levam na indumentária perispiritual que apresentam. Embora tenham sempre um dirigente de elevada escala no Plano Invisível, na grande maioria são servidores anônimos, portanto, sem preocupação de individualizarem-se: o que lhes importa é a tarefa que realizam e parece que só por isso já se dão por felizes.

Esses agrupamentos são conhecidos, desde os mais distantes registros da Sabedoria Espiritual que têm sido revelados, como Fraternidades.

Podemos entender o significado profundo e o sentido do termo "fraternidade", empregado para definir um conjunto de indivíduos unidos pelos mesmos desejos, ideais e finalidades, num relacionamento de verdadeiros irmãos, animados no propósito de realizar atividades beneficentes. As oportunidades de realização da "fraternidade" passam, então, a ser o que há de mais importante, devendo desaparecer daí as rivalidades e discórdias individuais ou personalistas.

Em 29 de maio de 1952, o Sr. Edgard Armond, então nas funções de Secretário-geral da Federação Espírita do Estado de São Paulo, fundou ali a Fraternidade dos Discípulos de Jesus, que visa a congregar todos os que, terminando as Escolas de Aprendizes do Evangelho, possam continuar unidos no estudo, no trabalho ao próximo e no auto-aprimoramento moral, dentro do Evangelho de Jesus à luz do Espiritismo.

A Fraternidade dos Discípulos de Jesus, F. D. J., tem como regras morais o Sermão da Montanha, que se constituiu no seu ideal de vivência, numa atmosfera de união, tolerância e amor entre os seus integrantes. Não se trata de uma sociedade, muito menos secreta ou elitista, mas de uma legenda aberta, a quem se dispuser a seguir Jesus, sem qualquer coerção, ingressando pela Escola de Aprendizes do Evangelho.

A F. D. J., também entre os seus próprios integrantes, deve ser mais compreendida e vivenciada: "Ditosos serão os que tiverem trabalhado no campo do Senhor, com desinteresse e sem outro móvel, senão a caridade!"

Sendo a renúncia a característica que deve igualmente predominar na F. D. J., por que não darmos os seus exemplos?

Ainda há muito para se fazer "a fim de que o Senhor, ao chegar, encontre terminada a obra". Para isso, "trabalhemos juntos e unamos os nossos esforços".

Há, atualmente, seções, ou setores da F. D. J. na Federação Espírita do Estado de São Paulo, na Aliança Espírita Evangélica e no próprio Setor III da F. D. J., esse último sem constituir-se juridicamente numa nova instituição espírita.

Cada uma tem suas particularidades de programas e atividades, mas estão todas identificadas pelos mesmos ideais de serviços evangélicos.

Dizia-nos certa vez o Sr. Edgar Armond que, em 1940, ao planejar as atividades a serem implantadas na FEESP, recebia de Ismael a orientação de proceder dentro das bases cristãs evangélicas. Segundo o que nos informou, o que esperava o Plano Maior era poder contar com os meios eficazes para a preparação dos corações desejosos de seguir Jesus. Havia mesmo necessidade de formar os "trabalhadores" da última hora, prontos a dar os testemunhos cristãos ao tempo que se aproximaria, soldados de Jesus, pontos de apoio para as renovações que se fariam na Humanidade. Transcorridos trinta anos da sua fundação (29 de maio de 1982), a F. D. J. deverá ter hoje cerca de sete mil integrantes espalhados pelo Brasil, Uruguai e Argentina. Todos conscientes e razoavelmente preparados. Muitos deles engajados e produtivos nas lides espíritas, outros compenetrados das suas obrigações no lar e na sociedade, porém refletindo de uma forma ou de outra as luzes recebidas do Evangelho nas Escolas de Aprendizes do Evangelho e na Fraternidade dos Discípulos de Jesus.

É hora de reavaliarmos os resultados e reafirmarmos os rumos, até mesmo perscrutando o Plano Espiritual quanto aos frutos da F. D. J., se estão sendo alcançados os seus objetivos e como melhor atingi-los...

ROTEIRO DAS CITAÇÕES DE ALLAN KARDEC

I — O Livro dos Espíritos (L.E.):

    Abertura — Conclusão VII
    Apresentação
    — Conclusão V
    — Perg. 661 — Lv. 3º — Cap. II — Lei Adoração
    — Perg. 642 — Lv. 3º — Cap. I — Lei Divina
    — Perg. 910 — Lv. 3º — Cap. XII — Perfeição Moral
    — Perg. 912 — Lv. 3º — Cap. XII — Perfeição Moral
    — Perg. 905 — Lv. 3º — Cap. XII — Perfeição Moral.

1. Allan Kardec Estabelece as Bases — Introdução VI — Resumo

3. O Conhecimento de Si Mesmo
    — Perg. 919 — Lv. 3º — Cap. XII — Perfeição Moral
    — Perg. 919a. — Lv. 3º — Cap. XII — Perfeição Moral

5. O Conhecer-se no Convívio com o Próximo — Perg. 168 — Lv. 2º — Cap. IV — Pluralidade das Existências

7. O Conhecer-se pela Auto-Análise — Perg. 919a. — Lv. 3º — Cap. XII — Perfeição Moral

9. Os Vícios — Perg. 913 — Lv. 3º — Cap. XII — Perfeição Moral

10. Fumar É Suicídio — Perg. 645 — Lv. 3º — Cap. I — Lei Divina

11. Os Malefícios do Álcool — Perg. 644 — Lv. 3º — Cap. I — Lei Divina

12. Os Malefícios do Jogo	— Perg. 814 — Lv. 3º — Cap. IX — Lei de Igualdade
	— Perg. 815 — Lv. 3º — Cap. IX — Lei de Igualdade
	— Perg. 865 — Lv. 3º — Cap. X — Lei de Liberdade
13. Os Malefícios da Gula	— Perg. 716 — Lv. 3º — Cap. V — Lei de Conservação
	— Perg. 723 — Lv. 3º — Cap. V — Lei de Conservação
14. Os Malefícios dos Abusos Sexuais	— Perg. 358 — Lv. 2º — Cap. VII — Retorno V. C.
	— Perg. 695 — Lv. 3º — Cap. IV — Lei de Reprodução
	— Perg. 696 — Lv. 3º — Cap. IV — Lei de Reprodução
15. Defeitos	— Perg. 908 — Lv. 3º — Cap. XII — Perfeição Moral
16. Orgulho	— Perg. 933 — Lv. 4º — Cap. I — Penas e Gozos Terrestres
17. Inveja	— Perg. 926 — Lv. 4º — Cap. I — Penas e Gozos Terrestres
17. Ciúme	— Perg. 933 — Lv. 4º — Cap. I — Penas e Gozos Terrestres
17. Avareza	— Perg. 900 — Lv. 3º — Cap. XII — Perfeição Moral
19. Personalismo	— Perg. 917 — Lv. 3º — Cap. XII — Perfeição Moral
20. Maledicência	— Perg. 903 — Lv. 3º — Cap. XII — Perfeição Moral
22. Negligência e Ociosidade	— Perg. 685a. — Lv. 3º — Cap. III — Lei Trab.
23. Reminiscencias e tendências	— Perg. 398 — Lv. 2º — Cap. VII — Retorno...

	— Perg. 399 — Lv. 2º — Cap. VII — Retorno...
24. As Virtudes	— Perg. 893 — Lv. 3º — Cap. XII — Perfeição Moral
	— Perg. 912 — Lv. 3º — Cap. XII — Perfeição Moral
25. Humildade, Modéstia, Sobriedade	— Perg. 926 — Lv. 4º — Cap. I — Penas e Gozos...
26. Resignação	— Perg. 924 — Lv. 4º — Cap. I — Penas e Gozos...
39. Um Método Prático de Auto-Análise	— Perg. 919a. — Lv. 3º — Cap. XII —
41. Como Trabalhar Intimamente	— Perg. 911 — Lv. 3º — Cap. XII
	— Perg. 625 — Lv. 3º — Cap. I — Lei Divina
	— Perg. 845 — Lv. 3º — Cap. X — Lei Liberdade
	— Perg. 459 — Lv. 2º — Cap. IX — Interv. M. Corpórea
	— Perg. 472 — Lv. 2º — Cap. IX — Interv. M. Corpórea
	— Perg. 661 — Lv. 3º — Cap. II — Lei de Adoração
	— Perg. 910 — Lv. 3º — Cap. XII — Perfeição Moral
42. Como Desenvolver a Vontade	— Perg. 909 — Lv. 3º — Cap. XII — Perfeição Moral
43. Transformações pelo Serviço ao Próximo	— Perg. 912 — Lv. 3º — Cap. XII — Perfeição Moral
44. Auto-Avaliação Periódica	— Perg. 918 — Lv. 3º — Cap. XII — Perfeição Moral

46. O Processo de Mudança
    Interior — Perg. 466 — Lv. 2º — Cap. IX — Int. Esp. M. Corp.

IV. Esquema Aplic. Ind. em
    Grupos e Por Correspondência — Perg. 768 — Lv. 3º — Cap. VII — Lei de Sociedade

II — **O Evangelho Segundo o Espiritismo (E. S. E.):**

4. Como Conhecer-se — Cap. XVII — Sede Perfeitos — Os Bons Espíritos

5. O Conhecer-se no Convívio com o Próximo
   — Cap. XI — Amar ao Próximo Como a Si Mesmo.
   — Cap. XVII — Sede Perfeitos — O Dever

6. O Conhecer-se pela Dor — Cap. V — Bem-Aventurados os Aflitos

14. Malefícios dos Abusos Sexuais — Cap. VIII — Bem-Aventurados os Puros de Coração — Pec. Pens. Adult.

16. Orgulho — Cap. IX — Bem-Aventurados os Brandos e Pacíficos — A Cólera

16. Vaidade — Cap. V — Bem-Aventurados os Aflitos — Causas Atuais...

17. Avareza — Cap. XVI — Não Se Pode Servir... — Emprego da Riqueza

18. Ódio — Cap. IX — Bem-Aventurados os Brandos e Pacíficos — A Cólera

18. Vingança
    — Cap. XII — Amai os Vossos Inimigos — A Vingança
    — Cap. XII — Amai os Vossos Inimigos — O Duelo

18. Agressividade — Cap. IX — Bem-Aventurados os Brandos e Pacíficos — A Cólera

19. Personalismo	— Cap. VI — O Cristo Consolador — Advento do Esp. de Verdade
	— Cap. XVII — Sede Perfeitos — Os Bons Espiritistas
21. Intolerância e Impaciência	— Cap. X — Bem-Aventurados os Misericordiosos — Item 19
	— Cap. X — Bem-Aventurados os Misericordiosos — O Argueiro e a ...
22. Negligência e Ociosidade	— Cap. XXV — Buscai e Achareis — Item 3
24. As Virtudes	— Cap. VI — O Cristo Consolador — Item 8
26. Resignação	— Cap. IX — Bem-Aventurados os Brandos e Pacíficos — Obed. e Resignação
27. Sensatez	— Cap. XVII — Sede Perfeitos — O Homem de Bem
27. Piedade	— Cap. XIII — Que a Mão Esquerda... A Piedade
28. Generosidade, Beneficência	— Cap. XIII — Que a Mão Esquerda... A Beneficência
29. Afabilidade, Doçura	— Cap. IX — Bem-Aventurados os Brandos e Pacíficos — A Afabilidade e a Doçura
30. Compreensão, Tolerância	— Cap. X — Bem-Aventurados os Misericordiosos — Item 18
31. Perdão	— Cap. X — Bem-Aventurados os Misericordiosos — Item 14
32. Brandura, Pacificação	— Cap. IX — Bem-Aventurados os Brandos e Pacíficos — Injúrias e Violência
33. Companheirismo, Renúncia	— Cap. XVII — Sede Perfeitos — Superiores e Subalternos
34. Indulgência	— Cap. X — Bem-Aventurados os Misericordiosos — A Indulgência

35. Misericórdia	— Cap. X — Bem-Aventurados os Misericordiosos — Item 4
36. Paciência, Mansuetude	— Cap. IX — Bem-Aventurados os Brandos e Pacíficos — A Paciência
37. Vigilância	— Cap. XXVIII — Coletânea Preces — Para Resistir às Tentações
37. Abnegação	— Cap. XIII — Que a Mão Esquerda... A Piedade
38. Dedicação, Devotamento	— Cap. XIII — Que a Mão esquerda... Os Órfãos
40. Como Programar as Transformações	— Cap. XVIII — Muitos os Chamados... A Porta Estreita — Cap. XVII — Sede Perfeitos — A Virtude
43. Transformações pelo Serviço ao Próximo	— Cap. XV — Fora da Caridade... — Item 3 — Cap. XV — Fora da Caridade... — Item 10
47. O Mecanismo das transformações Íntimas	— Cap. XVIII — Muitos os Chamados... — Festim de Núpcias

III — O Céu e o Inferno (C.I.):

4. Como Conhecer-se	— 1ª Parte — Cap. VII — Itens 16º e 17º — Código Penal da Vida Futura

IV — O Livro dos Médiuns (L.M.):

45. Escolas de Aprendizes do Evangelho	— Cap. III — Do Método — Item 18
45. Escolas de Aprendizes do Evangelho	— Cap. III — Do Método — Item 28
45. Escolas de Aprendizes do Evangelho	— Cap. III — Do Método — Item 30

REFERÊNCIAS BIBLIOGRÁFICAS

1. Obras Espíritas:
    1.1. Codificação:

    Allan Kardec
    – *O Livro dos Espíritos*
    – *O Evangelho Segundo o Espiritismo*
    – *O Livro dos Médiuns*
    – *A Gênese*
    – *O Céu e o Inferno*
    – *Obras Póstumas*
    – *O Principiante Espírita*

    1.2. Psicografadas por Francisco Cândido Xavier:

    André Luiz
    (F. C. Xavier)
    – *Ação e Reação*
    – *Agenda Cristã*
    – *Conduta Espírita*
    – *E a Vida Continua*
    – *Evolução em Dois Mundos*
    – *Libertação*
    – *Mecanismos da Mediunidade*
    – *Missionários da Luz*
    – *No Mundo Maior*
    – *Nos Domínios da Mediunidade*
    – *Nosso Lar*
    – *Os Mensageiros*
    – *Respostas da Vida*
    – *Sexo e Destino*
    – *Sinal Verde*

    Emmanuel
    (F. C. Xavier)
    – *A Caminho da Luz*
    – *Ave Cristo!*
    – *Calma*
    – *Caminho, Verdade e Vida*
    – *50 Anos Depois*
    – *Emmanuel*
    – *Fonte Viva*
    – *Há 2.000 Anos*

- *Leis de Amor*
- *O Consolador*
- *Opinião Espírita (Com André Luiz)*
- *Pão Nosso*
- *Paulo e Estêvão*
- *Pensamento e Vida*
- *Roteiro*
- *Rumo Certo*
- *Segue-me*
- *Vida e Sexo*
- *Vinha de luz*

Humberto de Campos (F.C. Xavier)
- *Boa-Nova*
- *Brasil, Coração do Mundo, Pátria do Evangelho*
- *Reportagens de Além-Túmulo*

Irmão X (F. C. Xavier)
- *Estante da Vida*

Néio Lúcio (F. C. Xavier)
- *Jesus no Lar*

1.3. Autores Diversos:

A. Bezerra de Menezes
- Estudos Filosóficos. 1º Parte. Edicel
- *A Doutrina Espírita.* Vol. I. Edicel

Acquarone, F.
- *Bezerra de Menezes, o Médico dos Pobres.* Ed. Aliança.

Carlos Toledo Rizzini
- *Evolução para o Terceiro Milênio.* Edicel

Edgard Armond
- *O Redentor.* Ed. Aliança
- *Guia do Aprendiz.* Ed. Aliança
- *Iniciação Espírita.* Volumes I, III, IV, V, VI, VII, VIII e IX. Ed. Aliança

	– *Vivência do Espiritismo Religioso.* Ed. Aliança
	– *O Livre-Arbítrio.* Ed. Aliança
	– *Passes e Radiações.* Ed. Aliança
	– *Aos Aprendizes.* Ed. Aliança
	– *Libertação Espiritual.* Ed. Aliança
Eliseu Rigonatti	– *O Espiritismo Aplicado.* Ed. Pensamento
FEESP – Área de Ensino	– *Monoteísmo e Jesus.* Ed. FEESP
	– *... Homem Novo.* Ed. FEESP
	– *Do Calvário ao Consolador.* Ed. FEESP
	– *Bem-Aventuranças e Parábolas.* Ed. FEESP
	– *As Epístolas de Paulo e o Apocalipse de João.* Ed. FEESP
Fernando Worm	– *Folha Espírita* n° 53. Entrevista com F. C. Xavier
Fredrich Myers	– *A Personalidade Humana.* Edigraf
J. Herculano Pires	– *O Espírito e o Tempo.* Edicel
	– *Curso Dinâmico de Espiritismo.* Paidéia
	– *Na Hora do Testemunho.* Paidéia
	– *Agônia das Religiões.* Paidéia
	– *Revisão do Cristianismo.* Paidéia
Jorge Andréa	– *Forças Sexuais da Alma.* Ed. Fon-Fon e Seleta
Karl E. Muller	– *Reencarnação Baseada em Fatos.* Ed. Difusora Cultural
Marina Mallet	– *É Tempo de Ser Feliz.* Centrais Impres. Bras.
Martins Peralva	– *O Pensamento de Emmanuel.* FEB
	– *Estudando o Evangelho.* FEB
Miguel Vives	– *O Tesouro dos Espíritas.* Edicel
Pedro de Camargo (Vinícius)	– *O Mestre na Educação.* Ed. FEESP

Pedro Granja	— *Afinal, Quem Somos?* Edicel.
Rino Curti	— *Espiritismo e Reforma Íntima.* Ed. FEESP
	— *Espiritismo e Evolução.* Ed. FEESP
	— *O Divulgador Espírita.* Vol. I, II, III. Ed. FEESP
Rodolfo Calligaris	— *O Sermão da Montanha.* FEB

2. Psicologia Aplicada:

Agostinho Minicucci	— *Dinâmica de Grupo na Escola.* Ed. Melhoramentos.
Alex F. Osborn	— *O Poder Criador da Mente.* Vol. I. A Força Oculta. Ed. Theor
Alfred Benjamin	— *Entrevista de Ajuda*
Angela Maria La S. Batá	— *Guia para o Conhecimento de Si Mesmo.* Ed. Pensamento
Bachir Haidar Jorge	— *Você Existe e Todos Ganham com Isso.* REDEC
Carl R. Rogers	— *Tornar-se Pessoa.* Moraes Ed.
Émile Coué	— *O Domínio de Si Mesmo pela Auto-Sugestão.* Edições de Ouro
Eugene e J. Benge	— *Vença pelo Poder Emocional.* Vol. II. A Força Oculta. Ed. Theor
Gastão Pereira da Silva	— *Vícios da Imaginação.* — Ed. Itatiaia.
	— *Novos Aspectos da Psicanálise.* Ed. Itatiaia.
Helen Wambach	— *Recordando Vidas Passadas.* Ed. Pensamento.
Jerry A. Schmidt	— *Ajude-se a Si Mesmo.* Ed. Cultrix
Josephine Klein	— *O Trabalho de Grupo.* Zahar Ed.
Kathryn Jason, J. J. Mc Mahon	— *A Coragem de Decidir.* Ed. Nova Fronteira
Lauro de O. Lima	— *Treinamento em Dinâmica de Grupo.* Ed. Vozes.

Myra Y López	— *Quatro Gigantes da Alma.* José Olympio Ed.
Morris Netherton e Nancy Shiffrin	— *Past Lives Therapy* (Terapia das Vidas Passadas). Ace Books
Norberto R. Keppe	— *Auto-Sentimento.* Proton Ed. *A Consciência.* Proton Ed.
Norman Vincent Peale	— *Mensagens para a Vida Diária.* — Ed. Cultrix
Paul C. Jagot	— *O Poder da Auto-Sugestão.* Pallas
Pierre Weil	— *Relações Humanas na Família e no Trabalho.* Ed. Vozes
Robert W. Henderson	— *Ajuda-te pela Psicologia Aplicada.* IBRASA
Rollo May	— *O Homem à Procura de Si Mesmo.* Ed. Vozes
Ruth Scheeffer	— *Aconselhamento Psicológico.* Ed. Atlas
Stephen Lackner	— *Descobre-te a Ti Mesmo.* IBRASA
William Bernard e Jules Leopold	— *Faça Seu Teste.* Ed. Mestre Jou

3. Filosofia, Educação, Teologia:

Emmet Fox	— *O Sermão da Montanha.* Record
Huberto Rohden	— *O Homem.* Alvorada — *Sabedoria das Parábolas.* Alvorada — *Que Vos Parece do Cristo?* Alvorada — *Novos Rumos para a Educação.* Liv. Freitas Bastos
Juan Carlos Ortiz	— *O Discípulo.* Ed. Betânia
Pe. José Marins	— *Curso de Renovação.* Coleção "Renov. Paroquial"
Rudolf Steiner	— *Guia para El Conocimento de Si Mismo.* Ed. Kier

Sholen Asch	— *O Nazareno*. Cia. Ed. Nacional — *O Apóstolo*. Vols. I e II. Cia. Ed. Nacional
William H. Kilpatrick	— *Educação para uma Civilização em Mudança*. Ed. Melhoramentos
William K. Frankena	— *Ética*. Zahar Ed.

4. Teosofia, Esoterismo:

Biblioteca de Ciênc. Herméticas e Psicologia Experimental	— *Educação Pessoal*. Ed. Pensamento
C. W. Leadbeater	— *Os Chakras*. Ed. Pensamento
Krisnamurti	— *A Mutação Interior*. Ed. Cultrix — *Liberte-se do Passado*. Ed. Cultrix — *Ensinamentos dos Mestres para a Vida Diária*. Ed. Pensamento — *A Libertação dos Condicionamentos*. Inst. Cult. Krisnamurti
Mouni Sadhu	— *Concentração*. Ed. Civilização Brasileira
Sundari	— *La Reforma Individual*. Impresso na Argentina
Walter J. Kilner	— *The Aura*. Samuel Weiser. N.Y.

5. Física:

Albert Einstein	— *Como Vejo o Mundo*. Ed. Nova Fronteira
José A. Lutzenberger	— *Pesadelo Atômico*. Ched Ed.

6. Saúde:

Adrián Vander	— *O Fumo e a Sua Saúde*. Ed. Mestre Jou
Carlos A. Capdevila	— *Cómo Dejar de Fumar*. El Ateneo Ed.

QUESTIONÁRIO – PESQUISA PARA AVALIAÇÃO DO LIVRO

1. Qual o aproveitamento do que leu como contribuição para conscientizá-lo da importância do conhecimento de si mesmo e da necessidade de transformar-se intimamente?
   Ótimo ( )   Bom ( )   Razoável ( )   Nulo ( )
2. Qual a contribuição que o livro lhe proporcionou no entendimento do Espiritismo como doutrina dinâmica para ser vivenciada?
   Nenhuma ( )   Pequena ( )   Média ( )   Grande ( )
3. No conhecimento de si mesmo fez a sua avaliação individual como indicado no capítulo 08?
   Sim ( )   Não ( )
4. Decidiu-se conhecer-se a si mesmo?
   Sim ( )   Ainda Não ( )   Definitivamente Não ( )
5. Fez a sua avaliação relativamente aos vícios conforme capítulo 09?
   Sim ( )   Não ( )
6. Já chegou a compreender a necessidade de eliminar os vícios?
   Sim ( )   Ainda Não ( )   Definitivamente Não ( )
7. Dos vícios indicados quais os que precisa libertar-se?
   Fumo ( )   Álcool ( )   Jogo ( )   Gula ( )   Abusos do Sexo ( )
8. Fez a sua avaliação relativamente aos defeitos conforme o capítulo 15?
   Sim ( )   Não ( )
9. Acha que os seus defeitos precisam ser corrigidos?
   Sim ( )   Ainda Não ( )   Definitivamente Não ( )
10. Indique os defeitos que devem ser corrigidos em você:
    Orgulho ( )   Vaidade ( )   Inveja ( )   Ciúme ( )
    Avareza ( )   Ódio ( )   Remorso ( )   Vingança ( )
    Agressividade ( )   Personalismo ( )   Maledicência ( )
    Intolerância ( )   Impaciência ( )
    Negligência ( )   Ociosidade ( )
11. Fez o teste da maledicência no capítulo 20?
    Quais os resultados?
    A – Quantas afirmativas? _____
    B – Quantos pontos? _____
12. Fez o teste do ódio e da agressividade?
    Qual a nota? _____
13. Reconheceu em você alguma reminiscência ou tendência como indicado na relação do capítulo 23?

Mencione em quais números da citada relação: _____

14. Conseguiu identificar alguma virtude que já vem naturalmente cultivando?
    Sim ( )   Ainda Não ( )   Definitivamente Não ( )
15. Indique quais as virtudes que acha que já está cultivando?
    Humildade ( )   Resignação ( )   Sensatez ( )
    Piedade ( )   Generosidade ( )   Afabilidade ( )
    Tolerância ( )   Perdão ( )   Brandura ( )
    Companheirismo ( )   Renúncia ( )   Indulgência ( )
    Paciência ( )   Vigilância ( )   Abnegação ( )
    Devotamento ( )
16. Utilizou o método de auto-análise indicado no capítulo 39? Quais os resultados?
    Ótimos ( )   Bons ( )   Razoáveis ( )   Nulos ( )
17. Aplicou o processo de programação das transformações íntimas como indicado no capítulo 40? Quais os resultados?
    Ótimos ( )   Bons ( )   Razoáveis ( )   Nulos ( )
18. Aplicou os meios de trabalhar intimamente como indicado no capítulo 41? Quais os resultados?
    Ótimos ( )   Bons ( )   Razoáveis ( )   Nulos ( )
19. Aplicou o processo de auto-sugestão para desenvolver a vontade? Quais os resultados?
    Ótimos ( )   Bons ( )   Razoáveis ( )   Nulos ( )
20. Dedica-se a algum serviço ao próximo? Qual?

21. Faz suas auto-avaliações periódicas?
    De quanto em quanto tempo? _____
22. Quanto às Escolas de Aprendizes do Evangelho, assinale qual é o seu caso:
    Já está fazendo   ( )   Quer fazer ( )
    Tem como fazer   ( )   Deseja fazer por correspondência ( )
    Não quer fazer   ( )   Quer maiores detalhes ( )
    Já ingressou na FDJ ( )
23. Deseja aplicar algum esquema indicado na IV Parte do livro?
    Individualmente ( )   Em grupo novo ( )
    Em grupo já constituído com Programa ( )   Em grupo familiar ( )
    Em Escolas de Aprendizes do Evangelho ( )
    Por correspondência ( )

24. Que Programa Prefere?
    Programa de Aplicação – A ( )
    Programa de Aplicação – B ( )
    Programa de Estudo e Aplicação do Espiritismo ( )
    Programa da Escola de Aprendizes do Evangelho ( )
25. A V Parte – Conclusão – lhe proporcionou algum esclarecimento quanto à necessidade de auto-aprimorar-se?
    Sim ( )   Mais ou Menos ( )   Não ( )

Observação: Após preenchê-lo indique:
             Nome: _____
             Endereço: _____
             Cep: _____ Cidade: _____ Estado: _____

ATENÇÃO! Recorte do livro e envie ao autor:
          Ney Prieto Peres
          Rua Maestro Cardim, nº 887
          CEP: 01323 – Paraíso – São Paulo

Lembre-se:

As suas respostas e críticas são muito valiosas para tentarmos aperfeiçoar esse trabalho,

                                        Antecipadamente agradece

                                             Ney Prieto Peres

PESQUISA PARA AVALIAÇÃO E PLANEJAMENTO DOS MÉTODOS DE DIVULGAÇÃO DO ESPIRITISMO

Prezado Leitor:

A sua colaboração é solicitada para oferecermos a ABRAJEE, Associação Brasileira dos Jornalistas e Escritores Espíritas, as importantes informações abaixo, que possibilitem o melhor desenvolvimento dos métodos de divulgação do Espiritismo.

Por favor, preencha essa pesquisa, recorte do livro e envie junto com o Questionário-Pesquisa para Avaliação do Livro, ao próprio autor.

Com os efusivos agradecimentos de

Ney Prieto Peres

(COLOQUE UM "X" NO PARÊNTESE CORRESPONDENTE À SUA RESPOSTA)

1. COMO TOMOU CONHECIMENTO DO ESPIRITISMO?
   a) por jornal, revista ou livro ( )
   b) por programas de rádio ( )
   c) por notícias de televisão ( )
   d) por comentários de amigos ou familiares ( )
   e) por palestras públicas assistidas em Centros Espíritas ( )
   f) por palestras assistidas em Auditórios Públicos ( )
   g) por outro meio ( )   Qual? _____
2. O QUE MAIS LHE INTERESSOU DE INÍCIO NO ESPIRITISMO?
   a) o desejo de ter notícias de familiares ou amigos já falecidos ( )
   b) saber se algum espírito estava lhe fazendo mal ( )
   c) pedir ajuda dos espíritos para melhorar de vida ( )
   d) curar-se de alguma doença ( )
   e) livrar-se de alguma tristeza, sofrimento ou perturbação ( )
   f) o jeito amigo e acolhedor de algum espírita que conheceu ( )
   g) o conforto íntimo que lhe proporcionou em momento difícil por que passou ( )
   h) as explicações que dá aos problemas da vida ( )
   i) os esclarecimentos sobre dúvidas que tinha ( )

j) simples curiosidade ( )
k) outro motivo ( )   Qual? _____

3. COMO CHEGOU A FREQÜENTAR UM CENTRO ESPÍRITA?
   a) convidado por amigo ou familiar ( )
   b) por iniciativa própria ( )
   c) por necessidade de auxílio ( )
   d) por algum anúncio ou notícia que leu ( )
   e) por algum aviso ouvido pelo rádio ( )
   f) por alguma indicação escrita em placa ou quadro de aviso na frente do Centro ( )
   g) por ouvir alguma palestra espírita ( )
   h) pelos benefícios que recebeu ( )
   i) pelas revelações que obteve ( )
   j) pelos esclarecimentos que lhe deram sobre os problemas humanos ( )
   k) pela maneira como foi recebido ( )
   l) por simples curiosidade ( )
   m) para desenvolver a mediunidade ( )
   n) por outro motivo ( )   Qual? _____

4. DE QUAIS ATIVIDADES PARTICIPA NO CENTRO ESPÍRITA QUE FREQÜENTA?
   a) assiste a palestras apenas ( )
   b) vai receber passes ( )
   c) freqüenta Reuniões de Estudo do Espiritismo ( )
   d) freqüenta Escola de Aprendizes do Evangelho ( )
   e) faz desenvolvimento mediúnico ( )
   f) trabalha como médium para receber espíritos ( )
   g) trabalha como passista ( )
   h) trabalha como recepcionista ou entrevistador ( )
   i) colabora na assistência social ( )
   j) colabora nas aulas para crianças ( )
   k) faz parte da mocidade espírita ( )
   l) faz parte das atividades artísticas ( )
   m) colabora como expositor de aulas ou de temas ( )
   n) colabora como dirigente de trabahos ( )
   o) faz parte da Diretoria ( )
   p) colabora na livraria do centro ( )
   q) colabora na limpeza do centro ( )
   r) colabora na cobrança aos sócios ( )

s) outra atividade ( )   Qual? _____
5. HÁ QUANTO TEMPO FREQÜENTA O CENTRO ESPÍRITA?
   a) menos de um ano ( )
   b) de um a dois anos ( )
   c) de dois a cinco anos ( )
   d) de cinco a dez anos ( )
   e) mais de dez anos ( )
6. QUAIS OS LIVROS DE ALLAN KARDEC QUE JÁ LEU?
   a) *O Principiante Espírita* ( )
   b) *O Que é o Espiritismo* ( )
   c) *O Livro dos Espíritos* ( )
   d) *O Evangelho Segundo o Espiritismo* ( )
   e) *O Livro dos Médiuns* ( )
   f) *O Céu e o Inferno* ( )
   g) *A Gênese* ( )
   h) *Obras Póstumas* ( )
7. QUE RESULTADOS JÁ TEVE DEPOIS QUE COMEÇOU NO ESPIRITISMO?
   a) melhorou de saúde ( )
   b) melhorou o relacionamento familiar ( )
   c) melhorou de gênio ( )
   d) melhorou o relacionamento com os amigos e colegas de trabalho ( )
   e) passou a compreender melhor os problemas da vida ( )
   f) equilibrou-se de alguma perturbação ( )
   g) deixou algum vício ( )
   h) passou a combater os defeitos ( )
   i) passou a ler e a estudar o Espiritismo ( )
   j) passou a dedicar-se em algum serviço ao próximo ( )
   k) passou a colaborar em outras atividades dentro de um Centro Espírita ( )
   l) Outro resultado observado? ( )
      Qual? _____

Leia também

HISTÓRIA DO ESPIRITISMO

Ocorreu, por volta de 1787, um caso que deixou o mundo perplexo: a mediunidade de Swedenborg. Desde então, o Espiritismo vem, através de lutas e vitórias, desenvolvendo-se assustadoramente num movimento considerado importante na história do mundo. É desnecessário apresentar Conan Doyle ao público ledor brasileiro, sobejamente conhecedor de seus romances policiais, traduzidos nos mais diversos idiomas. Bastaria, para justificar este oportuno lançamento da Editora Pensamento, o fato de Sir Arthur Conan Doyle ter sido Presidente de Honra da Federação Espírita Internacional, Presidente da Aliança Espírita de Londres e Presidente do Colégio Britânico de Ciências Psíquicas.

Espíritas ou não, todos lerão este livro, uns em busca de ensinamentos para sua doutrina, outros ávidos de conhecimentos. O estudo é meticuloso: Conan Doyle rebuscou fatos e episódios sensacionais para encaixá-los nesta obra. As narrativas serenas que nos apresenta são o atestado incontestável do seu talento de historiador; embora seja adepto da doutrina, não hesita em fazer crítica construtiva quando necessário. A seqüência magnífica e bem concatenada dos capítulos: A História do Espiritismo — A História de Swedenborg — A Carreira das Irmãs Fox — Ectoplasma — As Pesquisas de Sir William Crookes — A Carreira de Eusapia Palladino — Grandes Médiuns de 1870 a 1900: Charles H. Foster, Mme. d'Esperance, William Eglinton, Stainton Moses — A Sociedade de Pesquisas Psíquicas — Investigações Coletivas Sobre o Espiritismo — foi enriquecida, nesta obra, com fotografias dos mais célebres médiuns e adeptos da doutrina.

O lançamento desta obra pela Editora Pensamento, constitui magnífica oportunidade de enriquecimento para a Biblioteca Espírita do país, oportunidade aguardada ansiosamente pelos estudiosos e praticantes desta maravilhosa doutrina cristã.

EDITORA PENSAMENTO

A MEDIUNIDADE SEM LÁGRIMAS

Eliseu Rigonatti

Autor de várias obras úteis e bem fundamentadas acerca da doutrina espírita Eliseu Rigonatti oferece agora a seus leitores em Mediunidade sem Lágrimas, uma exposição excepcionalmente clara dos aspectos básicos da mediunidade e de como desenvolvê-la e utilizá-la em prol dos ideais espíritas. Conforme diz ele na introdução do presente volume: "As páginas que se vão ler tratam de um dom profundo do Espírito humano encarnado: o dom da mediunidade. Por meio dele entramos em contato com os Espíritos, ou seja, com os desencarnados, aqueles que já, em seu corpo carnal, habitaram a Terra; conviveram conosco, e partiram para a pátria espiritual, invisível para nós. E como o explorador terreno que, antes de se aventurar a uma região desconhecida e que lhe compete explorar, aparelha-se com os petrechos e informações que lhe facilitem a tarefa e o protejam dos riscos a que possa estar exposto, assim aquele que vai contatar-se com os Espíritos deve precaver-se contra os perigos a que se expõe. Posto que não sejam instrumentos materiais, são, contudo, de suma importância, e sem os quais poderá frustrar-se em sua tarefa. Os instrumentos a que nos referimos são: intelectuais, morais, espirituais e materiais."

EDITORA PENSAMENTO

ALMA E CORAÇÃO

Francisco Cândido Xavier

Para celebrar o centenário de nascimento do grande mestre da Doutrina Espírita, a Editora Pensamento lança esta nova edição de um dos maiores clássicos de Chico Xavier. Diferente de muitas de suas obras, *Alma e Coração*, traz ao leitor, num estilo simples e cativante, a marca do trabalho do mais importante médium do Brasil: o grande amor e simpatia pelo próximo e sua constante preocupação em contribuir da melhor forma possível para minimizar os problemas que afligem o ser humano, nesta delicada e importante fase por que passa o nosso planeta.

Em *Alma e Coração*, Chico Xavier busca mostrar ao mundo, de maneira bastante assertiva, que nossas conquistas espirituais têm de ser feitas em nosso dia a dia, paralelamente às conquistas que visam diretamente o nosso progresso material. O alerta que Chico Xavier nos traz é que, a partir da solução dos nossos problemas interiores, encontramos saídas para nossa vida exterior.

Para esse grande mestre espiritual, a Vida Interior tem que ser sobretudo ativa, prática e altruísta, pois é apenas por meio do serviço ao próximo que conquistamos uma compreensão mais profunda da afirmação do Cristo: "O maior dentre nós é aquele que serve".

Os capítulos deste livro são sucintos, com temas variados, porém profundos. A forma elegante da escrita adotada nos faz lembrar os aforismos dos antigos Mestres de outrora, como este, a seguir, que sintetiza os ensinamentos de Chico Xavier:

"Amarás servindo. Ainda quando escutes alusões em torno da suposta decadência dos valores humanos, exaltando a força das trevas, farás da própria alma uma lâmpada acesa no CAMINHO".

EDITORA PENSAMENTO